LA FRANCE

HISTOIRE CURIEUSE ET INSOLITE

Pierre Deslais - Rodolphe Ferron

LA FRANCE

HISTOIRE CURIEUSE ET INSOLITE

Editions OUEST-FRANCE

AVANT-PROPOS

Cette *Histoire de France curieuse et insolite* veut faire (re)découvrir l'histoire de la France en privilégiant les aspects insolites des événements incontournables qui permettent de la comprendre, mais aussi en faisant la part belle à des anecdotes qui n'ont pas forcément bouleversé la « grande histoire ». Comme pour *La France, Géographie curieuse et insolite*, cet ouvrage est richement agrémenté d'illustrations anciennes qui ne sont pas sans rappeler les manuels scolaires d'autrefois, centrés sur une histoire nationale riche en « images d'Epinal » (Roland et son olifant, Saint Louis sous son chêne, Henri IV et sa poule au pot…).

Saint Louis rendant la justice à Vincennes.

Protège-cahier de la fin du XIX

Henri IV a toujours joui d'une bonne renommée dans l'imagerie populaire.

Influencés par le « roman national » des historiens du XIXE siècle, ces manuels d'histoire n'hésitaient pas à prendre leur distance avec la vérité historique pour présenter les exploits de héros quelque peu instrumentalisés comme Vercingétorix, Jeanne d'Arc, ou bien encore les jeunes martyrs révolutionnaires Bara et Viala. Au fil de ce livre-objet, les auteurs ont ainsi tenu à tordre le cou de certains mythes tenaces ou de certaines demi-vérités familières de l'histoire de France.

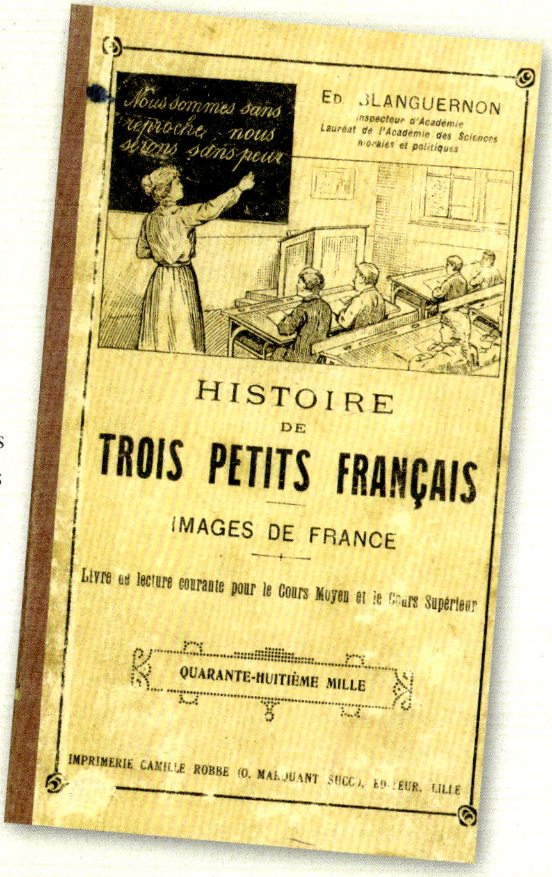

L'histoire de la France
à travers la formation de son territoire

La Gaule au temps de César.

Les limites de la Gaule romaine n'étaient pas si éloignées de celles de la France actuelle. Elle était cependant divisée en quatre provinces : la Gaule Narbonnaise qui fut la première à disposer du statut de province romaine, suivie en 27 avant J.-C. de la Gaule Lyonnaise appelée auparavant Gaule Celtique, de la Gaule Aquitaine qui s'est finalement étendue jusqu'à la Loire, et de la Gaule Belgique au nord. Avec les invasions des peuples germaniques le territoire s'est retrouvé morcelé. Si Clovis a redonné une certaine unité à la Gaule grâce à ses victoires sur les Alamans et sur les Wisigoths, le partage du royaume entre les fils de chacun des rois mérovingiens n'a fait qu'accentuer ce morcellement.

Avec les conquêtes de Charlemagne, l'Empire s'étend à l'est, de la Baltique à l'Adriatique, dépassant largement le cadre actuel du territoire français. S'il n'eut qu'un fils, Louis le Pieux, à qui léguer son royaume, l'opposition entre ses trois petits-fils a abouti au traité de Verdun de 843, souvent considéré comme l'acte de naissance de la France. La Francie orientale reçue par Louis le Germanique deviendra la Germanie. Au centre, la Lotharingie de Lothaire qui s'étend des Pays-Bas à la Méditerranée perdra sa partie septentrionale au profit de ses deux voisins, en laissant au passage son nom à la Lorraine. Enfin, la Francie occidentale de Charles le Chauve sera peu à peu désignée sous le nom de France.

L'empire de Charlemagne et son démembrement au traité de Verdun (843).

Avec les dons de fiefs qui constituent la clef de voûte du système féodal, le royaume à l'avènement d'Hugues Capet en 987 regroupe de nombreuses provinces, indépendantes de fait, et dirigées par des ducs ou des comtes souvent plus puissants que le roi, bien qu'ils en demeurent les vassaux. Le roi règne en seigneur dans un domaine royal qui ne s'étend guère que de Soissons à Orléans. Les Capétiens lutteront dès lors pour récupérer un à un ces fiefs, par mariage comme Philippe le Bel avec l'héritière du comté de Champagne, et le plus souvent par des guerres qui permettront au roi de réaffirmer sa souveraineté, à l'image de Philippe Auguste dépossédant Jean sans Terre. Le domaine royal recouvre peu à peu les limites d'un royaume qui a intégré le Dauphiné en 1349 et la Provence en 1481 : sous François Ier avec notamment le rattachement de la Bretagne et de l'Auvergne, sous Henri II avec celui des Trois-Evêchés (Toul, Metz et Verdun), et sous Henri IV avec de nombreux territoires du Sud-Ouest.

Hugues Capet, à l'origine d'une dynastie qui va consolider et agrandir le royaume.

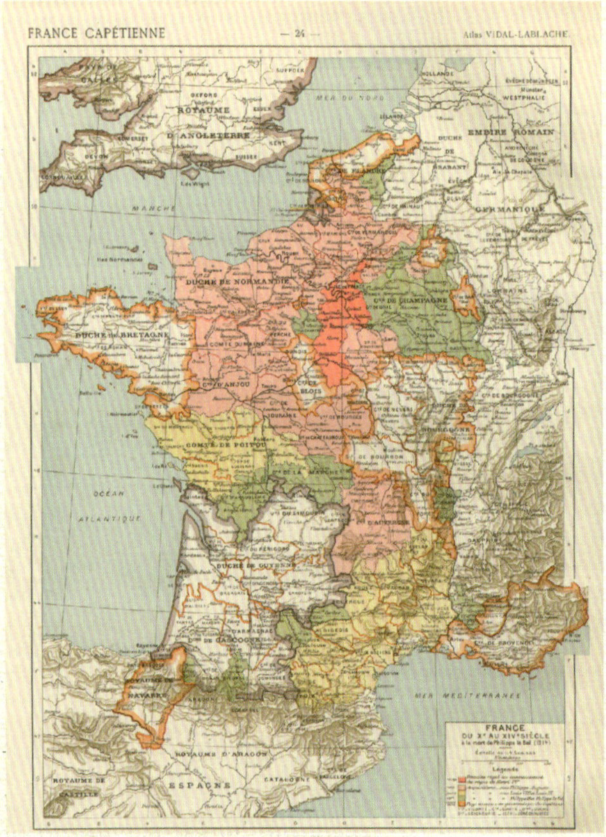

La France du Xe au XIVe siècle à la mort de Philippe le Bel (1314) : le royaume morcelé.

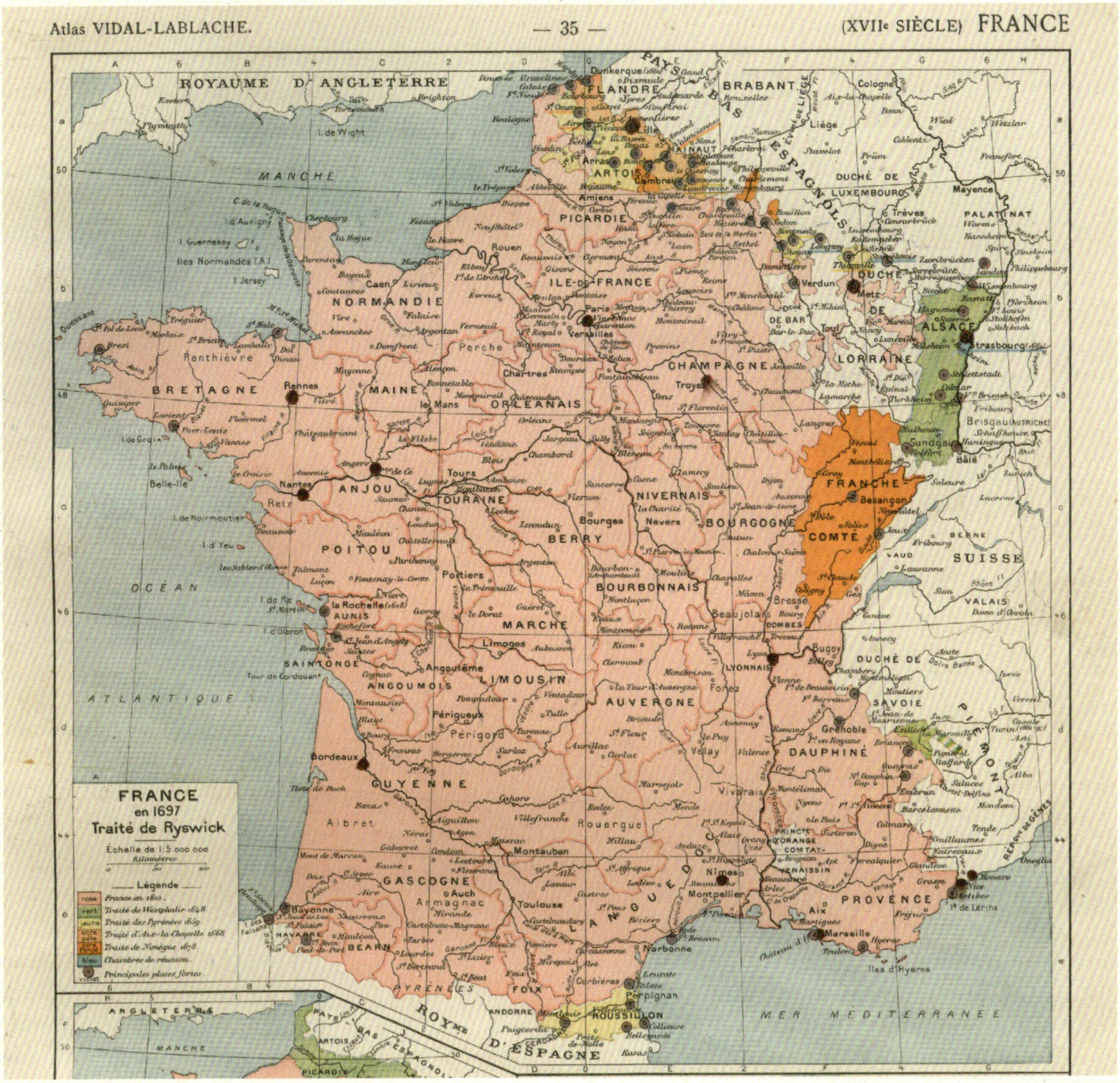

Au XVIIe siècle, la France actuelle se dessine peu à peu avec le rattachement de l'Alsace lors de la signature du traité de Westphalie (1648), celui de l'Artois et du Roussillon après le traité des Pyrénées (1659). Suivront ceux de la Franche-Comté (1678) et de territoires frontaliers des Pays-Bas espagnols (l'actuelle Belgique). Après la réunion à la Couronne de la vallée de l'Ubaye et d'Orange (1713), des duchés de Lorraine et de Bar (1766), de la Corse (1768) et de quelques petits territoires dans le Nord-Est comme le comté de Salm, la France dispose de contours qui seront le cadre de la création en 1790 des départements au nombre de 83.

Vignette militaire vers 1915.

Bonaparte au pont d'Arcole en 1796.

Peu après la départementalisation, la France intègre les terres papales d'Avignon et du Comtat (1791), puis Montbéliard (1793) et Mulhouse (1798). Avec les guerres menées sous la Révolution et surtout sous l'Empire, la France aura jusqu'à 130 départements, jusqu'à ce que le traité de Vienne en 1815 ne lui redonne ses limites de 1792, avec quelques ajustements au nord-est, qui donneront le tracé de la frontière actuelle. L'année 1860 a vu l'annexion définitive du comté de Nice et de la Savoie. Depuis, les retours successifs des territoires d'Alsace-Lorraine en territoire français après leurs annexions à l'Allemagne – de 1871 à 1919, puis de 1940 à 1944 – n'ont pas eu de conséquences sur le tracé de la frontière franco-allemande. La France métropolitaine a connu ses dernières modifications territoriales en 1947 avec le gain de quelques territoires au détriment de l'Italie, notamment les communes de Tende et de La Brigue (Alpes-Maritimes).

La France pendant la Révolution.

LA PRÉHISTOIRE

La préhistoire laisse conventionnellement la place à l'histoire avec la naissance de l'écriture. Cela ne constitue pas pour autant une discontinuité nette et on parle ainsi d'une période intermédiaire appelée protohistoire, qui s'achève au Ier millénaire avant J.-C., incluant les âges du bronze et du fer. Les premiers habitants de ce qui deviendra la France sont des *Homo erectus*, des « hommes dressés » ayant connu plusieurs glaciations et qui maîtriseront le feu. L'homme de Tautavel découvert dans les Pyrénées-Orientales est un de ses représentants qui aurait vécu il y a 400 000 ans environ. Cohabitant avec l'homme de Neandertal, son successeur *Homo sapiens* perfectionne l'outillage et son langage. L'agriculture et l'élevage entraînent peu à peu sa sédentarisation, et son goût pour l'art apparaît dans de nombreuses grottes comme la « chapelle Sixtine de la préhistoire » : la grotte de Lascaux. L'*Homo sapiens* européen a parfois été appelé « homme de Cro-Magnon » en référence à un autre des nombreux sites préhistoriques du Périgord.

- 1 000 000 d'années : les premiers « Français »

La grotte du Vallonnet près de Menton est un site préhistorique très ancien. Bien qu'aucun reste humain n'y ait été trouvé, la découverte d'outils en pierre tels que des galets taillés atteste du passage d'hommes dans cette grotte il y a plus d'un million d'années. Ces *Homo erectus* qui y rapportaient des dépouilles d'animaux n'étaient pas les seuls à utiliser la grotte ; des carnivores, tels l'hyène, l'ours et le tigre à dents de sabre, venaient aussi y dévorer leurs proies : bisons, cervidés, mammouths ou encore rhinocéros.

LA LÉGENDE DES CHEVAUX DE SOLUTRÉ

La roche de Solutré qui se dresse dans le paysage vallonné du Mâconnais était un lieu de passage des troupeaux de chevaux et de rennes lors de leurs migrations saisonnières. Ses abords étaient très favorables aux chasseurs du paléolithique supérieur (35000 à 10000 avant J.-C.) puisqu'ils y dominaient leurs proies, ralenties par les encombrements de pierres. Au XIXe siècle, des fouilles ont ainsi permis de retrouver d'incroyables quantités d'ossements équins, donnant naissance à une légende selon laquelle les chasseurs tuaient les chevaux en les guidant jusqu'au sommet de ce promontoire rocheux, d'où ils les précipitaient dans le vide.

Les mégalithes néolithiques

Si les menhirs sont souvent associés aux Gaulois, ces mégalithes leur sont en réalité bien antérieurs puisqu'ils datent du néolithique (5000 à 2000 avant J.-C.). Carnac constitue un site mégalithique exceptionnel avec ses milliers de menhirs alignés pour des raisons mystérieuses mais probablement rituelles. La Bretagne abrite encore des dolmens (dalles horizontales posées sur des pierres verticales) et des tumulus (amas de terre et de pierres constituant une sépulture), ainsi que des cromlechs (enceintes circulaires délimitées par des menhirs). Le cairn de Barnenez est un gigantesque amas de pierres recouvrant onze chambres funéraires, qui a été qualifié de « Parthénon mégalithique » par Malraux, tandis que celui de Gavrinis se distingue par ses gravures. Tous ces sites bretons ne doivent toutefois pas occulter la présence de mégalithes dans le reste du pays, nombreux dans le sud du Massif central notamment.

DES CITÉS PAS SI LACUSTRES

Au début du XXe siècle, lorsque le niveau des eaux du lac de Paladru (Isère) baisse, des pieux apparaissent au grand jour : le site néolithique des Baigneurs vient d'être découvert. Occupé vers 2600 avant J.-C., il ne correspond pas, contrairement à une idée ancienne, à un village véritablement construit sur l'eau, mais plutôt sur le rivage lacustre. Conservés grâce à l'immersion du village après son occupation, de nombreux objets ont pu être retrouvés : poignards et haches avec leurs manches, paniers en osier, cordes, mais aussi de l'ambre des rives de la mer Baltique, ou encore des vases du Languedoc. Sur les rivages de lacs jurassiens ou alpins, d'autres cités qualifiées de lacustres ont vu le jour dans ces régions de moyenne montagne tardivement occupées.

Jusqu'au Ve siècle

L'ANTIQUITÉ

L'histoire des Gaulois nous est principalement connue grâce à leurs prestigieux voisins grecs et romains. Les Gaulois ne se transmettaient leur histoire que par la voix des druides dont il ne nous reste aucune trace écrite. L'archéologie est une autre source qui nous permet de retracer l'histoire de ces Celtes de Gaule méconnus, notamment en ce qui concerne la façon dont ils traitaient leurs morts, qui pouvaient être enterrés avec leurs bijoux et leurs armes, voire avec le crâne de leurs ennemis…

Le personnage de Vercingétorix n'a pas toujours été célèbre. Sorti de l'oubli sous Louis-Philippe et plus encore sous Napoléon III, la IIIe République l'a ensuite instrumentalisé pour en faire un héros patriotique, en insistant sur sa résistance à l'envahisseur romain qui a transformé les Gaulois en Gallo-Romains. Plus tard les peuples germaniques dits « barbares » profiteront du déclin de l'Empire romain pour s'installer en Gaule au Ve siècle, illustrant à leur tour le fait que nos ancêtres ne sont pas que les Gaulois !

	Ve siècle	XVIe siècle	1789	1815	1914
ANTIQUITÉ	MOYEN AGE	ÉPOQUE MODERNE	RÉVOLUTION ET EMPIRE	XIXE SIÈCLE	1914 À AUJOURD'HUI

Brennus, chef gaulois, devant Rome en 390 av. J.-C.

LA GAULE CELTIQUE

A partir du milieu du IIe millénaire avant J.-C., des Celtes venus d'Europe centrale envahissent le territoire de ce que les Romains appelleront plus tard la Gaule, apportant leur savoir-faire, notamment dans le travail des métaux, mais aussi la langue celtique et leurs croyances dont les druides sont les gardiens. Ils s'implantent sur des oppidums, des sites perchés comme Bibracte sur le mont Beuvray pour les Eduens (ci-contre), ou Alésia pour le peuple des Mandubiens. Les Gaulois n'ont pas d'organisation politique centralisée. L'aristocratie essentiellement composée de guerriers élit parfois un magistrat suprême appelé vergobret. Si les Celtes privilégient les transports fluviaux et ne s'aventurent guère en haute mer, ce n'est pas le cas des colons grecs originaires de Phocée qui ont fondé en 600 avant J.-C. Massalia (Marseille). En 565, d'autres Phocéens fondent Alalia (Aléria, en Corse) alors que des Massaliotes ont quitté leur cité pour fonder Agathé Tyché (Agde), Antipolis (Antibes) ou bien encore Nikaia (Nice).

LES ÉNIGMATIQUES MURS VITRIFIÉS

Le territoire français comporte encore les traces de nombreux murs (ou forts) vitrifiés, des ouvrages dont l'élaboration par les Celtes pose encore question. Les Celtes disposaient d'une technique permettant de souder des blocs de pierre entre eux en les vitrifiant, ce qui ne peut être réalisé qu'à une température très élevée (plus de 1 000 °C). Le procédé pour obtenir une telle température à leur époque reste en partie mystérieux. Le mur vitrifié de Sainte-Suzanne (Mayenne) – recouvert depuis par la forteresse médiévale – a été particulièrement étudié, de Prosper Mérimée au XIXe siècle en passant par des scientifiques de la NASA au siècle dernier.

LA VIE DU « GAULOIS MOYEN »

Arborant de longues moustaches et des braies colorées en guise de pantalon, les Gaulois lustrent leur longue chevelure avec du savon et portent des bijoux, notamment le torque. Lors des banquets, ils épanchent leur soif avec de l'hydromel et surtout de la cervoise, ancêtre de la bière qu'ils conservent dans des tonneaux cerclés de fer. Habiles artisans, ils savent réaliser toutes sortes de véhicules à deux ou quatre roues, Pline l'Ancien ayant même décrit une moissonneuse. L'agriculture est également développée, mais les Gaulois produisent avant tout pour eux-mêmes. Ils n'ont pas vocation à faire du commerce et, quand la production n'est pas satisfaisante, le troc ou l'acquisition de butin par la force sont « monnaie courante » – les pièces gauloises étant apparues tardivement.

Le panthéon gaulois

Les divinités celtes vénérées par les Gaulois nous sont mal connues, et les domaines propres à chaque dieu semblent varier selon les régions. Outre le dieu de la Guerre Teutatès que les lecteurs d'Astérix connaissent mieux sous le nom de Toutatis, les Gaulois vénèrent le dieu du Tonnerre Taranis. Le pilier des Nautes, sculpture exposée à Paris aux thermes de Cluny, arbore certains dieux gaulois comme Esus, mais aussi les dieux romains qui tendront à les supplanter après la conquête romaine. Mercure peut ainsi être associé à Esus ou Teutatès. Les écrits de Jules César associent toutefois Mercure au dieu Lug, que l'on retrouve dans le nom de la capitale des Gaules, Lugdunum (Lyon).

Druides, bardes, vates

Les croyances gauloises sont encadrées par les druides, les bardes et les vates. Les druides n'ont pas seulement un rôle religieux et ne se contentent pas de couper le gui à la serpe et de se réunir chaque année dans la forêt des Carnutes. Ce sont aussi des juges et surtout des savants, qui transmettent oralement leurs connaissances, en compagnie des bardes. Grâce à la musique et au chant, ces derniers sont les véritables gardiens de la mémoire gauloise. Moins connus, les vates étaient chargés des sacrifices et de la divination.

Le sac de Rome et les oies du Capitole

Vers 390 avant J.-C., des Gaulois attaquent Rome avec à leur tête Brennos (ou Brennus en latin) le chef des Sénons – peuple qui a laissé son nom à la ville de Sens en Bourgogne. La légende veut que les Romains qui résistaient aux Gaulois sur la colline du Capitole aient été réveillés et prévenus d'une attaque gauloise par le « cancan » des oies. Négociant leur départ contre le versement de plus de 300 kg d'or, les Gaulois placèrent de faux poids dans la balance pour alourdir le tribut, et c'est face à la fronde des Romains qui se rendirent compte de la tromperie, que Brennos s'écria « *Vae Victis* » (Malheur aux vaincus) !

HANNIBAL FRANCHIT LES ALPES

Au début de la deuxième guerre punique, opposant Rome et Carthage entre 218 et 202 avant notre ère, l'armée du Carthaginois Hannibal a traversé le sud de la Gaule avec des éléphants au cœur de son cortège. Après avoir passé sans encombre les Pyrénées, probablement par le col peu élevé du Perthus, l'armée vise Rome et doit franchir le Rhône au nord d'Avignon. L'iconographie représente souvent les pachydermes traversant le fleuve sur des radeaux, même s'il demeure plus probable qu'ils aient nagé jusqu'à l'autre rive. Pour éviter de rencontrer des légions romaines et limiter les risques d'attaques des populations locales, le général carthaginois choisit, plutôt que de longer la côte méditerranéenne, de franchir les Alpes pour ensuite gagner la plaine du Po. Les historiens sont encore divisés quant au trajet emprunté par les Carthaginois, le col de Montgenèvre et celui de Larche apparaissant plus accessibles que le Grand-Saint-Bernard.

Un jeu de mots à l'origine d'un emblème français

En latin, *gallus* signifie aussi bien « coq » que « Gaulois ». Le gallinacé est ainsi progressivement devenu un signe de reconnaissance nationale. Certaines monnaies gauloises sont frappées d'un coq, mais on ne peut affirmer qu'il constituait véritablement un emblème de la Gaule à l'époque. Les Valois et les Bourbons ont parfois utilisé ce symbole qui a connu son heure de gloire sous la Révolution, avant d'être repris par Louis-Philippe. Sous la IIIe République, une grille du palais de l'Elysée est ornée d'un coq, tandis que pendant la Première Guerre mondiale le volatile s'oppose fièrement à l'aigle allemand, tout cela avant de devenir le symbole des équipes sportives françaises.

Les peuples gaulois ont laissé leur nom à de nombreux toponymes (noms de lieux), et aux gentilés (noms d'habitants) qui les accompagnent, comme l'illustrent ces exemples pris dans le nord-ouest de la Gaule :

- **Les Vénètes** : Vannes
- **Les Coriosolites** : Corseul (Côtes-d'Armor)
- **Les Redones** : Rennes
- **Les Namnètes** : Nantes
- **Les Diablintes** : Jublains (Mayenne)
- **Les Cénomans** : Le Mans
- **Les Andes** : Angers
- **Les Turons** : Tours
- **Les Pictons** : le Poitou
- **Les Abrincates** : Avranches
- **Les Baiocasses** : Bayeux dont les habitants sont les Bajocasses
- **Les Viducasses** : Vieux (Calvados)
- **Les Lexovices** : Lisieux dont les habitants sont les Lexoviens
- **Les Calètes** : le pays de Caux
- **Les Eburovices** : Evreux dont les habitants sont les Ebroïciens
- **Les Carnutes** : Chartres
- **Les Parisii** : Paris

Des Gaulois en Asie Mineure

Des Celtes ont quitté la Gaule au IIIe siècle avant J.-C. et traversé les Balkans pour atteindre le centre de l'Asie Mineure. Ce sont les Galates qui ont laissé leur nom à la province romaine de Galatie. Ils sont probablement à l'origine du nom du quartier d'Istanbul de Galata que l'on retrouve dans le nom du club de football de Galatasaray.

La guerre des Gaules

La conquête de la Gaule par les Romains s'est achevée lors de la guerre des Gaules. Auparavant, notamment depuis la victoire d'un certain Fabius en -121 contre le roi des Arvernes Bituitos, les Romains avaient déjà conquis la Gaule Transalpine qui deviendra plus tard la province de Narbonnaise, une région s'étendant du Languedoc à la Savoie et à la Provence, cette dernière tirant d'ailleurs son nom de *provincia.* Cette guerre des Gaules s'est déroulée de -58 à -51, année où César fait couper les mains des derniers combattants d'Uxellodunum. Le général romain Jules César protagoniste majeur de cette opposition est, avec ses *Commentaires sur la guerre des Gaules*, l'auteur de la principale source historique relatant ces événements. Le terme « Gaules » employé au pluriel fait référence à la division du territoire gaulois qu'il a élaborée : outre la Narbonnaise déjà citée, une vaste Gaule Lyonnaise (ou Celtique) va séparer la Gaule Aquitaine au sud-ouest et la Gaule Belgique au nord, aux portes de Lutèce. Ces trois dernières régions constituent la « Gaule Chevelue » ou la « Gaule en braie ».

La migration des Helvètes

De retour du pays des Santons, autour de Mediolanum Santonum (Saintes), le chef des Helvètes Orgétorix a pu persuader son peuple de préparer une grande migration et de quitter le territoire actuel de la Suisse pour rejoindre cette région de la Gaule occidentale. Malgré le décès d'Orgétorix, les Helvètes se mettent en chemin en -58, brûlant tout derrière eux – la politique de la terre brûlée est d'ailleurs utilisée par les peuples gaulois tout au long de la guerre des Gaules pour éviter que les Romains ne se ravitaillent. Les Helvètes ne verront cependant jamais la Saintonge, barrés par les légions romaines du gouverneur de la Narbonnaise, un certain Jules César.

LE SURSAUT DE GERGOVIE

Après avoir soumis les peuples de Gaule Belgique, défait les Vénètes, assiégé Avaricum (Bourges) et être allée jusqu'en Bretagne (la Grande-Bretagne aujourd'hui), la Gaule semble aux mains des Romains au moment où se prépare la bataille de Gergovie, dans le pays des Arvernes (en Auvergne). Le chef des Arvernes, le célèbre Vercingétorix dont l'historiographie du XIXe siècle a contribué à en faire un héros national, est parvenu en -52 à y prendre à revers les Romains, après avoir pu fédérer d'autres peuples gaulois autour de lui. Certains peuples demeurent toutefois des alliés de Rome, comme les Lingons (du côté de Langres), les Eduens (en Bourgogne) ou les Rèmes (du côté de Reims).

Victoire de Vercingétorix à Gergovie.

2 - VERCINGÉTORIX À ALÉSIA

PRINTED IN FRANCE

EDITIONS ROSSIGNOL - MONTMORILLON (Vienne)

Écoliers reconstituant la scène de Vercingétorix rendant ses armes à César.

Vercingétorix se rend à César à Alésia

Avant la bataille d'Uxellodunum en -51, le siège d'Alésia en -52 constitue un combat décisif dans l'achèvement de la conquête romaine. Juste après l'échec de Gergovie, le renfort d'autres légions romaines et l'aménagement de fossés et de fortifications autour d'Alésia permettent à César de voir les assiégés, Vercingétorix à leur tête, rendre les armes. Le chef arverne est emmené à Rome où il meurt en -46 après avoir été présenté comme trophée lors du triomphe de César – un triomphe étant une cérémonie romaine au cours de laquelle un général victorieux défile dans Rome.

OÙ SE SITUENT GERGOVIE ET ALÉSIA ?

La localisation précise du site de la bataille de Gergovie fait débat, mais il est en tout cas certain que c'est à proximité du plateau de Gergovie, qui domine aujourd'hui Clermont-Ferrand, que les Gaulois ont repoussé les légions romaines. En ce qui concerne Alésia, les débats ne sont pas encore tout à fait clos, et les sites potentiels sont beaucoup plus distants. Pour la très grande majorité des historiens et des archéologues, le site d'Alésia se situe en Côte-d'Or à Alise-Sainte-Reine, là où une imposante statue de Vercingétorix a été érigée au XIXe siècle sur le mont Auxois. D'autres sites conservent néanmoins leurs défenseurs, en tête desquels figure le site de Chaux-des-Crotenay/Syam dans le Jura. Il en va enfin souvent de même quant à la localisation d'autres batailles moins connues de la guerre des Gaules.

-1000 -500 0 500

LE TEMPS DES GALLO-ROMAINS

En -51, la Gaule est entièrement soumise. Les Romains mènent alors une politique d'acculturation et d'assimilation, transformant peu à peu les Gaulois en Gallo-Romains. Cette romanisation s'effectue dans un contexte de prospérité favorisée par une période de paix (la *pax romana*). Poursuivant la politique de César, les premiers empereurs s'appuient sur les notables locaux en leur accordant la citoyenneté romaine. L'empereur Claude, natif de Lyon, ouvre l'accès au Sénat romain à l'ensemble des élites gauloises en 48 après J.-C., ce qui était dans un premier temps réservé aux notables de la Narbonnaise. En 212, la citoyenneté romaine est étendue puisque Caracalla l'octroie à tous les hommes libres de l'Empire. Les noms gaulois (en -ix ou en -os) laissent la place à des noms romains, Sacroviros devenant par exemple Julius Sacrovir. Si le culte romain ne fait pas disparaître les croyances celtiques, certains dieux romains étant associés à leurs homologues gaulois, les autorités romaines ne veulent plus entendre parler des druides.

VOIES ROMAINES ET SIGNALISATION ROUTIÈRE

Les Romains développent le réseau routier en dotant le territoire de la Gaule de larges voies romaines solidement pavées qui relient les grandes cités en ligne droite. Ces voies vont faciliter les échanges commerciaux, mais elles vont surtout permettre aux Romains d'accroître leur emprise sur le territoire de la Gaule, en simplifiant le déplacement des troupes. Pour évaluer les distances, des bornes milliaires sont placées au bord de ces voies. Ces colonnes de pierre, espacées en théorie d'un mille romain (1 460 m), portent généralement le nom de celui qui a fait aménager ou rénové la voie, à l'instar du général Domitius pour la *via Domitia* qui traverse la Narbonnaise.

L'architecture romaine

Les monuments romains font leur apparition dans les villes. Les empereurs et les notables locaux dotent des villes comme Orange, Lyon ou Autun de théâtres, et d'autres comme Nîmes ou Arles d'arènes. Les Gallo-Romains découvrent les courses de chars et les combats de gladiateurs, vont aux thermes et boivent de plus en plus de vin dont la production commence à s'étendre au-delà de la Narbonnaise. Dans les campagnes, moins touchées par la romanisation, des villas souvent somptueuses sont érigées au centre de domaines agricoles par l'aristocratie gallo-romaine.

AUTUN, THÉÂTRE DE LA DERNIÈRE RÉVOLTE GAULOISE…

Appartenant au peuple des Eduens, Julius Sacrovir est connu pour avoir été le chef de la dernière révolte gauloise, en 21 de notre ère à Augustodunum (Autun en Bourgogne). Une réforme fiscale de Tibère a déjà entraîné la révolte de plusieurs peuples, comme celle du Trévire Julius Florus vaincu dans les Ardennes la même année. Les troupes du rebelle éduen sont écrasées par les légions romaines, et Sacrovir met finalement le feu à sa maison pour y brûler avec ses compagnons.

De l'eau pour Nemausus

Le pont du Gard est le plus imposant vestige d'un aqueduc de 50 km qui alimentait Nemausus (Nîmes) depuis une source située près d'Uzès. Construit au cours du Ier siècle après J.-C. sur le Gard, affluent du Rhône plus couramment appelé Gardon, ses 275 m de longueur et ses trois rangées d'arcades hautes de 49 m – ce qui en fait le plus haut pont-aqueduc romain connu – illustrent le savoir-faire romain. Son fonctionnement s'est probablement arrêté au VIe siècle, soit assez peu de temps après la chute de l'Empire romain d'Occident.

UNE NOUVELLE RELIGION

Les Romains n'apprécient guère le développement d'une jeune religion, de surcroît monothéiste : le christianisme. Refusant naturellement le culte impérial, les chrétiens sont régulièrement persécutés. Préférant mourir que d'abjurer, les premiers martyrs vont devenir les premiers saints de l'Eglise. En Gaule, la première communauté chrétienne s'est installée au Ier siècle à Lyon, où eut lieu le premier massacre en 177. Un siècle plus tard, sainte Alberte et sainte Foy sont brûlées vives à Agen en 286. A Paris, la légende de Denis, le premier évêque de la ville, raconte qu'il aurait été décapité avec deux compagnons sur la colline de Montmartre, étymologiquement « mont des martyrs ». Les persécutions cessent sous Constantin, le premier empereur converti au christianisme en 312.

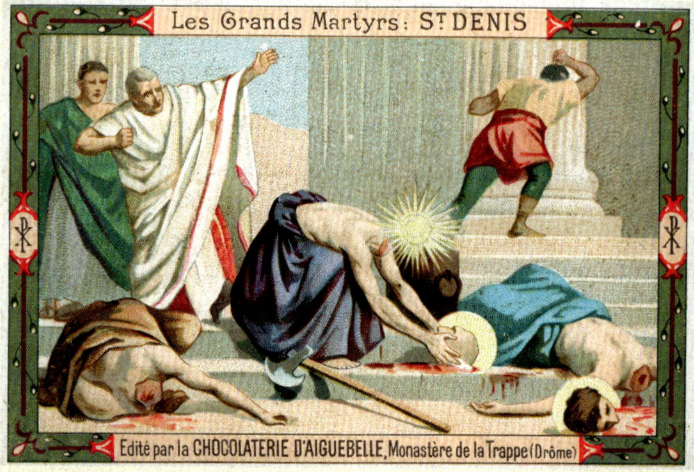

Cent trente jours fériés par an

Les Romains ont instauré pas moins de cent trente jours fériés dans l'année, permettant de profiter du spectacle des arènes, des cirques et autres amphithéâtres. La célébration des anniversaires et des victoires des empereurs romains et les fêtes en l'honneur des divinités romaines sont autant d'occasions pour festoyer. Donnez au peuple « du pain et des jeux » et tout ira bien... Tel est ce que dénonce l'auteur Juvénal par sa célèbre formule *Panem et circenses*.

Sainte Blandine livrée aux bêtes.

177 : Sainte Blandine et les martyrs de Lyon dans l'arène

Blandine, sainte patronne de la ville, est la plus connue des 47 martyrs qui ont péri lors du massacre des chrétiens de Lyon. Après avoir survécu à l'emprisonnement dans la prison exiguë de Fourvière où certains de ses coreligionnaires ont péri asphyxiés, elle est jetée dans l'arène du théâtre des Trois Gaules. D'abord épargnée par les fauves, elle aurait été roulée dans le filet d'un gladiateur pour être malmenée par un taureau sauvage avant d'être achevée par le glaive, sous les vivats d'une foule nombreuse...

L'Empire des Gaules

Dans la deuxième moitié du IIIe siècle, alors que le limes (les fortifications situées à la frontière de l'Empire) est attaqué au nord par les Germains, l'Empire romain connaît une importante crise politique. Entre la fin du règne d'Alexandre Sévère en 253 et le début du règne de Dioclétien en 285, de nombreux empereurs légitimes se succèdent, cohabitant souvent avec des usurpateurs. Certains de ces pseudo-empereurs sont devenus « empereur des Gaules », à commencer par Postume en 260. Ce lieutenant de l'empereur Gallien, occupé comme lui à repousser les Germains, n'a pas eu pour but de recréer une Gaule indépendante, mais a seulement profité du désordre qui régnait à Rome et dans l'Empire.

Le terme « olibrius » qui désigne un individu excentrique ou ridicule proviendrait d'un gouverneur des Gaules qui aurait martyrisé sainte Reine au IIIe siècle.

SAINT MARTIN ET LA CHRISTIANISATION DE LA GAULE

Saint Martin tient une place importante dans la chrétienté. C'est d'ailleurs Martin qui est le plus représenté dans les noms des communes françaises débutant par « Saint- ». Jeune soldat, il est connu pour avoir partagé à Amiens lors de l'hiver 336 son manteau avec un nécessiteux, avant de voir le Christ en songe la nuit suivante. Le reste de sa « cape » a ensuite été placé, pour être vénéré, dans une *capella* (chapelle). Devenu évêque de Tours, Martin a eu à cœur de créer des monastères et d'évangéliser les campagnes, moins christianisées que les villes. La religion chrétienne s'impose, sans pour autant faire disparaître les références aux dieux romains que l'on retrouve depuis le IVe siècle dans les jours de la semaine : mardi, jour de Mars, mercredi, jour de Mercure… Le dimanche, jour du Seigneur, est toutefois institué en 321 par l'empereur Constantin.

-1000 -500 0 500

Les invasions barbares

Sous le terme *barbarous*, les Grecs regroupaient tous ceux qui ne parlaient pas leur langue. Les Romains en ont fait de même avec le terme *barbarus*. Les Barbares sont donc les peuples non romanisés parmi lesquels figurent en première ligne les peuples germaniques. Leurs incursions en Gaule sont de plus en plus difficilement repoussées, notamment après le franchissement du Rhin gelé en décembre de l'an 406. De nombreuses villes sont pillées et peu à peu ces peuples s'installent dans une Gaule qui se germanise. Les Alamans et les Burgondes – qui ont respectivement laissé leur nom à l'Allemagne et à la Bourgogne – s'installent dans l'est de la Gaule. Les Wisigoths fondent un royaume dans le Sud-Ouest, tandis que le Nord est peu à peu contrôlé par les Francs. Ces invasions s'étendent au-delà de la Gaule et entraînent en 476 la dislocation de l'Empire romain d'Occident.

Angles, Saxons et Bretons

Les Angles et les Saxons sont encore aujourd'hui réunis dans l'appellation Anglo-Saxon employée pour désigner les Anglais et plus largement les anglophones. Ce sont au départ des peuples germaniques qui ont traversé la mer du Nord à partir du Ve siècle pour s'installer dans la future Angleterre (« terre des Angles ») sur l'île de Bretagne – comprenez l'actuelle Grande-Bretagne. Cette invasion a alors poussé des Bretons – toujours de Grande-Bretagne – à quitter leur île pour rejoindre l'Armorique, région de l'ouest de la Gaule qui deviendra… la Bretagne.

Vandales ! Ostrogoths !

Ces peuples barbares n'ont pas laissé leurs noms qu'à des régions, ou à des Etats si l'on pense à la future France, mais aussi à des noms communs. Les Vandales, qui ont traversé la Gaule avant de piller Rome et de migrer jusqu'en Afrique du Nord léguant au passage leur nom à l'Andalousie, sont désormais passés dans le langage courant. L'abbé Grégoire a contribué à développer ce stéréotype de destructeurs, en utilisant le terme de vandalisme en 1794 pour qualifier les exactions des révolutionnaires vis-à-vis des monuments religieux. Les Ostrogoths, qui ont fondé un empire s'étendant notamment sur le sud-est de la Gaule, sont quant à eux devenus des êtres ignorant la bienséance, ou des individus quelque peu excentriques.

ATTILA, LE « FLÉAU DE DIEU »

L'avancée des Huns venus d'Asie centrale et d'Europe de l'Est n'est pas pour rien dans les invasions des Germains en territoire gaulois et plus généralement dans l'ouest et le sud de l'Europe. Leur chef est le célèbre et néanmoins mal connu Attila. L'historiographie médiévale en a fait l'archétype du chef barbare, envoyé par Dieu pour punir les péchés des hommes, et sous les pas de qui l'herbe ne repoussait pas… Après avoir pillé de nombreuses villes du nord-est de la Gaule, les Huns sont repoussés par les troupes d'Aetius en Champagne, après leur défaite aux champs Catalauniques le 20 juin 451.

SAINTE GENEVIÈVE, PATRONNE DE PARIS

Après avoir incendié plusieurs villes comme Metz et Strasbourg au début de l'année 451, les Huns se dirigent vers la cité des Parisii. Retranchés derrière les fortifications de l'île de la Cité, les Parisiens résistent aux assauts d'Attila grâce aux prières et aux exhortations de Geneviève, qui les aurait convaincus de ne pas quitter la ville et de poursuivre leur défense. En 465, elle en aurait fait de même contre le roi franc Childéric, le père de Clovis, lors du siège de la ville. Elle est également connue pour avoir fait bâtir une église à l'emplacement du tombeau de saint Denis, le premier évêque de Paris, sur ce qui allait devenir la montagne Sainte-Geneviève. Louis XV fera bâtir en son honneur l'église Sainte-Geneviève, devenue Panthéon quelques dizaines d'années plus tard.

V^{e} - XVIe siècle

LE MOYEN AGE

Le Moyen Age est une longue période qui s'étend du Ve au XVe siècle. Son nom lui est naturellement postérieur, puisqu'il laisse entendre que c'est une époque entre deux autres : celle d'avant, l'Antiquité, et celle d'après, l'époque moderne vue comme un retour aux valeurs de l'Antiquité par les humanistes de la Renaissance. Ses bornes chronologiques sont les années 476 avec l'abdication du dernier empereur romain d'Occident Romulus Augustule, et 1492 avec la découverte de l'Amérique par Colomb et la fin de la Reconquista. La prise de Constantinople par les Turcs ottomans en 1453 peut aussi marquer la fin du Moyen Age, ce qui rappelle la part toute subjective des découpages historiques.

Ce Moyen Age réunit l'Europe autour de la religion chrétienne et la société médiévale est organisée selon un système féodal (de *feodum* qui veut dire fief) où chaque individu a sa place. Ce n'est pas la période sombre que certains historiens du XIXe siècle ont pu décrire, à l'image du développement des universités, de l'édification des cathédrales et de l'essor des villes. La monarchie se consolide au cours du « beau Moyen Age » – nom donné par Michelet aux trois siècles qui ont suivi l'an mil – auquel succèdent des temps plus difficiles frappés par les épidémies, les guerres, et les famines liées aux aléas climatiques. C'est enfin une période de curiosité préparant les découvertes qui marqueront le début de la Renaissance.

	Ve siècle	XVIe siècle	1789	1815	1914
ANTIQUITÉ	MOYEN AGE	ÉPOQUE MODERNE	RÉVOLUTION ET EMPIRE	XIXE SIÈCLE	1914 À AUJOURD'HUI

Charles le Téméraire à la bataille de Montlhéry (1465).

481 à 639

500 | 600 700 800 900 1000 1100 1200 1300 1400 1500

LE TEMPS DES MÉROVINGIENS

Brutes sanguinaires ou rois fainéants, Clovis (ci-contre) et ses descendants n'ont pas forcément bonne presse. Entre le glorieux règne du roi des Francs qui inaugure l'alliance avec l'Eglise et le couronnement de Charlemagne, qui marque la renaissance de l'Empire en Occident, les temps mérovingiens font partie de ces périodes mal connues qui ne méritent pas pour autant d'être reléguées dans les bas-fonds de notre mémoire. Le plus ancien roi mérovingien, Clodion le Chevelu, serait le père du Mérovée, un roi qui ne serait peut-être que légendaire. Si ce dernier a en tout cas laissé son nom à la dynastie, c'est sous l'emprise de son petit-fils Clovis, entre 481 et 511, que s'est fondé ce pouvoir dynastique sur une grande partie de la Gaule, grâce aux victoires contre Syagrius, ou bien encore à Vouillé en 507 contre les Wisigoths.

Souviens-toi du vase de Soissons

Après la victoire de l'armée franque sur les Gallo-Romains à Soissons, vient en 487 le moment de partager la part du butin entre tous les combattants, comme le veut la tradition. Clovis souhaite restituer à l'évêque une magnifique urne en dehors du partage, ce qui n'est pas accepté par un de ses soldats. Ce dernier se saisit du vase et le brise. Un an plus tard, lors d'une revue des troupes, Clovis s'arrête devant ce même soldat. Prétextant un mauvais entretien de ses armes, il les jette à terre et, lorsque celui-ci se penche pour les ramasser, Clovis lui fend le crâne de sa francisque en lui disant : « Souviens-toi du vase de Soissons. » Ce célèbre épisode, mentionné par Grégoire de Tours, pourrait toutefois n'appartenir qu'à la légende.

496 : LE « MIRACLE DE TOLBIAC »

La conversion de Clovis au catholicisme ne se fit pas sans mal. En effet, la mort de son premier enfant Ingomer, qui avait été baptisé tout comme sa mère la princesse chrétienne Clotilde, avait poussé Clovis à émettre des doutes sur l'adoption de la foi chrétienne. Il n'en aurait été convaincu qu'en 496, quand il triompha des Alamans à Tolbiac après avoir promis de se faire baptiser en cas de victoire, ce qui n'est pas sans rappeler le vœu de conversion de l'empereur romain Constantin, lors de la bataille de Milvius en 312. La conversion de ces Francs Saliens aura surtout permis de faciliter leur mainmise sur la Gaule chrétienne.

Dépose tes colliers, Sicambre

Le baptême de Clovis et de 3 000 de ses guerriers eut probablement lieu jour de Noël, en 496 ou 498. Remi, l'évêque de Reims, qui le baptisa aurait alors dit : « Depona colla Sigamber. » Cette phrase a longtemps été traduite par : « Courbe la tête, fier Sicambre » – les Sicambres étant un ancien peuple germanique –, alors qu'elle signifie : « Dépose tes colliers, Sicambre. » Autrement dit, il lui demande d'abandonner les amulettes et autres porte-bonheur païens et d'épouser la religion chrétienne.

La « sainte ampoule »

A la fin du IXe siècle, Hincmar de Reims laissa entendre que le baptême de Clovis avait été suivi d'un sacre. Dans *La Vie de saint Remi*, il explique que le clerc chargé d'apporter le saint chrême pour oindre Clovis ne put rejoindre l'autel tant la foule était dense. Il aurait alors levé les yeux au ciel dans une supplication émue et une colombe, tenant dans son bec une ampoule remplie du précieux onguent, serait descendue jusqu'à lui et l'aurait laissée tomber dans ses mains avant de disparaître. A la fin du Moyen Age, on embellit encore la légende, en affirmant que son niveau ne baissait jamais et que l'huile refusait d'être fluide pour les usurpateurs. La sainte ampoule fut détruite en 1793, mais fut cependant retrouvée opportunément, pour le sacre de Charles X en 1825…

PLUTÔT MORTS QUE TONDUS !

Après la mort de Clovis en 511, ses quatre fils, Thierry, Clotaire, Clodomir et Childebert régentent leurs domaines respectifs (Metz, Soissons, Orléans et Paris). A la mort de Clodomir en 524, Childebert s'entend avec Clotaire pour éliminer les fils de Clodomir et partager leur héritage. Les deux oncles mettent alors le sort de ces enfants entre les mains de leur grand-mère Clotilde, la veuve de Clovis : ils doivent avoir les cheveux coupés comme les gens du peuple ou être égorgés ! Indignée, la reine Clotilde s'écria imprudemment : « Si on ne les élève pas sur le trône, je préfère les voir morts que tondus. » Le seul qui en réchappera est Clodoald, connu pour avoir plus tard fondé un monastère dans une cité qui porte encore son nom : Saint-Cloud.

Les malheurs de Brunehaut

En 561, le partage du royaume de Clotaire Ier entre ses quatre fils va lui aussi entraîner de sanglantes rivalités, notamment entre Brunehaut et Frédégonde, épouses respectives des frères Sigebert Ier (roi d'Austrasie) et Chilpéric Ier (roi de Neustrie). Après l'assassinat de Sigebert en 575 par des émissaires de son frère, Brunehaut n'eut de cesse de vouloir le venger – Chilpéric sera assassiné en 584 sans que l'identité du commanditaire ait été avérée – et ce fut le début d'une guerre qui épuisa le royaume pendant près de quarante ans, jusqu'à l'exécution de Brunehaut en 613. Selon la légende, cette princesse wisigothe fut d'abord attachée sur le dos d'un chameau (châtiment réservé aux usurpateurs à Rome) et eut, ensuite, le corps brisé par un cheval au galop (châtiment usité par les Germains).

Audovère, Galswinthe et la terrible Frédégonde

La rareté des sources et le manque de rigueur de certains chroniqueurs font qu'il n'est pas toujours aisé de discerner ce qui relève de la légende de ce qui fait figure de vérité historique au sujet des Mérovingiens. Ainsi en va-t-il pour Audovère, la première épouse de Chilpéric Ier qui aurait été répudiée après avoir été victime d'un vilain tour de la part de Frédégonde : lors du baptême d'un de leurs fils, Frédégonde aurait incité Audovère à tenir elle-même son enfant au-dessus des fonts baptismaux, ce qui constituait un sacrilège. Chilpéric épousa en secondes noces Galswinthe, la sœur de Brunehaut, avant que, poussé par Frédégonde qui deviendra sa troisième épouse, il ne la fasse étrangler dans son sommeil…

LE ROYAUME PACIFIÉ DU « BON ROI » DAGOBERT

Le court règne de Dagobert Ier (629-639) semble marquer l'apogée des temps mérovingiens. Sa première grande décision est d'écarter son frère cadet de l'héritage paternel, évitant ainsi le partage du royaume. Sur les conseils de saint Eloi, il fait construire la basilique Saint-Denis, et fait de la région parisienne le centre de gravité de la future France. De même, il se soucie de l'administration et, pour la première fois, on écrit des lois. Si une célèbre comptine l'a rendu populaire, les paroles du *Bon roi Dagobert* ont été écrites peu avant la Révolution pour se moquer de façon détournée de Louis XVI.

METTRE SA MAIN AU FEU

Mêlant influences romaines et germaniques, la justice mérovingienne s'appuie sur le prétendu jugement de Dieu en recourant à l'ordalie. Dans l'ordalie unilatérale, un accusé pouvait être amené à tenir une barre de fer rouge, et de l'évolution de sa brûlure on déduisait l'opinion de Dieu. L'ordalie bilatérale mettait aux prises le plaignant et l'accusé (ou leurs représentants) dans une épreuve telle qu'un combat à mort, le vainqueur étant nécessairement celui qui avait raison. Seul l'innocent, confiant en Dieu, pouvait oser affronter l'ordalie, tandis que le coupable, conscient que Dieu ne l'aiderait pas, devait se dénoncer.

639 à 768

500 600 700 800 900 1000 1100 1200 1300 1400 1500

Des rois fainéants aux Carolingiens

Fréquemment représentés au cours de leur déplacement dans des chariots traînés par des bœufs, les derniers rois mérovingiens ont été abusivement surnommés les « rois fainéants » par les historiens du XIXe siècle. Dans le but de donner davantage de légitimité à la nouvelle dynastie carolingienne, Eginhard, le biographe de Charlemagne, ne leur a pas non plus dressé de portraits flatteurs. La lente et irrémédiable décadence de ces princes faibles, malades ou corrompus, est tout de même une réalité, mais une réalité orchestrée par les maires du palais. Ceux-ci n'avaient au départ que la tâche de nourrir et d'entretenir la cour, mais ils ont été pendant plusieurs décennies les véritables gouverneurs du royaume, jusqu'à ce que l'un d'entre eux, Pépin le Bref, ne s'empare finalement de la Couronne en 751.

PÉPIN DE HERSTAL ANNONCIATEUR D'UNE NOUVELLE DYNASTIE

Longtemps, il y eut un maire du palais pour chaque royaume (Neustrie, Austrasie, Bourgogne), mais, après sa victoire à Tertry sur les Neustriens en 687, le maire du palais d'Austrasie, Pépin de Herstal, devint le maître réel des trois royaumes francs. N'osant pas détrôner le roi Thierry III en plaçant plutôt son fidèle Nordebert comme maire du palais de Neustrie, il a préparé, sur les ruines mérovingiennes, l'essor des Carolingiens. Petit-fils de Pépin de Landen, fondateur de la dynastie de Pippinides, il est surtout le père de Charles Martel – dont le surnom semble faire référence à sa violence et à celle du marteau d'armes – et le grand-père du premier souverain carolingien Pépin le Bref, ainsi qualifié en raison de sa petite taille.

732 : Charles Martel arrête les Arabes près de Poitiers

Venu renforcer les troupes du duc d'Aquitaine Eudes, le maire du palais Charles Martel est célèbre pour avoir repoussé les Arabes lors d'une bataille qui s'est vraisemblablement déroulée à une quarantaine de kilomètres au nord de Poitiers en 732. Si cette bataille n'a pas été le coup d'arrêt décisif porté à l'expansion des Sarrasins qui ont notamment été combattus par la suite à Narbonne, elle va permettre aux chroniqueurs carolingiens de mettre en valeur l'image de Charles Martel qui a toutefois repoussé ce qui était peut-être plus une razzia qu'une réelle tentative d'invasion. Avant de mourir en 741, Charles a réglé sa succession comme un roi, en partageant le royaume entre ses deux fils, Carloman et Pépin. Il pose ainsi, les fondements sur lesquels ses successeurs bâtiront la puissance carolingienne.

PÉPIN EN GALÈRE À VENISE…

Carloman ayant abdiqué en 747 pour se retirer au mont Cassin, Pépin demeure seul maire du palais avant d'être élu « roi des Francs » en 751 et sacré l'année suivante par Boniface. Il se fait sacrer une seconde fois à Saint-Denis par le pape Etienne II en 754. La reine Bertrade de Laon, plus connue sous le nom de Berthe au grand pied, et leur fils Charles, futur Charlemagne, reçoivent également l'onction. Si le pape accorde son soutien spirituel à Pépin, ce dernier devra l'aider à repousser les Lombards et à lui conférer des terres qui deviendront avec la signature du traité de Quierzy – toujours en 754 – les Etats pontificaux. Intervenu en Italie du Nord, Pépin le Bref arma une flotte pour s'emparer de Venise, mais le doge avait fait retirer les repères marquant les chenaux de la lagune. Les galères de Pépin se retrouvèrent rapidement échouées lorsque la marée baissa et aussitôt harcelées par les bateaux à fond plat des Vénitiens !

Un nouvel empereur : Charlemagne

A la mort de Pépin en 768, le royaume est partagé entre ses deux fils, l'aîné Carloman et le cadet, Charles, futur Charlemagne. La mort accidentelle de Carloman en 771 laisse rapidement la totalité du royaume au jeune Charles dont le règne en tant que roi des Francs durera quarante-six ans. Après avoir lutté dans le nord de l'Italie, avec moins de succès en Espagne, il rétablit l'empire en Occident en 800 en se faisant sacrer à Rome et poursuit sa lutte contre les peuples germaniques. En 813, il fait couronner Louis le Pieux, unique survivant de ses fils. Bien que Pépin le Bref en soit le fondateur, c'est Charlemagne qui a laissé son nom à la dynastie des Carolingiens, appelés jadis Carlovingiens.

La barbe fleurie de Charles Ier le Grand

Mesurant près de 1,90 m, Charlemagne en tire son nom, *Carolus Magnus* signifiant Charles le Grand. Chasseur émérite, nageur hors pair, père jaloux et amoureux ardent, celui que l'on a aussi surnommé l'empereur à la barbe fleurie était en réalité plutôt imberbe. Les portraits le représentant affublé d'une barbe sont inspirés par les chroniqueurs du Moyen Age qui y voyait un signe d'autorité et de majesté. Quant au terme « fleuri », il provient en réalité d'une déformation du vieux français *flori* qui signifiait « blanc ».

Roland de Roncevaux et sa légendaire épée

L'existence de ce marquis de Bretagne est attestée par le chroniqueur Eginhard qui rapporte qu'à son retour d'Espagne en 778, l'arrière-garde de Charlemagne commandée par son neveu Roland fut brutalement attaquée au col pyrénéen de Roncevaux par les Vascons (autrement dit les Basques et non les Sarrasins). Cet incident donna naissance à une célèbre chanson de geste à la fin du XIe siècle. Se sentant vivre ses derniers instants, Roland souhaite prévenir Charlemagne : il saisit son olifant puis tente de casser son épée Durandal pour qu'elle ne tombe pas dans les mains de l'ennemi. En frappant la montagne, il ouvre la « brèche de Roland » qui domine le cirque de Gavarnie. Une autre légende affirme qu'il aurait alors lancé son épée jusqu'à Rocamadour où elle se serait plantée dans le rocher.

7 - ROLAND À RONCEVAUX

PRINTED IN FRANCE

EDITIONS ROSSIGNOL - MONTMORILLON (Vienne)

CHARLEMAGNE ET LES FEMMES

Charlemagne avait une véritable passion pour les femmes. Il eut quatre épouses (dont l'une mourut épuisée par neuf grossesses), mais l'Eglise appréciait peu le remariage des veufs et Charlemagne dut renoncer à un cinquième mariage, ce qui ne l'empêcha pas de poursuivre les femmes de ses assiduités. Ce sera le temps des concubines, au nombre de quatre, qui lui donneront… dix-huit enfants ! Il aura une tendresse particulière pour ses filles, refusant même de les marier, pour les emmener avec lui lors de ses déplacements.

Aix-la-Chapelle, capitale de l'Empire

Fondée selon la tradition vers 124 par Granus, la cité d'Aix-la-Chapelle – aujourd'hui dans l'ouest de l'Allemagne – a d'abord pris le nom d'Aquae Grani. Aix est une déformation d'*Aquae* faisant référence à la proximité de sources ferrugineuses et sulfureuses, tandis que la chapelle est celle qu'y a fait construire Charlemagne et où il repose encore aujourd'hui. Charlemagne y a installé sa cour parce qu'il appréciait les sources d'eaux chaudes – il y fit creuser une piscine où cent personnes pouvaient se baigner en même temps – et pour être près des Saxons, contre lesquels il se battait sans répit. Il y faisait baptiser les païens à tour de bras, le plus difficile étant de trouver assez de vêtements blancs qu'il donnait à chaque converti. On raconte que certains se faisaient baptiser plusieurs fois dans le but de garnir à bon compte leur garde-robe !

Charlemagne en guerre en Germanie.

Charlemagne visite une de ses villas.

Les yeux de l'empereur : les *missi dominici*

Reprenant une pratique de son père Pépin le Bref, Charlemagne, par un capitulaire (ordonnance impériale) de 802, régularise cette institution des *missi dominici* qui devient un des rouages essentiels de son administration. Ils vont deux à deux, un évêque et un comte, surveillent tous les fonctionnaires de l'Empire et veillent à l'application des capitulaires. Cette institution perdurera jusqu'à la fin du IXe siècle. Avec l'insécurité croissante à cause des Normands, les *missi dominici* ne seront plus choisis parmi les agents du palais, mais plutôt parmi les notables locaux.

800 : Charlemagne couronné empereur des Romains

La cérémonie eut lieu le jour de Noël 800 à Rome selon le rituel utilisé dans l'Empire byzantin où le couronnement comportait trois étapes (acclamation de la foule et de l'armée, couronnement puis adoration de l'empereur par le patriarche pour montrer que le pouvoir venait du peuple et les victoires de l'empereur). Le pape Léon III décida toutefois d'inverser l'ordre. Ainsi, pour avoir le premier rôle et signifier que tout pouvoir venait de Dieu, il imposa d'abord la couronne puis invita l'assemblée à l'acclamer trois fois. A en croire Eginhard, Charles n'apprécia guère cette initiative et affirma qu'il aurait renoncé à entrer dans l'église ce jour-là s'il avait pu connaître d'avance le dessein du pontife. Ainsi commencèrent les difficiles rapports entre l'Empire et la papauté.

L'éléphant blanc du calife de Bagdad

Le calife de Bagdad Haroun al-Rachid a accepté l'amitié de Charlemagne en ces temps de conflits avec Constantinople où nouer des liens avec l'adversaire le plus puissant de l'empire d'Orient pouvait servir l'empereur. En 802, en guise de reconnaissance, Charlemagne reçoit du calife un splendide éléphant blanc qui, à coup sûr, évitera toute tromperie ! Il l'emmènera régulièrement avec lui de palais en palais, et prendra soin de lui jusqu'à la mort en 810 d'Abul-Abbas – tel était le nom de ce pachyderme dont l'albinisme n'a fait qu'accroître sa valeur.

Horloge à eau offerte par le calife Haroun al-Rachid.

LA RENAISSANCE CAROLINGIENNE

L'école exista bien avant l'empereur, dès l'Antiquité. Pour sa part, Charlemagne parlait le latin populaire et littéraire, il comprenait le grec, mais devait en revanche faire régulièrement des exercices d'écriture. Néanmoins, l'expression « renaissance carolingienne » est indissociable de l'histoire des Carolingiens et cette « école » n'a rien de scolaire dans la mesure où elle ne s'adresse pas aux enfants. Il s'agit en effet de l'académie palatine, c'est-à-dire un groupe de lettrés que Charlemagne aimait réunir en son palais composé de Pierre de Pise, de Paul Diacre venu d'Italie, de Théodulf venu d'Espagne, mais surtout du Britannique Alcuin. Leur mission était de forger un clergé instruit apte à lire, commenter et copier les écritures, les ouvrages des Pères de l'Eglise et un certain nombre d'œuvres de l'Antiquité païenne. A cette occasion naquit la lettre minuscule – dite caroline d'après le nom latin de l'empereur – qui permettait de retrouver la lisibilité des manuscrits.

Cependant, Charlemagne voulut aussi que le peuple puisse s'instruire : il confia à l'Eglise le soin de fonder dans chaque paroisse une école gratuite tenue par un prêtre.

Charlemagne représenté comme « l'inventeur de l'école ».

814 à 877

500 600 700 800 900 1000 1100 1200 1300 1400 1500

Louis Ier le Pieux et ses fils : Le partage de l'Empire

A la mort de Charlemagne en 814, deux de ses trois fils ne lui ont pas survécu. Louis Ier le Pieux hérite naturellement de l'empire de son père qui l'a fait empereur dès septembre 813, avant le sacre à Reims par le pape Etienne IV en 816. En établissant un premier partage entre ses fils dès 817, Louis prépare une succession qui s'annonce moins commode.

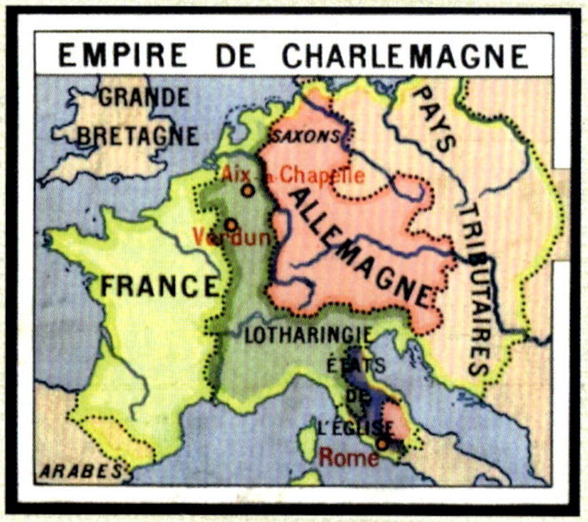

Bernard, un neveu mécontent de son sort, tente alors de se soulever contre lui, en vain. D'abord condamné à mort, Bernard n'aura que les yeux crevés. L'opération lui est toutefois fatale et pousse Louis le Pieux, également surnommé « le Débonnaire » par les chroniqueurs du Moyen Age, à faire pénitence publique à Attigny – dans l'actuel département des Ardennes.

833 : le « champ du mensonge »

L'arrivée d'un quatrième fils va compliquer une situation déjà complexe. Après la mort d'Ermengarde, sa seconde épouse Judith de Bavière met au monde en 823 le futur Charles II le Chauve. Alors qu'un premier partage avait été établi, les tractations visant à donner une part de l'héritage au petit dernier entraînent l'épisode du « champ du mensonge », un ancien champ de bataille des environs de Colmar rebaptisé pour l'occasion. Contrariés, les autres fils de Louis y convoquent leur père en juin 833 et le destituent. Envoyé en pénitence à Soissons, Louis le Pieux est finalement rétabli en 835 à cause d'incessantes querelles fraternelles…

LE TRAITÉ DE VERDUN (843)
Les trois fils de Louis-le-Pieux, Lothaire, Louis-le-Germanique et Charles-le-Chauve, se partagent l'empire de leur Père.

842 : les serments de Strasbourg

A la mort de Louis, ses fils ne sont plus que trois et ne s'entendent toujours pas, comme l'illustre la bataille de Fontenoy en 841. Cette opposition en terre bourguignonne a gardé la réputation d'avoir été extrêmement meurtrière, et s'est soldée par la défaite de l'aîné Lothaire face à Louis le Germanique allié à son demi-frère Charles le Chauve. Les deux vainqueurs prêtèrent par la suite un serment d'assistance mutuelle à Strasbourg en 842. Le texte de ce que l'on appelle les « serments de Strasbourg » a la particularité de ne pas être en latin, et constitue même le plus ancien document en langue romane (ancêtre du français) et en langue tudesque (ancêtre de l'allemand).

843 : naissance de la France à Verdun

Les serments de Strasbourg aboutissent l'année suivante au partage de l'empire de Charlemagne entre ses trois petits-fils. Le traité de Verdun de 843 donne ainsi à Louis le Germanique la partie orientale de l'Empire, appelée Francie orientale. Cette région deviendra la Germanie, mais le nom des Francs subsiste de nos jours dans le nom de la région allemande de Franconie ou dans celui de la ville de Francfort. Parfois appelé Francie médiane, le territoire de Lothaire est plus central et constitue la Lotharingie. De ce nom découlera celui de la Lorraine, même si ses frontières s'étendaient de la mer du Nord à la Méditerranée. Le benjamin Charles II le Chauve a quant à lui régné sur la Francie occidentale, une France limitée à l'est par les cours de l'Escaut, de la Meuse, de la Saône et du Rhône. Egalement rédigé en 843, le capitulaire de Coulaines pose les bases de la société féodale, reconnaissant les devoirs mutuels entre Charles et les nobles du royaume.

Le serment de Nominoë.

LA BRETAGNE INDÉPENDANTE

En marge de ces querelles, Nominoë, qui a été fait duc de Bretagne par Louis le Pieux, bat les troupes de Charles le Chauve près de Redon en 845 au cours de la bataille de Ballon. Nominoë se proclame roi de Bretagne et assure l'indépendance d'une Bretagne unifiée en s'emparant des villes de Rennes et de Nantes. Après la mort de Nominoë en 851, Charles le Chauve est contraint de reconnaître officiellement son fils Erispoë comme roi de Bretagne. Cette indépendance aurait toutefois pu tourner court, car il fut question de marier le futur roi Louis II le Bègue, fils de Charles le Chauve, à la fille du roi Erispoë. Ce rapprochement avec les Carolingiens est probablement à l'origine de l'assassinat du fils de Nominoë.

De Louis II à Louis V : les derniers Carolingiens

En près d'un siècle, onze rois se succèdent ; des rois carolingiens, mais aussi des Robertiens. Les rois sont en effet élus par les grands du royaume et l'hérédité ne suffit pas toujours pour assurer la succession dynastique. La famille de la noblesse franque des Robertiens a tout d'abord vu le comte de Paris, Eudes Ier (888-898), accéder au trône, fort de sa lutte héroïque contre les Normands en 885. Son frère Robert Ier, roi des Francs durant à peine un an en 922 et 923, n'est autre que le grand-père d'Hugues Capet. Son successeur Raoul Ier (923-936) est issu quant à lui de la famille des Bosonides. La faiblesse des derniers rois carolingiens n'est pas sans rappeler celle des derniers Mérovingiens surnommés les rois fainéants, adjectif associé également à Louis V (986-987).

Le siège de Paris par les Normands.

Les malheurs de Louis III et de Carloman II

Louis III qui fut roi des Francs conjointement avec son frère Carloman II à la mort de leur père Louis II est surtout connu pour l'épisode qui lui coûta la vie en 883, à l'âge de 18 ans. A cheval, il se serait fracassé le crâne sur le linteau d'une porte en poursuivant une jeune fille dont il était épris ! Son frère Carloman mourut deux ans plus tard, également à 18 ans, d'un accident de chasse, blessé par un sanglier ou alors par une flèche tirée par un de ses gardes visant le sanglier. Leur frère, Charles III, accédera plus tard au trône après la régence de Charles le Gros et le règne d'Eudes Ier.

UN ROI D'OUTREMER…

Louis IV d'Outremer n'est pas né sur une île lointaine, mais il est appelé ainsi en raison de son enfance passée en Angleterre auprès du roi Athelstan. A la déchéance de son père Charles le Simple en 822, sa mère a préféré l'éloigner des rivalités franques. En 936, il est élu roi malgré la prédominance d'Hugues le Grand, fils de Robert Ier et père d'Hugues Capet, dont la position n'est pas sans rappeler celle des maires du palais à la fin de l'époque mérovingienne…

Les raids des « hommes du Nord »…

Dès la seconde moitié du IXe siècle, les Vikings également appelés Normands (« hommes du Nord ») mènent des raids dévastateurs dans le royaume et pillent de nombreuses villes, remontant les fleuves à bord de leurs célèbres drakkars. Le terme drakkar ne désignait alors pas l'embarcation de ces hommes venus de Scandinavie, mais plutôt les figures qui ornaient la proue de ces navires. En 911, le roi Charles III le Simple signe le traité de Saint-Clair-sur-Epte avec le chef normand Rollon, qui se fait baptiser pour l'occasion. En échange d'un territoire qui deviendra le duché de Normandie, les Vikings s'engagent à cesser leurs attaques.

… et de ceux du Sud

Bien implantés en Espagne, les Sarrasins s'établirent ponctuellement en France à la fin du IXe siècle, notamment à Fraxinet dans le golfe de Saint-Tropez. De ce site fortifié, ils ont mené des raids en Provence essentiellement, mais aussi jusqu'en Savoie où ils ont capturé l'influent abbé Mayeul de Cluny. Sous l'action du comte de Provence qui en tira son surnom de « Guillaume le Libérateur », ils furent finalement boutés hors de Provence après la bataille de Tourtour en 973. En outre, le royaume demeure de temps à autre attaqué par des Hongrois à l'est.

LE ROYAUME FRAGILE DES PREMIERS CAPÉTIENS

Les successeurs de Charlemagne ont distribué de nombreuses terres à leurs vassaux, certains d'entre eux devenant alors plus puissants qu'eux. Profitant de la faiblesse des derniers Carolingiens, le « duc des Francs » Hugues Capet s'impose à la tête du royaume. Il est sacré en 987 – peut-être à Reims ou alors à Noyon – en y associant son fils, créant ainsi une nouvelle dynastie : les Capétiens. Celui qui se fait encore appeler « roi des Francs » ne règne véritablement que sur l'Ile-de-France, qui s'étend alors d'Orléans à Senlis. Les mariages des premiers Capétiens visent à consolider et à agrandir petit à petit un royaume fragile en s'unissant avec les familles des grands seigneurs du royaume. Des règnes longs (seulement cinq rois en près de deux siècles après Hugues Capet) et une descendance mâle toujours assurée ont en outre apporté une stabilité à la monarchie, qui retrouvera véritablement son prestige avec Philippe Auguste.

NOYON. — Sacre de Hugues-Capet. 987.

Les *regalia* de la nouvelle dynastie capétienne

Les Capétiens renouent avec la pratique du sacre, pour tenter d'asseoir leur nouvelle dynastie. Le rituel de cette cérémonie associe un certain nombre de symboles qui ne sont apparus que progressivement et que l'on appelle les *regalia*. Souvent conservée d'un sacre à l'autre, la couronne est le premier des symboles royaux. Après la remise dans la main droite du sceptre royal, symbole de commandement terminé par une fleur de lys, le souverain reçoit la main de justice. Ce symbole du pouvoir judiciaire conféré au roi ne semble toutefois pas exister avant Louis IX. Avec les éperons d'or, l'épée Joyeuse présentée comme celle de Charlemagne illustre la fonction militaire. Lors du sacre qui se tient à Reims lorsque le contexte politique le permet, les rois de France reçoivent la sainte onction à partir de l'huile sacrée de la sainte ampoule qui aurait servi à baptiser Clovis.

AU DIABLE ROBERT LE PIEUX

En 995, le roi Robert II répudie sa première femme Rosala, une descendante de Charlemagne choisie par Hugues Capet pour son sang royal, et se remarie avec sa cousine Berthe. Quelques différends avec le pape vont pousser ce dernier à demander l'annulation de ce mariage jugé incestueux, bien que ces pratiques soient communes. En 998, Robert est menacé d'excommunication, mais pour des raisons plus politiques que religieuses il se sépare finalement de Berthe, pour se remarier avec Constance d'Arles. Sa défense de la « Paix de Dieu » instituée par l'Eglise lui a tout de même valu le surnom de Robert le Pieux. Pour sa cousine Berthe, il a fait construire le château de Vauvert au sud des murs de Paris. L'édifice a rapidement eu mauvaise réputation après sa mort, le lieu passant pour être un repaire de brigands et bientôt pour abriter le diable. La résidence a par la suite été reprise par les Chartreux qui avaient l'habitude de s'installer à l'écart des habitations, loin de tout : Au diable vauvert ! Si elle existait toujours, elle se trouverait dans le 14e arrondissement de Paris, non loin de la barrière d'Enfer…

Une régente russe

Les mariages consanguins, même entre cousins éloignés, n'étant plus en odeur de sainteté, Robert II dut aller jusqu'en Russie pour trouver une épouse à son fils, le futur Henri Ier. Celle-ci est la fille de Iaroslav le Sage, et se nomme Anne de Kiev, parfois Agnès ou encore Anne de Russie. Réputée pour sa grande beauté, elle a introduit le prénom Philippe à la cour en le donnant à son fils, Philippe Ier, dont elle sera la régente pendant sa minorité.

LES ROIS THAUMATURGES GUÉRISSENT LES ÉCROUELLES

Toujours pour donner davantage de prestige aux rois, on leur attribue le pouvoir de guérir, en les touchant, les écrouelles, des ganglions d'origine tuberculeuse. La guérison spontanée devait alors être considérée comme une intervention divine. Le premier de ces rois qualifiés de thaumaturges pourrait être Philippe Ier, ou Robert II, mais il faut attendre Saint Louis pour que ce pouvoir leur soit clairement attribué.

CHOCOLAT GUÉRIN-BOUTRON

17. PHILIPPE Ier (1060-1108). *Guillaume le Conquérant part pour l'Angleterre* (1060).

GUILLAUME LE CONQUÉRANT, LE BÂTARD NORMAND DEVENU ROI D'ANGLETERRE

Guillaume Ier de Normandie doit son surnom de « bâtard » au fait que sa mère était une simple fille de tanneur. Son père Robert le Diable parti en croisade, son tuteur n'est autre que le roi Henri Ier. Après l'avoir défendu, Henri Ier retrouve son vassal Guillaume en tant qu'adversaire, sans parvenir à freiner son irrésistible ascension. Parti à la conquête de l'Angleterre, Guillaume est victorieux à Hastings en 1066, et devient roi d'Angleterre le jour de Noël. Cette conquête est représentée sur une broderie longue de 70 m : la célèbre « tapisserie de Bayeux », également appelée « tapisserie de la reine Mathilde » du nom de l'épouse de Guillaume.

Aliénor épouse le fils du « roi de la France »...

Le plus ancien document évoquant le titre de « roi de France », est une lettre de Louis VI au pape Calixte II, datant de 1119. Louis VI se proclame « roi de la France, non plus des Francs, et fils particulier de l'Eglise romaine ». Aidé par l'abbé Suger, il pense avoir entrepris une étape majeure dans l'unification du royaume en 1137, peu avant sa mort, en mariant son fils cadet, le futur Louis VII, à Aliénor d'Aquitaine, seule héritière de l'immense duché d'Aquitaine...

Philippe Ier et Bertrade.

... mais donne finalement l'Aquitaine aux puissants Plantagenêts

Plus attirée par la politique et la poésie que par la religion, Aliénor n'apprécie guère Louis et lui est infidèle. Le roi préfère la répudier en 1152, ce qu'il n'aurait peut-être pas fait si elle avait pu mettre au monde un garçon et ainsi assurer sa succession... Aliénor se jette alors dans les bras du jeune Henri Plantagenêt, déjà comte d'Anjou, du Maine et de Touraine et bientôt roi d'Angleterre. Elle lui donnera trois futurs rois d'Angleterre, dont Richard Cœur de Lion avec qui elle repose dans l'abbaye de Fontevraud en Anjou.

Les Plantagenêts tirent leur nom de Geoffroy V d'Anjou qui avait l'habitude de porter un brin de genêt à son chapeau. En épousant Mathilde l'Emperesse, petite-fille de Guillaume le Conquérant, il a permis à son fils Henri Plantagenêt de prétendre au trône d'Angleterre sous le nom d'Henri II.

Philippe Auguste et l'émergence de l'Etat français

Roi à 15 ans, Philippe Auguste est célèbre pour ses victoires militaires qui ont permis d'affirmer le pouvoir du roi vis-à-vis de ses vassaux, triplant ainsi l'étendue du domaine royal. Après avoir lutté contre les rois d'Angleterre Richard Cœur de Lion et Jean sans Terre, il veut déposséder ce dernier de ses fiefs français en s'appuyant sur le droit féodal. En 1204, il prend leur forteresse normande de Château-Gaillard (ci-dessus), réputée imprenable. En 1213, la bataille de Muret menée par des barons qui obéissent au roi vient juste de consolider l'implantation française dans le sud, quand se prépare près de Lille la bataille de Bouvines. Le dimanche 27 juillet 1214, les troupes royales de Philippe Auguste aidées par les milices communales défont celles de Jean sans Terre, de l'empereur Otton IV, et du comte de Flandre. Cette bataille ne souligne pas seulement la puissance du roi de France, mais elle est aussi considérée comme la première victoire de la nation française. Pour contrôler son domaine royal, Philippe Auguste crée les baillis et les sénéchaux, chargés de fonctions administratives et judiciaires.

1189 : Philippe Auguste et Richard Cœur de Lion ensemble pour la troisième croisade

Saladin ayant reconquis Jérusalem, le pape Grégoire VIII demande au roi de France Philippe Auguste et à son puissant vassal Richard Cœur de Lion – qui n'est pas seulement roi d'Angleterre, mais aussi duc de Normandie et d'Aquitaine, comte du Maine, d'Anjou et de Poitiers – de cesser leurs querelles pour mener la troisième croisade. Elle débute en 1189, avec à leurs côtés l'empereur germanique Frédéric Ier Barberousse qui meurt l'année suivante, noyé dans le fleuve Saleph en Anatolie. Si le siège de Saint-Jean-d'Acre est un succès, ils ne pourront reprendre Jérusalem, Philippe Auguste ayant prématurément quitté la Terre sainte.

Philippe Auguste à la bataille de Bouvines.

LES LUSIGNAN, ROIS DE CHYPRE

Après la prise de la Ville sainte par Saladin en 1187, le comte de la Marche Guy de Lusignan conserve un temps le titre de roi de Jérusalem, mais doit se replier sur Chypre avec de nombreux Français dépossédés de leurs terres en Orient. En 1192, il devient roi de Chypre et fonde une dynastie qui va régner sur l'île méditerranéenne jusqu'à l'arrivée des Vénitiens à la fin du XVe siècle.

1194 : Philippe Auguste perd ses archives à Fréteval

A Fréteval (près de Vendôme) en 1194, Philippe Auguste a non seulement perdu une bataille contre Richard Cœur de Lion, mais il a aussi perdu son sceau royal et ses livrets de comptes, autrement dit les archives qu'il emportait toujours avec lui lors de ses déplacements. La tradition veut que suite à cette mésaventure le roi ait créé des archives royales sédentaires, la plus ancienne trace d'un dépôt d'archives permanent dans son palais de la Cité à Paris ne remontant toutefois qu'à l'an 1231.

Paris capitale

De son palais royal de l'île de la Cité, Philippe Auguste dote Paris d'une nouvelle enceinte et fait notamment construire le Louvre, qui n'est alors qu'un gros donjon entouré de murailles. La cour jusqu'alors itinérante, se fixe à Paris qui devient véritablement la capitale. Sous son règne, Paris subit d'importantes crues de la Seine. En 1196, le roi doit quitter son palais pour rejoindre l'abbaye Sainte-Geneviève, et participer au milieu des Parisiens à des processions religieuses réalisées pour éviter un second déluge… qui intervient cependant en 1206. Cette année-là, on circule à Paris en bateau et les arches du Petit-Pont ne résistent pas. Pour sauver la ville, on fait venir les reliques de sainte Geneviève à Notre-Dame… En 1214, la capitale en liesse accueille enfin le roi victorieux, de retour de Bouvines.

La société féodale

Charles le Chauve, petit-fils de Charlemagne ayant reçu la Francie occidentale lors du traité de Verdun, est à l'origine de la féodalité, terme tiré du mot « fief » qui désigne l'organisation politique et sociale du Moyen Age. En 843, il avait promis avec le capitulaire de Coulaines de ne pas démettre les nobles de leurs terres. En 877, un autre texte de loi, le capitulaire de Quierzy, accorde la transmission héréditaire de ces terres qui vont prendre le nom de fiefs. Devant la faiblesse du pouvoir royal confronté aux invasions des IXe et Xe siècles, les populations vont chercher la protection des puissants seigneurs. Ces derniers, en réunissant des guerriers autour d'eux, vont former un ordre dominant à partir du XIe siècle. A cette même époque, Adalbéron de Laon définit les trois ordres qui allaient durablement constituer la société française : ceux qui combattent (les nobles), ceux qui prient (les clercs) et ceux qui travaillent (les paysans).

DES LIENS D'HOMME À HOMME

Un chevalier qui se met au service d'un seigneur devient son vassal lors de la cérémonie de l'hommage, marquée par l'accolade et la remise officielle du fief. Mais un seigneur est lui-même le vassal d'un grand seigneur (duc, comte…), voire du roi qui domine la hiérarchie féodale bien que ses vassaux respectent peu leurs obligations. Parmi celles-ci figurent l'aide militaire (l'ost) et l'aide financière (pour payer une éventuelle rançon). Le vassal qui ne respecte pas ses engagements voit ses fiefs confisqués et devient un félon, dont Ganelon est l'archétype. Ce personnage littéraire de la *Chanson de Roland*, responsable du piège tendu au héros, semble s'inspirer d'un archevêque homonyme qui s'est fait connaître, sous le règne de Charles le Chauve, en choisissant le camp de Louis le Germanique.

LA CHEVALERIE

Après un apprentissage qui l'amène à être page puis écuyer auprès d'un parrain, un jeune noble peut devenir chevalier lors de la cérémonie de l'adoubement. Prêtant serment agenouillé devant un seigneur qui lui donne la colée (un coup d'épée près du cou), le futur chevalier reçoit ses armes. Pour incarner les valeurs chevaleresques, il se devra d'être sage, courageux, généreux et fidèle. Grâce aux chansons des troubadours, les chevaliers apprennent à faire la cour aux dames et, quand ils ne sont pas à la guerre, ils s'entraînent lors des tournois, des jeux guerriers où les enjeux sont parfois courtois.

Une justice visible

Les seigneurs peuvent disposer de la basse, de la moyenne ou de la haute justice. Dans le dernier cas, ils peuvent prononcer la peine capitale et envoyer quiconque au gibet. Les exécutions sont publiques et les corps des pendus peuvent rester en place de longs moments. Pour des peines moins graves, le pilori, qui pouvait revêtir différentes formes, expose aux regards de la foule les condamnés attachés, pour quelques heures ou pour quelques jours. Ces derniers pouvaient alors être victimes de jets d'ordures ou d'œufs pourris.

Le château, symbole de la domination du seigneur

Les paysans qui effectuent déjà les corvées dans la réserve du seigneur doivent payer le cens en échange de la location de terres appelées tenures. Ils doivent obligatoirement utiliser le four, le moulin et le pressoir du seigneur, contre le paiement des banalités. Les seigneurs apportent la protection dans leur château en échange d'un autre impôt : la taille. Ce nom fait référence au bâton de taille, une baguette sur laquelle des entailles permettaient d'élaborer des comptages. D'abord construits en bois sur des mottes, ces châteaux vont accroître leur capacité défensive avec l'usage de la pierre. Au sein de la haute cour, le donjon est la résidence de la famille du seigneur qui peut inviter ses chevaliers pour des banquets. Dans la partie généralement externe appelée basse cour, le château peut abriter des bâtiments à vocation agricole et des animaux domestiques.

L'essor des campagnes

Au lendemain des ravages causés par les dernières vagues d'invasions, on assiste à partir du Xe siècle à une résurrection des campagnes facilitée par les efforts visant à discipliner les violences féodales soutenus par l'Eglise et entrepris par les seigneurs. Au cours de cette période de croissance démographique, l'agriculture profite de progrès techniques importants alors qu'elle demeure l'activité de l'écrasante majorité d'une population qui commence véritablement à se regrouper en villages. Cet essor rural permettra ensuite celui des villes, nourries par des campagnes capables de produire des excédents.

DE NOUVELLES TECHNIQUES POUR PRODUIRE PLUS

La première révolution de l'énergie est la substitution de la force musculaire par celle de l'eau et du vent qui alimente les moulins. De plus, l'invention de l'attelage par collier d'épaule va multiplier par deux les possibilités de traction de l'animal et l'attelage en file va permettre de traîner des chargements de plus en plus lourds. Au même moment, la généralisation de la ferrure du cheval permet d'éviter une usure prématurée des sabots. L'outillage connaît également des perfectionnements : l'araire est remplacé par la grande charrue à roues et à versoir qui permet un labour plus profond. Ainsi, grâce à ces améliorations, les paysans produisent davantage et sont moins menacés par la famine.

Elevages et cultures

On récolte des céréales (seigle, froment, orge, avoine), des légumes comme les pois, les haricots, les choux, des courges ou des poireaux, ainsi que du chanvre et du lin pour fabriquer des tissus. On cultive aussi des vignes sur la quasi-totalité du territoire. S'agissant des animaux, on rencontre plus souvent des poules et des porcs (plus faciles à élever) que des chevaux, des bœufs ou des vaches, plus rares car plus chers. Moins courant, l'élevage des moutons est toutefois intéressant à plus d'un titre : avec leur laine, on fait des étoffes ; avec le lait, des fromages ; avec la peau, du cuir ; avec la chair, des gigots ; et les boyaux peuvent même servir à faire des cordes d'instruments de musique !

LES TRACES DES DÉFRICHEMENTS DANS LA TOPONYMIE

De nombreux villages ou hameaux ont été créés et nommés au Moyen Age. Ils portent souvent le nom de leur fondateur, à l'image des toponymes en -ière/-ère/-erie (La Villardière, La Rogère, La Raimbauderie…) courants dans l'Ouest. Dans le Sud-Ouest, les lieux-dits précédés de « chez » sont légion et traduisent la volonté de marquer son territoire. Tous les noms comportant Lamotte, Castel (nau), Lagarde ou Laroque suivis d'un patronyme traduisent encore davantage cette volonté. D'autres noms de lieux font plus spécifiquement référence aux importants défrichements réalisés au cours de cette période. Les espaces gagnés sur la forêt, ou sur des friches désormais exploitables grâce à l'utilisation d'engrais naturels plus abondants, sont reconnaissables encore aujourd'hui à la lecture de noms de lieux comme Artigues ou Les Essarts qui font référence à des terres défrichées.

Villeneuves et bastides

Des villages neufs sont créés par la volonté de seigneurs laïcs ou ecclésiastiques qui doivent néanmoins attirer les nouveaux habitants en leur octroyant des avantages comme des exemptions de taxes. Ainsi apparaissent les toponymes Villeneuve, Neuville, Villefranche, Sauveterre ou Labastide. Le Sud-Ouest abrite plusieurs centaines de bastides créées à partir du XIIIe siècle et qui s'organisent autour d'une place centrale avec des rues à angle droit. Certaines d'entre elles prospéreront pour devenir des villes d'importance à l'image de Libourne en Gironde.

500 600 700 800 900 1000 1100 1200 1300 1400 1500

L'ESSOR DES VILLES

Après une période de développement liée à la romanisation, l'urbanisation connaît une phase de déclin au début du Moyen Age. Il faut attendre le Xe siècle, et l'essor conjoint des campagnes, pour assister à un renouveau urbain. La ville médiévale se caractérise tout d'abord par l'enceinte fortifiée qui la protège. Les faubourgs (altération de *fors bourg*, fors étant une ancienne préposition signifiant en dehors) sont les quartiers qui s'étendent au-delà des remparts, et qui se retrouvent parfois intra-muros quand des enceintes plus vastes sont construites. A côté du pouvoir de l'Eglise, et de celui du seigneur qui ne possède pas forcément son château dans la ville, un nouveau pouvoir émerge à partir de la fin du XIe siècle : celui des communes.

CHARTES DE FRANCHISES ET TOURS COMMUNALES

Les habitants de certaines villes prêtent serment et forment des communes pour réclamer plus de libertés à leur seigneur, ce mouvement communal menant parfois à des révoltes comme à Laon en 1112. Des textes, appelés chartes de franchises, ont reconnu ce qui était tout d'abord plutôt des exemptions de taxes, avant que les bourgeois – terme désignant au départ les habitants des bourgs avant de désigner les plus aisés d'entre eux – obtiennent le privilège de choisir leur(s) représentant(s) pour diriger la ville. Divers systèmes municipaux sont alors nés. Dans le Nord, des jurés et/ou des échevins forment un conseil municipal qui désigne parfois des bourgmestres ou des mayeurs, ancêtres de nos maires. Dans le Sud, ce sont plutôt des consuls qui administrent la ville, ou comme à Toulouse des capitouls qui siègent au célèbre Capitole dont la construction a été décidée en 1190. Les villes affirment également leur personnalité juridique en créant des sceaux. Celui de la ville de Saint-Omer (Pas-de-Calais) arbore les six échevins de la commune devant leur « mairie » surmontée d'un beffroi. Ces tours communales érigées surtout dans le nord du pays concurrencent dans le paysage urbain les cathédrales et les châteaux seigneuriaux.

Louis VI : le père des communes

Louis VI (1108-1137) dit le Gros en raison de son embonpoint, était aussi appelé le « père des communes ». Tout comme son fils Louis VII (1137-1180), il a reconnu et encouragé le pouvoir de ces nouvelles communes. Cette attitude n'est pas étonnante quand on sait que les seigneurs du royaume ne respectaient guère l'autorité du roi. Donner plus de pouvoir aux villes constituait un moyen d'affaiblir les grands seigneurs.

La banlieue

Le terme de banlieue trouve son origine dans l'époque médiévale. Le « ban » fait référence au pouvoir juridique du seigneur tandis que la « lieue » est une distance, variable selon les régions. La banlieue est donc étymologiquement l'espace où s'exerce la loi du seigneur. Avec le développement du pouvoir communal, le terme de banlieue a fini par désigner l'espace autour d'une ville où s'exerce le commandement de la municipalité, avant de désigner désormais plus simplement l'espace périphérique d'une ville.

PREMIERS CHÈQUES ET PREMIÈRES BANQUES

Le commerce n'est évidemment pas étranger au développement des villes. De grandes halles y sont construites pour vendre les produits de la proche campagne, mais aussi des produits beaucoup plus lointains. Les foires les plus importantes se tenaient à Beaucaire dans le Sud, à Saint-Denis près de Paris et en Champagne où les villes de Troyes, Provins, Bar-sur-Aube et Lagny se relayaient pour accueillir toute l'année des foires qui attiraient des marchands venus d'Italie ou d'Europe du Nord. Ces échanges qui pouvaient être réalisés grâce à la lettre de change, ancêtre du chèque, s'accompagnent d'un essor des activités bancaires, le terme banque faisant référence au banc où le change des monnaies était réalisé.

Corporations et métiers

Dans de nombreuses villes, des confréries ou des guildes regroupent les citadins selon leurs métiers. A la hiérarchie entre les maîtres et leurs valets, s'ajoute celle entre les métiers, l'activité des orfèvres n'équivalant pas celle des revendeurs appelés regrattiers. Nombreux sont les artisans et les « victuaillers » (métiers de bouche), dominés par les banquiers et les marchands qui gouvernent généralement la ville. Avec leur extension, il est devenu indispensable de nommer les rues des villes, en s'inspirant souvent des activités qu'on y trouvait, faisant se côtoyer la rue des Tanneurs et la rue des Foulons, ou bien la rue du Change et la place du Marché.

Un cordonnier dans son atelier.

PAYER EN MONNAIE DE SINGE

Le prévôt de Paris (fonction différente du prévôt des marchands) Etienne Boileau nous a laissé dans son *Livre des métiers* de 1268 le recueil des statuts de plus d'une centaine de métiers parisiens, parmi lesquels figurent notamment les crieurs de vin qui annonçaient le prix du vin dans les tavernes, les déciers qui fabriquaient des dés, et les fourbisseurs qui réparaient les armes blanches. On y trouve également l'origine de l'expression « payer en monnaie de singe ». Certaines professions ne payaient pas la taxe pour emprunter le pont qui relie l'île de la Cité – où Saint Louis avait son palais dont le principal vestige est aujourd'hui la Conciergerie – au quartier Saint-Jacques. Il s'agit des montreurs d'animaux, forains, bateleurs et autres jongleurs, à condition toutefois de se donner en spectacle, avec un singe pour certains d'entre eux.

12e Année. — N° 47. 10 centimes. 20 octobre 1900.

LE
Petit Français illustré
JOURNAL DES ÉCOLIERS ET DES ÉCOLIÈRES

FRANCE : UN AN, 6 FRANCS (du 1er de chaque mois) | Librairie Armand Colin Paris, 5, rue de Mézières. | UNION POSTALE : UN AN, 7 FRANCS (Paraît chaque Samedi)

Bateleurs payant leur entrée à Paris en monnaie de singe.
Composition de Ferdinand Raffin.

TENIR LE HAUT DU PAVÉ

On dit d'une personne d'un rang social élevé qu'elle « tient le haut du pavé ». Cette expression trouve son origine dans les rues médiévales. Ces dernières étaient étroites, plutôt sinueuses, et pavées. Le centre de la rue, en creux, servait à évacuer l'eau de pluie… et tout ce que les citadins jetaient. Le haut du pavé désigne donc la partie de la rue qui borde les maisons à pans de bois, dont le rez-de-chaussée est souvent occupé par l'atelier d'un artisan qui n'hésite pas à travailler à même la rue. De plus, les étages des maisons dites « en encorbellement » s'avancent dans la rue, protégeant ainsi de la pluie le haut du pavé qui se distingue déjà du reste de la rue par sa relative propreté. Lorsque l'on croisait quelqu'un dans la rue, la coutume était alors de laisser le haut du pavé aux personnes d'un rang social supposé plus élevé.

Des remparts aux boulevards

A l'inverse de Carcassonne, Provins, Vannes ou Dinan, de nombreuses villes n'ont pas conservé leur enceinte fortifiée à cause des aléas de l'histoire ou parce que les municipalités ont bien souvent décidé d'utiliser l'espace occupé par les remparts pour dessiner de larges voies, bien pratiques quand a débuté l'ère de l'automobile. Ces démolitions ont généralement donné naissance à des boulevards, nom qui fait directement référence aux anciennes fortifications, puisque le terme est issu du mot néerlandais *bolwerk* qui signifie « rempart ». L'appellation boulevard a été abusivement employée par la suite, mais elle coïncide bien souvent avec le tracé des enceintes médiévales.

Robert de Sorbon et le Quartier latin

Certaines villes accueillent les premières universités, comme à Montpellier où la faculté de médecine est considérée comme la plus ancienne du genre encore en activité. Dans la capitale, la seule ville du royaume à dépasser 100 000 habitants au XIIIe siècle, l'université de Paris a été reconnue par Philippe Auguste en 1200. Ses membres sont des clercs et on y enseigne la théologie comme au collège de la Sorbonne fondé sur la rive gauche de la Seine par le confesseur de Saint Louis, Robert de Sorbon. Les cours des écoles du quartier étaient donnés exclusivement en langue latine, si bien qu'aujourd'hui encore, ce quartier des 5e et 6e arrondissements de Paris est appelé « Quartier latin ».

La Sorbonne au XIIIe siècle.

PARIS ET SON PRÉVÔT DES MARCHANDS

Paris est la seule ville française à dépasser les 100 000 habitants au XIIIe siècle. Au niveau européen, seules Milan et Venise sont comparables. Depuis une réforme de Saint Louis, le prévôt des marchands y est un personnage important élu par les bourgeois. Son rôle, essentiellement commercial au départ, devient de plus en plus politique à l'image d'Etienne Marcel, influent au début du règne de Charles V. C'est sous la prévôté d'Etienne Marcel que les institutions municipales de la ville de Paris ont occupé le site de l'actuel hôtel de ville (dont la construction a débuté au XVIe siècle). Le dernier prévôt des marchands de Paris, Jacques de Flesselles, a été tué le 14 juillet 1789 par les révolutionnaires, avant d'être remplacé par le premier maire de Paris Jean Sylvain Bailly.

La puissance de l'Eglise

L'Eglise est omniprésente dans la vie des hommes du Moyen Age. Les journées sont rythmées par les cloches de l'église de la paroisse, l'année par les fêtes chrétiennes, et les étapes de la vie par les sacrements. L'Eglise perçoit la dîme, impôt dont le nom découle de « dixième » en référence à la part – variable – de la récolte due par les paysans, mais elle tire surtout ses richesses du fait que les évêques ou les abbayes sont souvent à la tête de grandes seigneuries. Des communautés monastiques comme les Cisterciens s'implantent dans des régions généralement isolées où les moines se font défricheurs. Fondé au début du Xe siècle, l'ordre clunisien possède alors avec l'abbaye romane de Cluny le plus grand monument de l'Occident médiéval, avant que la puissance de l'Eglise ne se manifeste par la construction de cathédrales gothiques toujours plus hautes.

Les cathédrales, chefs-d'œuvre de « l'art français »

Les nouvelles techniques que constituent la croisée d'ogives et les arcs-boutants font naître l'architecture gothique au XIIe siècle. Le terme « gothique » est postérieur, et serait dû à l'artiste italien Raphaël. A l'époque on parlait d'*opus francigenum*, autrement dit d'« art français », voire « francilien », puisque c'est en Ile-de-France qu'apparaissent les premières cathédrales. Les caractéristiques de ces édifices gothiques, qui arboraient généralement des couleurs qui se sont estompées avec le temps, sont autant de symboles religieux, à commencer par leur plan en croix latine ou les labyrinthes qui évoquent le difficile chemin vers le salut. Leur hauteur renvoie à l'élévation vers le ciel et vers Dieu. A Beauvais, alors que le chœur de la cathédrale s'était déjà effondré peu après sa construction en 1284, la flèche haute de plus de 150 m s'écroulera avec le clocher en 1573, le jour de l'Ascension… L'architecture gothique consent enfin à donner de plus grandes ouvertures, qui, ornées de vitraux, laissent passer davantage de lumière que les églises romanes, comme pour mieux éclairer les fidèles. Il fallait souvent plus d'un siècle pour bâtir ces édifices ; du temps nécessaire pour construire Notre-Dame de Paris serait née l'expression « attendre cent sept ans ».

LE PURGATOIRE, INVENTION DU MOYEN AGE

Les sculptures, les fresques et les vitraux des églises expliquent à une population qui ne sait pas lire les épisodes de la Bible et la façon de se comporter pour accéder au paradis. Comme sur les tympans des cathédrales d'Amiens ou de Bourges, il n'est pas rare de retrouver le thème du Jugement dernier, avec le Christ au centre séparant les « élus » qui gagnent le paradis, et les « damnés » qui iront en enfer, couramment représentés par des personnages subissant des supplices en tout genre. Pour ceux qui n'ont pas commis de graves péchés, le paradis est précédé par une attente plus ou moins longue au purgatoire, seulement depuis que l'Eglise a reconnu officiellement son existence au XIIIe siècle…

PAIX DE DIEU ET TRÊVE DE DIEU

Le pouvoir religieux surpasse le pouvoir civil. Aux Xe et XIe siècles, période où la guerre est omniprésente, l'Eglise a tenté de pacifier la société en instaurant la « Paix de Dieu » qui fait prêter serment aux seigneurs et aux chevaliers de ne pas s'attaquer aux clercs, aux marchands ou aux paysans, et surtout de les protéger. Elle s'accompagne de la « Trêve de Dieu » qui interdit les combats certains jours de la semaine et durant certaines périodes de l'année (notamment de l'Avent à Noël, la trêve des confiseurs avant l'heure…). Le non-respect de ces velléités pacifiques pouvait dans certains cas entraîner des sanctions judiciaires, mais surtout des sanctions spirituelles pouvant aller jusqu'à l'excommunication, l'exclusion redoutée du monde des chrétiens.

Trafic de reliques

Pour obtenir son salut et goûter à la vie éternelle, l'Eglise exhorte encore les fidèles à prier auprès des reliques. Ces parties du corps des saints ou objets leur ayant appartenu attirent de nombreux pèlerins. A côté de Saint-Jacques-de-Compostelle, Rome et bien sûr Jérusalem, il existe d'autres pèlerinages comme celui du Mont-Saint-Michel qui abritait les reliques de saint Aubert, celui qui construisit la première église sur le promontoire normand. Les reliques deviennent ainsi des objets convoités, à tel point que les vols ne sont pas rares. Quand elles ne font pas l'objet d'un commerce, ces reliques peuvent aussi tout simplement être inventées. Les lieux saints prétendant abriter des fragments de la Croix du Christ sont par exemple très nombreux au Moyen Age… Parmi eux figure la Sainte-Chapelle édifiée entre 1242 et 1248 par Saint Louis, sur l'île de la Cité à Paris, dans le but d'abriter les reliques de la Passion achetées pour la somme exorbitante de 135 000 livres à l'empereur byzantin. Quand on sait que la construction de la chapelle n'a coûté « que » 40 000 livres, on comprend bien l'importance des reliques à l'époque médiévale.

La faute à Titivillus

Quand les moines ne sont pas occupés à prier de longs moments à heures régulières, ils peuvent être au scriptorium à recopier des manuscrits, une tâche qui incombait généralement aux moines alors qualifiés de « copistes ». Devant maîtriser la calligraphie et parfois l'enluminure, ils se devaient naturellement de ne pas faire de fautes d'orthographe (ou confondre des lettres proches, erreurs d'autant plus courantes pour les moines qui ne comprenaient pas forcément ce qu'ils recopiaient). Quand une faute était commise, certains moines avaient l'habitude de faire porter la responsabilité au démon Titivillus, devenu par la suite le patron des calligraphes. Les moines copistes du XIIIe siècle sont connus pour avoir créé les index alphabétiques, encore bien utiles aujourd'hui à la fin de nos ouvrages.

QUATRE ORDRES MENDIANTS POUR UN MÊME DESSERT

Tandis que les autres ordres vivent à l'écart de la société, de nouvelles communautés monastiques viennent prêcher dans les villes, où ils vivent de la charité. Les membres de chacun des quatre grands ordres mendiants reconnus par l'Eglise au XIIIe siècle (Franciscains, Carmes, Dominicains et Augustins) portent un habit de couleur différente rappelant les fruits secs du dessert appelé quatre mendiants, ou plus simplement mendiant, composé de figues, d'amandes, de raisins et de noix.

Héloïse et Abélard

Principalement connu pour sa relation amoureuse avec Héloïse d'Argenteuil, Pierre Abélard (1079-1142) était en son temps un intellectuel renommé. Théologien s'étant notamment confronté à Bernard de Clairvaux, fondateur de la célèbre abbaye, c'est en tant que professeur qu'il rencontre la brillante Héloïse. Lorsque la famille de la jeune femme découvre cette relation clandestine, Héloïse est enceinte ; après la naissance de l'enfant, sa famille contraint les parents à se marier, puis fait émasculer Abélard ! Passés à la postérité grâce à leurs échanges épistolaires, Héloïse et Abélard sont aujourd'hui les plus anciens pensionnaires du Père-Lachaise, où leurs restes ont été déplacés au début du XIXe siècle.

MYSTÉRIEUSES LANTERNES DES MORTS

Au Moyen Age, les cimetières étaient situés à proximité des églises, et donc au centre des villages. Dans certaines régions, notamment dans le centre-ouest de la France, il n'était pas rare d'y trouver une colonne creuse généralement appelée « lanterne des morts ». Si l'on imagine qu'on y hissait des lampes allumées le soir venu pour servir de guide aux défunts, leur origine et leur fonction conservent encore une grande part de mystère…

Abélard se séparant d'Héloïse.

Le temps des croisades

En 1095, au concile de Clermont, le pape Urbain II appelle à venir en aide aux chrétiens d'Orient et à libérer Jérusalem, où les pèlerinages étaient devenus des plus risqués depuis que la ville était aux mains des Turcs. En 1099, à l'issue d'affrontements sanglants, les croisés s'emparent de la ville qui abrite le tombeau du Christ. Godefroy de Bouillon devient le premier souverain du royaume de Jérusalem, sous le titre d'avoué du Saint-Sépulcre. De la fin du XIe siècle jusqu'aux deux dernières croisades conduites par Louis IX, huit croisades ont entraîné la création des Etats latins d'Orient mais n'ont que temporairement permis de reprendre Jérusalem.

1096 : L'échec de la croisade populaire

Avant le départ des chevaliers, ce sont d'abord de modestes paysans qui se sont rassemblés en 1096 pour se mettre en chemin vers l'Orient, sous la conduite de Pierre l'Ermite et de Gautier Sans Avoir. Cette croisade populaire vers le tombeau du Christ réveille la haine envers les juifs considérés comme ses meurtriers, et les persécutions à leur encontre ponctuent ainsi le trajet. L'expédition n'atteint pas son but et s'achève tragiquement avec le massacre par les Turcs de plus d'une dizaine de milliers de croisés près de Nicée. Suivront d'autres croisades populaires comme la Croisade des pastoureaux de 1251.

1212 : La Croisade des enfants

La Croisade des enfants est à vrai dire le nom de deux mouvements ayant réuni en 1212 plusieurs dizaines de milliers de personnes, sans être composés uniquement d'enfants. Menés par deux jeunes bergers, Nicolas, un Allemand de Cologne, et Etienne, un Français de Cloyes (dans l'actuel Eure-et-Loir), ces croisés n'ont pour la plupart pas pu aller plus loin que les ports méditerranéens de Marseille, pour les Français, et de Gênes, pour les Allemands. Certains jeunes croisés ont tout de même pu approcher la Terre sainte, sans toutefois arriver à bon port. Des marchands marseillais en profitèrent pour les embarquer vers l'Orient pour les vendre comme esclaves en Egypte.

LE DÉVELOPPEMENT DES ARMOIRIES

Créée pour reconnaître les siens lors des batailles, l'héraldique, la science des armoiries et des blasons, a connu un essor important au temps des croisades. Pour faire face à l'afflux de chevaliers de nations diverses, de nouveaux signes distinctifs l'ont enrichie. Naturellement la croix – qui donne son nom aux croisades et aux croisés – a été déclinée sous de nombreuses formes.

LES TEMPLIERS : DE PUISSANTS MOINES CHEVALIERS

Pour protéger les pèlerins et surtout les Etats chrétiens fondés en Terre sainte, des ordres religieux militaires ont vu le jour. Parmi ces moines-soldats qui sont au départ des laïcs, figure l'ordre du Temple (ou Templiers) dont le nom se réfère au temple de Salomon de Jérusalem. Fondé par le champenois Hugues de Payns en 1119, cet ordre enrôle des membres importants de l'aristocratie, bâtit de nombreuses commanderies en Europe occidentale, principalement en France, et acquiert surtout d'importantes richesses qui, malgré les confiscations de Philippe IV le Bel, captivent encore de nos jours les chasseurs de trésors.

LA CROISADE CONTRE LES CATHARES

Le catharisme s'est développé principalement dans le sud-ouest de la France, pas seulement autour d'Albi, même si on donne également le nom d'albigeois aux cathares. La croisade contre les albigeois est promue en 1208 par le pape Innocent III et menée à partir de l'année suivante par les seigneurs catholiques du Nord avec à leur tête Simon de Montfort. Les « parfaits » sont rapidement massacrés à Béziers ou à Marmande, chassés de la cité de Carcassonne, avant l'apparition des premiers bûchers où sont brûlés, comme à Minerve en 1210 ou à Lavaur en 1211, ceux qui refusent de renier leur foi. Cette croisade s'achève en 1229, sans que le mouvement cathare ne soit véritablement éradiqué.

1209 : « Tuez-les tous, Dieu reconnaîtra les siens », l'improbable phrase d'Arnaud Amaury

Il est des petites phrases qui, pour des raisons quasi mystérieuses, ont su traverser l'histoire. On attribue ainsi, et vraisemblablement à tort, ce fameux mot au légat du pape Arnaud Amaury, chargé de réprimer l'hérésie cathare, juste après la mort de son prédécesseur Pierre de Castelnau qui servit de prétexte au déclenchement de la croisade. Cette phrase, évoquée uniquement dans les écrits d'un moine allemand, est associée au sac de Béziers en 1209, plus précisément au moment où les soldats qui s'apprêtaient à massacrer la population biterroise souhaitaient savoir comment reconnaître les « bons chrétiens » des hérétiques cathares. Ce qui est certain, c'est qu'après la prise de la ville, Arnaud Amaury a dépossédé le vicomte Raimond-Roger de Trencavel au profit de Simon IV de Montfort, modeste seigneur de Montfort-l'Amaury tué lors du siège de Toulouse en 1218.

Mort de Simon de Montfort sous les murs de Toulouse

PARFAITS CHRÉTIENS OU VRAIS HÉRÉTIQUES ?

Les cathares qui se nomment eux-mêmes « les parfaits » veulent avoir une vie chaste et austère, plus proche de celle des premiers chrétiens. Ils opposent le Bien et le Mal en croyant à deux dieux créateurs, et jugent inutile de prier pour les âmes des défunts. Leur unique sacrement, le *consolament*, se substitue à ceux de l'Eglise. Remettant en cause le dogme catholique romain, ils furent désignés hérétiques et à ce titre brutalement persécutés.

L'Inquisition

Pour lutter contre l'hérésie cathare, et plus tard contre les vaudois qui dénoncent l'enrichissement de l'Eglise, un tribunal spécial est institué par la papauté : l'Inquisition. Confié aux Dominicains, ce tribunal tire son nom de l'enquête menée par les juges inquisiteurs qui font appel aux catholiques pour dénoncer les hérétiques. Les catholiques qui accueilleraient des cathares dans leur maison sont eux aussi punissables. Recourant à la torture à partir de 1252, l'Inquisition se donne rapidement une mauvaise réputation, même si le bûcher n'attend qu'une toute petite minorité des hérétiques.

RÉAFFIRMER LE POUVOIR DE L'EGLISE ET DE LA MONARCHIE

A partir des années 1220, la croisade contre les albigeois est dirigée par les rois de France (Philippe Auguste, Louis VIII puis Louis IX), qui en profitent pour annexer certaines régions du Languedoc. En 1244, ce sont les troupes royales qui assiègent le château de Montségur (Ariège) où sont brûlés d'irréductibles cathares. Les forteresses médiévales où se réfugient les derniers cathares sont rasées ou, comme Quéribus ou Peyrepertuse, réutilisées pour défendre la nouvelle frontière entre le royaume de France et l'Aragon, jusqu'à l'annexion du Roussillon. Des cathédrales aux allures de forteresses, comme Sainte-Cécile à Albi ou Saint-Nazaire à Béziers, sont construites au XIIIe siècle pour réaffirmer la suprématie de l'Eglise catholique au cœur des régions les plus touchées par le catharisme.

1226 à 1270

500 600 700 800 900 1000 1100 1200 1300 1400 1500

SAINT LOUIS,
LE MODÈLE DU PRINCE CHRÉTIEN

Né en 1214 à Poissy, Louis IX est le premier roi de France à avoir connu son grand-père, à savoir Philippe Auguste. Il a été appelé Louis car, à la fin du XIIe siècle, on donne au fils aîné le nom de son grand-père et au second le nom de son père. A la mort de son frère aîné Philippe en 1218, Louis devient roi succédant à son père Louis VIII mort en 1226. Sa vie nous est bien connue grâce à son ami et chroniqueur Joinville et dans une moindre mesure grâce à Guillaume de Saint-Pathus, confesseur de la reine Marguerite et acteur important dans la canonisation de Saint Louis qui interviendra vingt-sept ans seulement après sa mort à Tunis en 1270 lors de la huitième croisade.

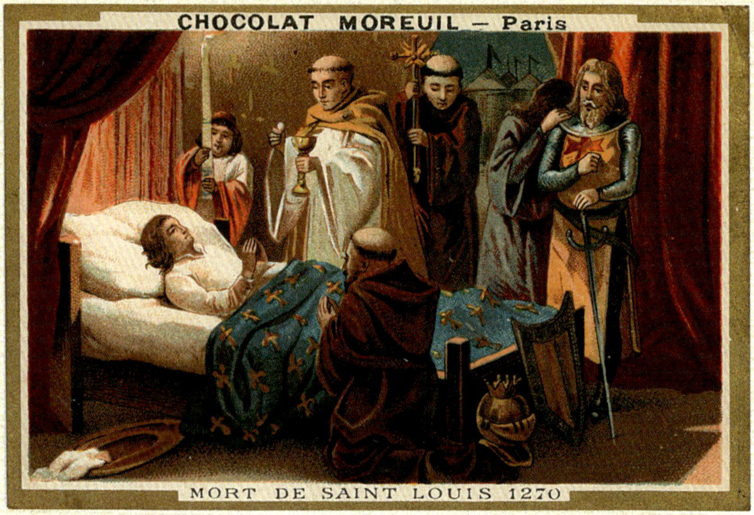

UN ROI PIEUX ET CHARITABLE

« J'aimerais mieux vous voir mort plutôt qu'avoir commis un péché mortel », avait coutume de dire sa mère, la régente Blanche de Castille. Louis IX devint ainsi fort pieux, assistant à deux messes par jour, récitant le bréviaire comme tous les prêtres, passant une partie de la nuit en prière… On raconte que la première nuit de noces entre Louis IX et son épouse Marguerite de Provence fut reportée pour cause de dévotion : Louis IX aurait passé les quatre premières nuits de son mariage en prière… ce qui ne l'empêcha pas d'avoir onze enfants. Très charitable, il est connu pour avoir fait nourrir chaque jour cent pauvres, et pour inviter les mendiants à table en les servant lui-même. Il est le fondateur de l'hospice des Quinze-Vingts dont le nom fait référence aux trois cents (15 x 20) aveugles qu'il pouvait accueillir. On raconte encore qu'il se fit maçon pour l'édification de l'abbaye de Royaumont, où il lavait les pieds des religieux. Enfin, après chaque confession, il reçoit de la main de son confesseur la « discipline », un objet servant à se flageller.

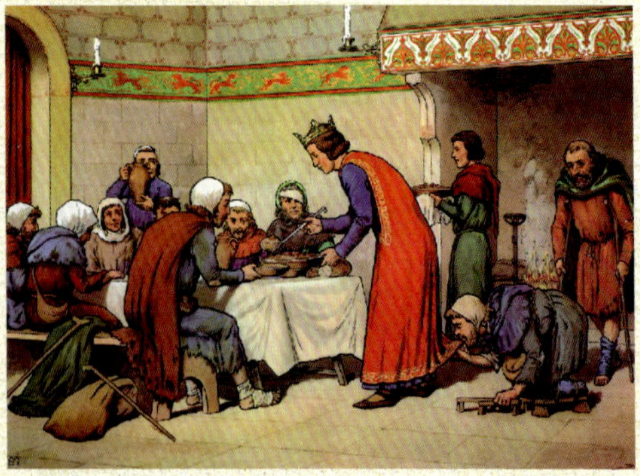

Louis IX servant à manger aux lépreux.

RÉBUS – N° 1

RÉBUS – N° 2

RÉBUS – N° 3

RÉBUS – N° 4

RÉBUS – N° 5

RÉBUS – N° 6

François Ier
conquit le Milanais.

RÉBUS _ N° 2

Charles Martel
vainquit
les Sarrasins.

RÉBUS _ N° 1

Saint Louis
fut un roi pieux
et charitable.

RÉBUS _ N° 4

Marceau
se distingua
en Vendée
et à Fleurus.

RÉBUS _ N° 3

Le chevalier Bayard
fut vainqueur
en Italie.

RÉBUS _ N° 6

Mirabeau était
un éminent orateur.

RÉBUS _ N° 5

LA ROUELLE JAUNE POUR LES JUIFS

Si le roi est intransigeant envers lui-même, il l'est encore plus avec ceux qui n'ont pas sa foi, comme l'illustrent les croisades menées vers l'Orient – où il a été fait prisonnier en 1250 – et celle qu'il a poursuivie contre les Albigeois. En 1254, il bannit les Juifs qui refusent de se convertir. Puis, en 1269, il leur impose de porter des signes vestimentaires distinctifs : pour les femmes un bonnet spécial et pour les hommes un rond d'étoffe jaune, symbolisant l'or et le péché d'avarice…

Saint Louis, arbitre et justicier

Dans son royaume, Saint Louis s'est plu à rendre la justice par lui-même et a généralisé l'appel à la justice royale, autrement dit à la justice de l'Etat qu'il a su renforcer. La fameuse image de Saint Louis rendant la justice assis sous son chêne dans le bois de Vincennes, près de sa résidence, est le témoin de cet héritage. Il exigeait de tous le même respect de la justice. Quand son frère jeta un de ses chevaliers en prison, il exigea sa libération jugeant l'affaire peu sérieuse. Il a renouvelé la quarantaine-le-roi, un délai institué sous Philippe Auguste permettant d'éviter les guerres privées. On exigeait des deux clans d'attendre quarante jours pour régler le conflit avant d'en venir aux armes. Celui qui rompait cette quarantaine portait atteinte à la majesté royale.

Guillaume de Rubrouck, le Marco Polo flamand

Né dans le village de Rubrouck situé aujourd'hui dans le département du Nord, Guillaume de Rubrouck est un franciscain flamand qui est allé évangéliser les Mongols en 1254. Son voyage nous est connu grâce à une longue lettre qu'il a adressée directement à Saint Louis. Avant Marco Polo, il décrit Karakorum, la capitale de l'empire mongol qu'il perçoit comme une tour de Babel où règne la tolérance religieuse…

De Philippe III à Charles IV, les derniers Capétiens directs

Le règne de Philippe III le Hardi (1270-1285) est marqué par la lutte contre Pierre III d'Aragon aux côtés du pape. Malgré de graves difficultés financières, son fils Philippe IV le Bel s'aide de Guillaume de Nogaret pour continuer la politique d'affirmation de l'Etat menée avant lui par Philippe Auguste et par son grand-père Louis IX. Trois de ses fils se succéderont sur le trône : Louis X le Hutin père de l'éphémère roi Jean Ier le Posthume, Philippe V le Long et Charles IV le Bel. Formant la fin de la lignée directe des Capétiens, ils seront connus comme « les rois maudits » et popularisés par la série d'ouvrages de Maurice Druon.

1282 : LE MASSACRE DES VÊPRES SICILIENNES

Philippe III soutient les prétentions de son oncle Charles d'Anjou à Naples et en Sicile contre les ambitions du roi Pierre III d'Aragon. Ce dernier organise une révolte contre les Français dont le massacre débute le 30 mars au début de l'office des vêpres, livrant la Sicile au roi d'Aragon. L'expression « Vêpres siciliennes » peut encore être utilisée de nos jours pour désigner une révolte violente et spontanée contre une puissance occupante. En 1285, la croisade d'Aragon sera un nouvel échec, Philippe III trouvant même la mort à Perpignan, frappé comme de nombreux soldats français par la dysenterie. Par analogie, le massacre de la garnison française en Flandre, le 18 mai 1302 au petit matin, a été nommé les « matines de Bruges ».

PHILIPPE LE BEL ET SES DÉMÊLÉS AVEC LE PAPE

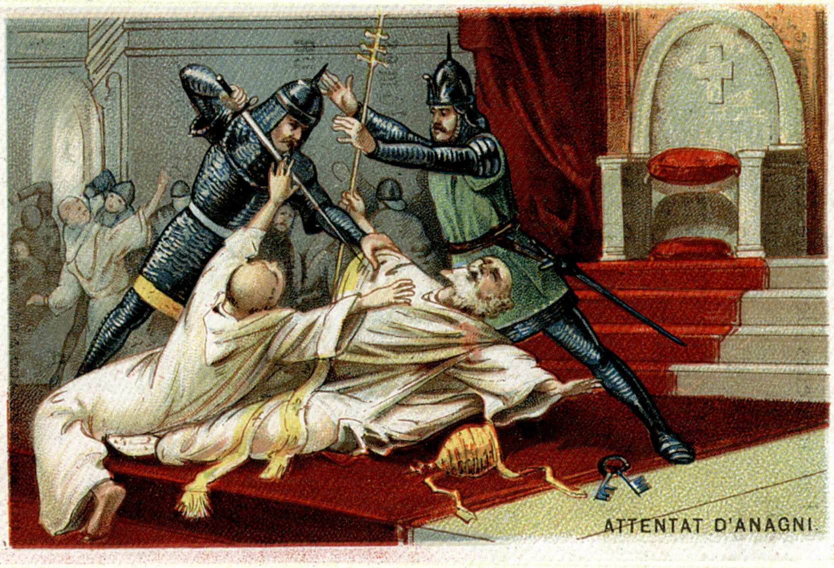
ATTENTAT D'ANAGNI

A la recherche d'argent, Philippe le Bel s'attaque aux biens du clergé auquel il demande de payer des impôts. Le clergé se défend et en appelle au pape Boniface VIII qui menace d'excommunier Philippe le Bel. Le roi réagit et convoque pour la première fois en 1302 les états généraux qui s'indignent de l'attitude du pape qui considère la France comme un fief du Saint-Siège. Le roi envoie en 1303 son conseiller Guillaume de Nogaret à Anagni pour signaler au pape qu'il devra être jugé par un concile à Lyon, mais Boniface VIII meurt un mois plus tard. La légende de l'attentat d'Anagni veut que lors de l'entrevue, Colonna, allié de circonstance de Nogaret, ait giflé le pape. Philippe le Bel installe alors la papauté à Avignon en 1309 avec Clément V, le candidat du roi qui va supprimer, à sa demande, l'ordre des Templiers. Avignon demeurera soumise au Saint-Siège jusqu'à la Révolution.

LA MALÉDICTION DE JACQUES DE MOLAY…

L'arrestation des Templiers en 1307 est un nouveau moyen pour le roi de se procurer de l'argent et d'annuler une dette que celui-ci devait à l'ordre. Les Templiers étaient impopulaires depuis leur retour de Palestine et formaient un « Etat dans l'Etat ». Philippe le Bel les déféra au tribunal de l'Inquisition en tant qu'hérétiques sur de fausses accusations. La plupart allèrent au bûcher, notamment Jacques de Molay, le dernier maître de l'ordre, en 1314. Tout comme le pape, le roi mourut en cette année 1314, et les fils du roi, à eux trois, ne régnèrent que quatorze ans avant que ne s'éteigne avec eux la dynastie des Capétiens directs. Il n'en fallait pas moins pour faire naître la légende de Jacques de Molay maudissant au milieu des flammes Philippe le Bel et sa descendance jusqu'à la treizième génération.

SUPPLICE DES TEMPLIERS

Philippe IV : faux monnayeur ?

Pour remplir les caisses du royaume, Philippe le Bel crée de nouveaux impôts indirects, sur les produits importés et sur le sel. Il altère les monnaies en diminuant d'un tiers la quantité de métal fin, ce qui lui vaudra le surnom de roi faux-monnayeur. De même, les juifs qui possèdent des créances importantes sont persécutés, menacés d'expulsion s'ils n'abandonnent pas au roi leurs profits usuraires, la loi divine interdisant l'usure que les juifs pratiquent. Ainsi, les débiteurs des juifs, à commencer par le Trésor royal, seront exemptés du paiement de leurs dettes.

LA SULFUREUSE TOUR DE NESLE

La tour de Nesle, construite sous Philippe Auguste à Paris, est associée à une légende qui veut qu'une reine de France, dont l'identité est inconnue, se soit livrée à la débauche en faisant ensuite jeter ses amants dans la Seine. Ce qui est plus certain, c'est l'existence d'une rumeur selon laquelle la tour servait de lieu de rencontre aux trois belles-filles de Philippe le Bel. Ce fut vraisemblablement le cas pour deux d'entre elles, Blanche et Marguerite, connues pour leurs liaisons avec les frères d'Aulnay, qui, en 1314, ont été roués vifs, puis émasculés, traînés par des chevaux et décapités avant d'être pendus au gibet de Montfaucon ! Blanche et Marguerite sont tondues et emprisonnées. La troisième, Jeanne, a seulement été accusée de n'avoir rien dit et put devenir reine de France quand son mari Philippe V accéda au trône de France. La tour sera démolie en 1665 pour céder la place à l'Institut de France.

Deux siècles et demi avant Ambroise Paré

Moins connu qu'Ambroise Paré, le chirurgien des rois Philippe le Bel et Louis X, Henri de Mondeville, ne mérite pas moins le titre de « père de la chirurgie française ». Après des études à Bologne, il s'est consacré à la médecine et à son enseignement en pratiquant la dissection. Intervenant sur les champs de bataille, il explique comment soigner les blessés en armure. Il a enfin rédigé une monumentale *Chirurgie*, restée inachevée à sa mort en 1320, et faisant de lui le plus ancien auteur français ayant écrit sur le sujet.

Jean Ier roi pendant cinq jours

En moins de quatorze ans, de 1314 à 1328, cinq rois vont mourir. Scandale, rumeurs, empoisonnements vont marquer cette sombre période qui voit le déclin et la fin des Capétiens directs. En effet, Louis X dit le Hutin ou le Querelleur, le fils aîné de Philippe IV le Bel, meurt après avoir disputé dans la cour du château de Vincennes une partie de jeu de paume au cours de laquelle il se désaltéra avec du vin glacé, ce qui lui fut fatal. Il décéda, pensait-on, sans héritier mâle, mais la reine attendait un heureux événement : en novembre 1316, Jean Ier le Posthume vint au monde, mais il ne vécut que cinq jours, laissant la place à des rumeurs d'empoisonnement ou de substitution de l'enfant. Philippe V le Long lui succède et va asseoir sa légitimité grâce à une coutume formalisée sous le nom de loi salique : tant qu'il reste des héritiers mâles, celle-ci exclut les femmes de la succession, et précisément Jeanne de Navarre au moment du décès de son frère Jean Ier.

LE COMPLOT DES LÉPREUX ?

En juin 1321, venue d'Aquitaine, une terrifiante rumeur se propage : les rois musulmans de Grenade et de Tunis ont scellé un pacte avec les juifs et les lépreux afin d'empoisonner puits et sources à travers toute l'Europe chrétienne. L'hystérie collective touche bientôt l'ensemble de la population et le roi Philippe V lui-même qui, convaincu de ces dires, décide de ne plus boire que l'eau de la Seine. Pendant l'été, le roi tombe gravement malade et succombe dans la nuit du 2 au 3 janvier 1322, peut-être indirectement victime de ce faux complot des lépreux. Charles IV, dernier des fils de Philippe IV le Bel, lui succède : il n'aura que deux filles – dont une après sa mort – ce qui, au vu de la loi salique, conduira à achever la lignée directe des Capétiens sur le trône de France depuis 987.

LES « FOURCHES DE LA GRANDE JUSTICE »

Localité située jadis en dehors de Paris, Montfaucon était célèbre pour son gibet construit à la fin du XIIIe siècle. Alignés sur deux ou trois niveaux, les corps des pendus pouvaient rester exposés plusieurs années, comme ce fut le cas pour Enguerrand de Marigny, l'argentier de Philippe le Bel, exécuté en 1315 sous le règne de Louis X.

L'AVÈNEMENT CONTESTÉ DES VALOIS : LE DÉBUT DE LA GUERRE DE CENT ANS

N'étant que le cousin germain de Charles IV le Bel, Philippe VI de Valois se fait couronner roi de France en 1328, tournant à son avantage la loi salique des rois francs. Le plus proche parent du roi défunt n'est autre qu'Edouard III, petit-fils de Philippe IV le Bel par sa mère, mais aussi roi d'Angleterre, ce qui semble être la raison la plus plausible de son éviction. Cette situation est un élément déclencheur de la guerre de Cent Ans, série de conflits ayant opposé la France et l'Angleterre de 1337 à 1453. Le nouveau roi fait réaliser par ses baillis et ses sénéchaux le premier recensement à l'échelon national français, avec l'état des paroisses et des feux (entendez foyers), rédigé dès 1328 pour des raisons purement fiscales. La population française peut ainsi être estimée à près de 16 millions d'habitants… juste avant les ravages de la Peste noire.

LA GUERRE DES MOUTONS…

Dès 1228, Philippe VI avait montré son soutien au comte de Flandre en lui portant secours face à ses sujets révoltés, notamment les bourgeois qui commercent avec l'Angleterre. C'est à cette occasion que le roi de France lança sa célèbre formule « Qui m'aime me suive », face à ses barons peu enthousiastes. Avec la confiscation de la Guyenne en 1337, fief d'Edouard III, l'Angleterre déclare la guerre à la France. Si elle ne peut plus dès lors importer de vin de Bordeaux, c'est le blocus imposé sur les échanges entre la laine anglaise et les draps de Flandre qui entraîne la bataille de l'Ecluse en 1340. Dans cet avant-port de Bruges, la flotte française voulant faire barrage aux navires anglais connaît finalement une lourde défaite.

Les Anglais traversant la Somme au gué de Blanquetaque.

1346 : CRÉCY

La bataille de Crécy constitue elle aussi une terrible défaite française qui a entraîné en 1346, non loin de la baie de Somme, la perte de « la fine fleur de la chevalerie française ». Pourtant en infériorité numérique, l'armée d'Edouard III et de son fils, le Prince Noir, a su tirer parti de l'efficacité des archers gallois. Tandis que les Génois venus gonfler les rangs français se sont rapidement sentis inutiles avec leurs arbalètes aux cordes détrempées, les Gallois avaient tenu au sec leurs traditionnels arcs. Ainsi, les 6 000 à 7 000 archers, qui tiraient à la cadence de 9 flèches à la minute, firent tomber une nuée de 50 000 flèches à la minute pendant cette bataille !

Enfin veuf !

Après le décès de la reine Jeanne de Bourgogne, Philippe VI trouva fort à son goût la jeune Blanche d'Evreux, alors âgée de 16 ans. Quand il l'épousa à l'âge de 56 ans en 1350, son fils refusa catégoriquement d'assister à cette cérémonie dont la mariée lui était initialement destinée ! Quelques mois plus tard, Philippe VI meurt, épuisée par sa jeune épouse, diront certains…

1347 : les bourgeois de Calais

Edouard III fait le siège de Calais depuis onze mois quand, au mois d'août 1347, la population est prête à se rendre. La ville est alors sauvée de la destruction par le sacrifice de six bourgeois qui livrent les clés de la ville au roi d'Angleterre. L'intervention de la reine Philippa leur vaut la vie sauve. Excédé d'avoir piétiné un an, Edouard III voulait surtout une réparation à travers une cérémonie expiatoire où six bourgeois marcheraient en tête d'un cortège, la corde au cou, pour demander pardon au roi de l'avoir offensé, dans une scène immortalisée plus tard par le sculpteur Rodin. La ville sera néanmoins dépeuplée l'année suivante, mais à cause de la peste, avant d'être repeuplée par des Anglais jusqu'en 1558.

La peste noire — 1348.

LA TERRIBLE PESTE NOIRE

Ce fléau transmis par les puces des rats et connu sous le nom de Peste noire est arrivé en France à la fin de l'année 1347 via le port de Marseille, avant de se propager dans toute la France. En cinq années, au moins un tiers de la population périt. D'après le registre paroissial de Givry (Saône-et-Loire) – le plus ancien ayant été de nos jours conservé –, il y aurait eu dans le village autant de morts en quatre mois que sur les vingt années précédentes. Les Juifs sont accusés d'avoir empoisonné les puits et sont envoyés au bûcher dans plusieurs villes, et même jetés dans la Vienne à Chinon. Tandis que la désorganisation des activités agricoles entraînent des famines pour les survivants, des catholiques appelés flagellants se fouettent en public pour expier les péchés de la société.

LE COMBAT DES TRENTE

Au cœur de la guerre de Succession de Bretagne qui voit s'opposer de 1341 à 1364 les partisans de Charles de Blois, soutenu par la France, et ceux de Jean de Montfort, soutenu par les Anglais, un singulier combat s'est déroulé. En 1351, pour l'honneur et les beaux yeux des dames de la cour, trente Bretons blésistes (partisans de Charles de Blois) ont jouté contre trente Anglais sur la lande de Mi-Voie entre Josselin et Ploërmel. Ce combat dure une journée et s'achève par la victoire de Beaumanoir et la mort de neuf Anglais, mais aussi de six Français. Mais, avant le terme du combat des Trente, Beaumanoir, blessé, demanda à boire, avant de recevoir pour toute réponse de son compagnon Geoffroy du Bois : « Bois ton sang, Beaumanoir, ta soif passera », parole qui fit naître la devise des Beaumanoir.

1356 : Jean II le Bon fait prisonnier à Poitiers

Roi de 1350 à 1364, Jean II doit son surnom à sa bravoure. Il passe cependant pour avoir été un piètre stratège, notamment lors de la bataille de Poitiers en 1356 où il est fait prisonnier. C'est lors de cette nouvelle défaite française contre les Anglais que son jeune fils Philippe, bientôt surnommé le Hardi, aurait prononcé : « Père, gardez-vous à droite ! Père, gardez-vous à gauche ! » Après la bataille, Edouard III demande une énorme rançon avant de signer en 1360 la paix de Brétigny qui lui accorde le sud-ouest de la France. Jean II est libéré sans attendre que la rançon soit payée – elle ne le sera jamais totalement – et la somme garantie par la remise d'otages dont font partie les deux frères du dauphin. Jean II le Bon retournera en 1364 en Angleterre, où il mourra la même année, pour essayer de renégocier le traité, à moins que ce ne soit pour retrouver quelque maîtresse…

Charles le Mauvais : un autre prétendant au trône !

Né en 1332, Charles II de Navarre apparaît comme un autre prétendant au trône. Petit-fils de Louis X le Hutin, celui qui sera surnommé le Mauvais a des droits sur la couronne de France en cas d'extinction de la branche des Valois. Au cœur d'intrigues aussi nombreuses que vaines pour monter sur le trône, il s'est opposé à Jean II puis à Charles V en tentant toutes les alliances possibles. Allié aux Anglais, il sera notamment vaincu en 1364 par l'armée de Du Guesclin à Cocherel en Normandie.

1356 à 1380

500 600 700 800 900 1000 1100 1200 1300 1400 1500

LE REDRESSEMENT DU ROYAUME SOUS CHARLES V

Le futur Charles V a été le premier à porter le titre de dauphin, suite à la vente du Dauphiné par Humbert II en 1343. Son père Jean II ayant été emmené en Angleterre après la bataille de Poitiers, il assure la régence de 1356 jusqu'à la mort de son père en 1364. N'ayant de cesse de refuser l'application de la paix de Brétigny, il a poursuivi la lutte contre les Anglais, parvenant à redresser le pays avant de céder le trône à son jeune fils Charles VI. Plus passionné par les livres que par la guerre, Charles V est connu pour être un admirateur des philosophes anciens. Il en a tiré son surnom de « sage ». On lui attribue la paternité de la Bibliothèque royale (future Bibliothèque nationale) qu'il a installée au Louvre.

ETIENNE MARCEL, « ROI DE PARIS »

C'est en 1354 que l'influent drapier Etienne Marcel devient prévôt des marchands de Paris. Il s'occupe des affaires commerciales, mais joue aussi un rôle politique en tant que représentant des bourgeois parisiens, et plus largement du tiers état aux états généraux. Grâce à la Grande Ordonnance de 1357, le pouvoir royal pourra être contrôlé, notamment sur le plan financier. Maître de la capitale, Etienne Marcel manœuvre en faveur de l'accession au trône de Charles II de Navarre, prétendant légitime, favorable tout comme lui à une monarchie contrôlée. Cependant, le Dauphin s'avère plus habile que prévu et, ayant perdu le soutien populaire, Etienne Marcel est assassiné le 31 juillet 1358.

1358 : la Grande Jacquerie

La Jacquerie constitue un ensemble de révoltes paysannes survenues dans le nord du Bassin parisien. Apparue dans le Beauvaisis, celle qui est également nommée la Grande Jacquerie doit son nom à l'appellation « Jacques » ou « Jacques Bonhomme » désignant les paysans. Par la suite, le terme de jacquerie désignera tout soulèvement paysan. Après s'être violemment attaqués aux nobles coupables d'avoir perdu à Poitiers et de faire peser sur eux de nouvelles taxes, les chefs des insurgés sont finalement arrêtés et torturés, à l'instar de Guillaume Carle, décapité à Clermont après avoir vainement tenté de s'allier aux insurgés parisiens.

1360 : LA CRÉATION DU FRANC

À partir de 1356, le Dauphin Charles doit faire face à la crise que traverse le royaume. En décembre 1360, alors que le traité de Brétigny vient d'obliger le versement de 3 millions d'écus d'or à l'Angleterre, une ordonnance royale décide de frapper une monnaie à l'effigie de Jean II le Bon représenté en cavalier pour commémorer sa libération. Ainsi est né le premier franc, autrement dit la monnaie qui affranchit. Il est appelé « franc à cheval » pour le distinguer de son cadet, le « franc à pied » émis sous Charles V.

Bertrand Du Guesclin chasse les Grandes Compagnies

Petit et mal bâti, issu de la petite noblesse bretonne, le jeune Bertrand Du Guesclin n'était pas prédestiné à devenir chevalier, et encore moins connétable (chef des armées) du roi Charles V. S'étant fait remarquer à 17 ans lors d'un tournoi à Rennes, il prendra ensuite part à la guerre de Succession de Bretagne au cours de laquelle il parvient notamment à défaire le siège de Dinan tenu par les Anglais, avant d'être fait prisonnier à Auray. Le roi paie alors sa rançon et le charge de débarrasser le pays des Grandes Compagnies, des bandes de mercenaires auteurs de nombreux méfaits, en les emmenant combattre avec lui en Espagne… où il sera de nouveau fait prisonnier.

Le règne de Charles VI, le roi fou

Charles VI a douze ans lorsque son père, Charles V, décède en 1380. Ses oncles, parmi lesquels figurent les puissants ducs de Berry et de Bourgogne, assurent la régence, préoccupés avant tout par leurs intérêts personnels. Marié à Isabeau de Bavière qui lui donnera douze enfants, Charles VI règne seul à partir de 1388. D'abord surnommé le « bien-aimé », il montre à partir de 1392 des signes de démence, qui lui vaudront d'être surnommé le « fou » et qui pousseront Isabeau à lui être infidèle. La légitimité de leurs enfants s'en retrouve affectée, et bientôt deux factions vont s'opposer : les Bourguignons de Jean sans Peur, et les Armagnacs soutenant Charles d'Orléans, neveu de Charles VI, connu surtout pour son œuvre poétique. Ce règne est toujours marqué par les ambitions des rois anglais : si Henri IV s'est rallié aux Armagnacs, son successeur Henri V, fort de son succès à Azincourt, devient l'héritier du trône de France, avant de mourir prématurément.

Charles VI devient fou dans la forêt du Mans

En traversant la forêt du Mans, le roi aurait vu surgir face à lui un lépreux couvert de haillons qui se mit à hurler : « Ne va pas plus loin, noble roi, on te trahit. » Puis, au moment où un homme d'armes heurta malencontreusement de sa lance le casque d'un page, le bruit fit sursauter le roi qui tira aussitôt son épée et tua quatre personnes de sa suite, dont le chevalier de Polignac, avant d'être maîtrisé. Quand il reprend ses esprits deux jours plus tard, le roi est abasourdi par son geste. Trouble bipolaire, schizophrénie, psychose maniaco-dépressive, consanguinité, sont autant d'hypothèses avancées pour expliquer la folie du roi.

LE BAL DES ARDENTS

En 1393, un grand bal est donné à Paris dans l'hôtel Saint-Pol. On s'amuse, on danse, on boit, on mange, quand cinq hommes déguisés en hommes sauvages font irruption dans la pièce. Louis, frère cadet du roi Charles VI, fasciné par le spectacle, s'approche avec une torche afin de mieux les admirer. Soudain, une étincelle s'envole et vient toucher un des costumes et le feu se propage aux autres figurants dont le roi ! Celui-ci ne doit son salut qu'à la présence d'esprit de la duchesse de Berry qui le couvre de ses amples jupes, le sauvant ainsi de la mort. Ce nouveau coup du sort ébranlera sa raison défaillante qui ne s'en remettra pas, et ce ne sont pas les traitements des médecins qui entendaient inciser la peau de son crâne pour en faire sortir la folie qui amélioreront sa santé !

LE DUC DE BERRY, BÂTISSEUR ET MÉCÈNE

Troisième fils de Jean II le Bon, Jean de Berry est célèbre pour avoir fait composer l'un des plus beaux manuscrits de l'époque : *les Très Riches Heures du duc de Berry*. Œuvre des frères de Limbourg qui y ont travaillé de 1413 à 1416, ce manuscrit de scènes religieuses ne sera achevé qu'à la fin du siècle. Sur son calendrier, des enluminures représentent plusieurs châteaux du royaume, notamment celui de Mehun-sur-Yèvre que le duc de Berry a transformé en une somptueuse résidence.

1415 : le désastre d'Azincourt

Le manque de stratégie, l'indiscipline et les armures trop lourdes expliquent la défaite française à Azincourt, survenue dans le nord du royaume (ci-contre). À la dizaine de milliers de morts, s'ajoutent les nombreux otages parmi lesquels figure Charles d'Orléans, prisonnier des Anglais pendant vingt-cinq ans. Par le traité de Troyes signé en 1420, le vainqueur d'Azincourt, Henri V d'Angleterre, pourra devenir roi de France, en épousant Catherine, la fille d'Isabeau et de Charles VI. À la mort de ce dernier, le dauphin déshérité – le futur Charles VII – devra laisser la Couronne au roi d'Angleterre…

Jeanne d'Arc et Charles VII

La restauration du pouvoir royal

A la mort de Charles VI, Henri V d'Angleterre devait hériter du trône, mais il est déjà mort. Les Anglais et les Bourguignons soutiennent alors son fils Henri VI. A la tête des Armagnacs, Charles VII ne l'entend pas ainsi, mais le fils de Charles VI peine à se faire reconnaître, se faisant surnommer le « roi de Bourges », du nom de la ville où il s'est réfugié. Toutefois, avec l'aide inattendue de la jeune Jeanne d'Arc, il parvient à se faire sacrer à Reims en 1429, avant de mettre fin à l'alliance anglo-bourguignonne. En 1431, Henri VI avait tout de même été couronné à Notre-Dame à l'âge de 10 ans, mais il ne sera jamais reconnu. Les victoires des troupes de Charles VII à Formigny en Normandie (1450) et à Castillon en Guyenne (1453) marqueront la fin de la guerre de Cent Ans.

La Pucelle de Domrémy

Née vers 1412, Jeanne d'Arc passe une enfance pieuse à Domrémy, aux confins de la Lorraine, de la Champagne et du Barrois. Affirmant avoir entendu les voix des saintes Catherine et Marguerite et celle de l'archange saint Michel, elle finit par convaincre Robert de Baudricourt, seigneur de Vaucouleurs, de lui donner une escorte et une lettre pour rencontrer le roi qu'elle veut aider à débarrasser les Anglais du royaume. A Chinon, en février 1429, elle convainc à son tour Charles VII qui lui fait commander des troupes pour libérer Orléans assiégé par les Anglais. Les légendes qui accompagnent la « Pucelle » sont nombreuses. Après avoir découvert l'épée de Charles Martel sous l'autel de l'église de Sainte-Catherine-de-Fierbois en Touraine, elle aurait reconnu le roi, simplement vêtu, au milieu de ses courtisans.

1429 : la journée des harengs

Le 12 février 1429, des Français bien informés attaquent au nord d'Orléans un convoi anglais de vivres destiné aux troupes qui assiègent la ville. La bataille, qui a tourné à l'avantage des Anglais menés par John Falstolf, porte le nom de « journée des harengs », en référence au contenu des barriques acheminées en cette période de carême.

1429-1431 : l'épopée et le procès de la « pucelle d'Orléans »

Aidée de ses compagnons La Hire (celui qui a laissé son nom au valet de cœur), Gilles de Rais, Ambroise de Loré ou encore Jean Poton de Xaintrailles, Jeanne d'Arc parvient en mai 1429 à lever le siège d'Orléans, avant d'être de nouveau victorieuse à Patay en juin, les Anglais commençant eux aussi à croire que quelque chose de surnaturel habite la « Pucelle ». Contre l'avis des chefs militaires, elle convainc Charles VII de se faire sacrer à Reims en juillet. Ce dernier ne fera pourtant rien pour sauver Jeanne d'Arc après sa capture à Compiègne par l'armée du duc de Bourgogne. Vendue aux Anglais qui la déclarent sorcière, Jeanne est jugée puis condamnée par un tribunal religieux présidé par Pierre Cauchon, et périt brûlée vive sur la place du Vieux-Marché de Rouen le 30 mai 1431.

La fille d'Isabeau de Bavière au cœur d'une adroite mise en scène ?

De nombreux mystères planent sur les origines de Jeanne d'Arc et il n'est pas incongru de penser qu'elle n'était pas qu'une simple bergère lorraine. Sa bonne connaissance du français laisse penser à une origine moins populaire. Pour certains, elle serait la fille illégitime d'Isabeau de Bavière et du beau-frère de la reine, Louis d'Orléans, et donc la demi-sœur de Charles VII. Elle aurait alors été au cœur d'un habile stratagème fomenté notamment par la belle-mère du roi, Yolande d'Aragon, et annoncé par la rumeur qui affirmait que le royaume perdu par une femme (Isabeau de Bavière, protagoniste du traité de Troyes) serait sauvé par une autre femme…

Gilles de Rais, le Barbe-Bleue de l'Ouest

Gilles de Montmorency-Laval, baron de Rais (ou Retz), est un personnage à tout le moins ambivalent de l'histoire de France. D'abord vaillant combattant lors de la guerre de Cent Ans, il est aux côtés de Jeanne d'Arc pour libérer Orléans en 1429, année au cours de laquelle Charles VII le fait maréchal de France. Extrêmement riche, il se retire peu après sur ses terres et mène une vie dispendieuse. Tout en dédiant une fastueuse chapelle aux Saints Innocents à Machecoul, au sud de Nantes, il se serait dans le même temps livré à d'horribles pratiques sur des enfants dans son château de Tiffauges. Condamné entre autres pour des dizaines d'infanticides, il est exécuté en 1440.

LES « AUTRES JEANNE »

Inspirée par les visions d'une dame blanche, Catherine de La Rochelle, qui a rencontré Jeanne d'Arc à Jargeau en 1429, exhortait ceux qui avaient des trésors cachés à les remettre au roi sans tarder. Pierronne la Bretonne, qui affirmait converser régulièrement avec Dieu, semble avoir eu davantage de crédit auprès de Jeanne et connut le même destin, brûlée sur le parvis de Notre-Dame en 1430. Parmi les nombreuses « Jeanne d'Arc » qui ont affirmé avoir échappé aux flammes du bûcher de Rouen, la plus connue est Jeanne des Armoises, qui aurait tenu une correspondance pendant quatre ans avec le roi avant de reconnaître son imposture.

LA DAME DE BEAUTÉ

Remarquée très jeune pour sa beauté, Agnès Sorel devient vite la maîtresse de Charles VII. Aimant le faste et jouant de ses charmes, en inventant notamment le décolleté épaules nues, elle se voit offrir par le roi robes et bijoux, mais aussi le château de Beauté-sur-Marne, à l'origine de son surnom de « dame de Beauté ». En 1450, âgée d'à peine 30 ans, elle décède soudainement. De récents travaux ont établi la présence de mercure dans ses cheveux. Ce produit était alors utilisé comme médicament, mais à des doses bien inférieures. L'hypothèse de l'empoisonnement par le médecin du roi semble donc crédible, soit pour son propre compte (le testament d'Agnès Sorel lui a bénéficié), soit pour celui du Dauphin Louis, futur Louis XI, loin de porter dans son cœur celle qui fut la première favorite officielle d'un roi de France.

Jacques Cœur, l'argentier plus riche que le roi

Commerçant et gestionnaire hors pair, Jacques Cœur met en place à partir de 1430 une véritable « multinationale ». Négociant épices, tapis et étoffes dans les pays du Levant, le natif de Bourges se bâtit une fortune si considérable qu'elle finit par déplaire. Malgré des relations longtemps bonnes avec Charles VII qui l'amènent à financer la reprise de la guerre contre l'Angleterre, Jacques Cœur est arrêté en 1451. On l'accuse d'avoir empoisonné Agnès Sorel, armé des musulmans, ou encore détourné des fonds. Deux ans plus tard, à l'issue d'un procès inique, il est incarcéré à Poitiers et voit ses biens confisqués. Parvenant à s'évader, il est un temps bloqué dans un couvent de Beaucaire par la surveillance royale, mais des camarades organisent une expédition rocambolesque pour l'exfiltrer en pleine nuit. Jacques Cœur rejoint peu après Rome, où le pape Nicolas V l'accueille. Parti combattre les Turcs, il trouve la mort en 1456.

LA POSTÉRITÉ DE SAINTE JEANNE D'ARC

Répondant au souhait de Charles VI, le pape Calixte III réhabilite Jeanne d'Arc en 1456, mais ce n'est qu'en 1909, peu après la séparation de l'Eglise et de l'Etat, qu'elle est béatifiée, avant d'être canonisée en 1920. La même année, le Parlement, acquis à la droite et avide de symboles patriotiques, instaure la fête nationale de Jeanne d'Arc, qui doit avoir lieu le deuxième dimanche de mai. Si cette fête patriotique est tombée en désuétude, en dehors des milieux nationalistes, Nicolas Sarkozy s'est toutefois rendu à Domrémy en 2012 pour son 600e anniversaire.

Affiche vichyste de 1942 stigmatisant les bombardements britanniques sur les villes françaises, notamment à Rouen.

LE RÈGNE DE LOUIS XI

Comme son père Charles VII, Louis XI affermit le pouvoir royal vis-à-vis du clergé et de la noblesse. Avant de devenir roi à 38 ans, il s'était pourtant opposé à son père en s'associant aux grands vassaux de la révolte appelée « Praguerie ». Surnommé le Prudent, il préfère, par le traité de Picquigny (1475), payer une rente au roi d'Angleterre Edouard IV pour préserver la paix, et doit d'abord concéder des privilèges à son principal rival Charles le Téméraire, duc de Bourgogne à partir de 1467, avant de récupérer ses terres bourguignonnes et picardes avec la signature du traité d'Arras (1482). Le domaine royal s'agrandit également à la mort de Charles V d'Anjou en 1481. Sans héritier, ce neveu du « Bon Roi René » lui lègue, outre l'Anjou, le Maine et la Provence, ainsi que les prétentions sur le royaume de Naples qui déclencheront les futures guerres d'Italie.

L'UNIVERSELLE ARAGNE

Bon gestionnaire, Louis XI a sécurisé le royaume, renfloué les caisses du Trésor et renforcé le centralisme de l'Etat au point d'être affublé du surnom d'« universelle aragne » (ou « araigne », ancienne appellation de l'araignée). Longtemps, il a gardé une image sombre véhiculée par ses rivaux, celle d'un tyran cruel qui enfermait notamment ses opposants dans des cages suspendues, appelées souvent à tort « fillettes ». Ce terme désigne plutôt des chaînes, comme celles qui ont retenu prisonnier onze ans le cardinal La Balue au château d'Onzain, près de Blois.

1472 : Jeanne Hachette, l'héroïne de Beauvais

En juin 1472, l'hostilité de Charles le Téméraire pour Louis XI se manifeste dans la guerre qu'il mène en Picardie, épisode dont le point d'orgue sera le siège de Beauvais. Sans garnison, la ville se défend bec et ongles, mettant à contribution hommes, femmes et enfants. Alors qu'un assaillant s'apprête à planter son étendard dans la muraille qui protège la ville, la jeune Jeanne Laisné lui arrache son drapeau et le repousse avec sa hachette, y gagnant son surnom et devenant le symbole de la farouche résistance beauvaisienne. Après un mois de lutte, Charles le Téméraire lève le siège. La détermination des habitants a payé. Le mari de Jeanne, Colin Pilon, trouvera la mort lors du siège de Nancy, comme Charles le Téméraire.

1476-1477 : le siège de Nancy

Pour réunir les deux parties de son duché (la Bourgogne et la Picardie), Charles le Téméraire chasse René d'Anjou de Lorraine. Mais les Nancéiens se soulèvent et René revient dans la ville. Entêté, Charles revient l'assiéger aussitôt au cours du terrible hiver 1476-1477. De nombreux assiégés meurent, mais le Bourguignon connaît le même sort. On retrouva son corps deux jours après sa mort au bord d'un lac gelé, le crâne fendu et le visage à demi dévoré par les loups. René d'Anjou décède, lui, trois ans plus tard, à 71 ans, à Aix-en-Provence où il avait acquis son surnom de « Bon Roi René ». Respectant son vœu, sa seconde épouse Jeanne de Laval a discrètement fait acheminer sa dépouille dans un tonneau jusqu'à la cathédrale d'Angers où l'attendait son tombeau. A noter que la célèbre croix de Lorraine s'appelait initialement « croix d'Anjou » et prit ce nom à l'époque du Bon Roi René.

LA POSTE AUX CHEVAUX

Le roi est régulièrement en voyage loin de Paris et il a compris l'importance de la rapidité de la transmission d'une information. Il crée ainsi la poste royale en 1479, un précédent édit de 1464 apparaissant comme étant un faux. Des relais sont installés en théorie toutes les sept lieues (soit une trentaine de kilomètres, mais souvent moins en réalité) où, attendant qu'on leur remette un pli, des cavaliers sont en poste (d'où le nom de l'institution qui désignera à la fois le lieu, le relais et le service). Ces chevaucheurs, qui ne transportent que la correspondance du roi, desservent des villes stratégiques comme Paris, Amiens, Dijon ou Bordeaux depuis Tours où Louis XI possède sa résidence favorite de Plessis-lès-Tours.

XVIe siècle - 1789

L'EPOQUE MODERNE

Amorcée précédemment par Philippe Auguste ou Saint Louis, l'époque moderne (fin XVe siècle - 1789) se caractérise par l'affirmation du pouvoir royal et la mise en place d'un véritable Etat. Les résidences favorites des rois continuent de se rapprocher de la capitale : Charles VII à Loches, Louis XI à Plessis-lès-Tours, Charles VIII à Amboise, Louis XII à Blois, François Ier à Saint-Germain-en-Laye et Fontainebleau plus que Chambord. Henri IV, premier roi des Bourbons, accède au trône pendant les guerres de Religion, avant que Louis XIV ne symbolise à lui seul la monarchie absolue. C'est aussi l'affirmation de l'Etat-nation avec une France qui commence à se dessiner telle qu'on la connaît aujourd'hui. La modernité est d'abord celle des humanistes de la Renaissance, mais cette période riche sur le plan culturel est aussi celle des philosophes des Lumières qui trouveront écho dans la Révolution française, qui enterrera l'Ancien Régime et ses archaïsmes féodaux.

Ve siècle		XVIe siècle	1789	1815	1914
ANTIQUITÉ	MOYEN AGE	ÉPOQUE MODERNE	RÉVOLUTION ET EMPIRE	XIXE SIÈCLE	1914 À AUJOURD'HUI

Le château de Vaux-le-Vicomte.

Les règnes de Charles VIII et Louis XII

A la mort de Louis XI en 1483, son fils Charles VIII n'a que treize ans. Sa sœur aînée, Anne de Beaujeu, assure alors la régence. Faisant valoir ses prétentions sur le royaume de Naples, Charles VIII est l'initiateur de la première guerre d'Italie, un échec qui a non seulement mis à mal les finances du royaume, mais qui a aussi dès le départ entraîné la perte du Roussillon, de la Cerdagne, de l'Artois et de la Franche-Comté, pour s'assurer la neutralité de l'Espagne et du Saint-Empire. A sa mort son cousin Louis XII, le « père du peuple », devient le premier et le seul roi de la branche des Valois-Orléans en 1498. Comme son prédécesseur, il meurt sans descendance mâle, après avoir mené trois nouvelles guerres d'Italie qui se sont avérées au final infructueuses. Le second mariage de Louis XII avec Marie Tudor, de trente-six ans sa benjamine, se tient quelques mois seulement avant sa mort en 1515.

LOUIS XII (1498-1515). *Entrée à Milan* (1499).

La guerre folle

Cette guerre, dont le qualificatif de « folle » n'a été donné qu'un siècle plus tard, est une opposition entre Anne de Beaujeu, régente de Charles VIII, et des grands seigneurs comme le duc de Lorraine ou le duc de Bretagne, soutenus par les ennemis étrangers du roi de France. A leur tête, Louis II d'Orléans, un cousin du jeune Charles VIII, n'est autre que le futur Louis XII. Amorcées en 1485, les hostilités cessent en 1485 après la bataille de Saint-Aubin-du-Cormier qui constitue un premier pas à l'entrée de la Bretagne dans le giron royal. Emprisonné, Louis n'a été libéré que trois années plus tard, peu avant le déclenchement de la première guerre d'Italie.

ANNE DE BRETAGNE, DEUX FOIS REINE DE FRANCE

D'abord promise à Maximilien de Habsbourg, Anne de Bretagne se marie finalement avec Charles VIII à Langeais en 1491, après le siège de la ville de Rennes où elle s'était réfugiée. A la mort de Charles, alors qu'aucun de leurs six enfants n'a survécu, le nouveau roi Louis XII veut consolider ce rapprochement entre la Bretagne et la France, et épouse lui aussi, en 1499, la duchesse qui fut son alliée dans la guerre folle. Malgré sa volonté de préserver l'indépendance de la Bretagne, ses unions successives aboutiront au rattachement définitif du duché de Bretagne à la France en 1532. La légende veut qu'Anne de Bretagne ait fait interdire les péages dans son duché, et que ce soit à elle que les Bretons devraient encore aujourd'hui la gratuité de leurs quatre-voies...

Les exploits légendaires du « chevalier sans peur et sans reproches »

Au cours des premières guerres d'Italie, le jeune chevalier dauphinois Pierre du Terrail commence à se faire un nom : celui du chevalier Bayard. Surtout connu pour la défense héroïque du pont du Garigliano en 1503, à lui seul, il aurait tenu tête aux troupes ennemies espagnoles – le royaume de Naples était une possession aragonaise – en attendant le renfort des troupes françaises. En 1515, au soir de la bataille de Marignan, c'est lui qui arme chevalier le jeune roi François Ier.

D'AMBOISE À BLOIS

Suite à un complot de Louis d'Amboise contre un favori de Charles VII, le château d'Amboise est confisqué et rattaché à la couronne royale en 1434. Si Louis XI avait pour résidence favorite le château de Plessis-Lès-Tours, son fils Charles VIII était très attaché à la forteresse d'Amboise qu'il a transformée et où il passa les premières mais aussi les dernières heures de sa vie : alors âgé de 28 ans, il y trouva la mort en 1498 après s'être fracassé le crâne contre le linteau d'une porte – accident sonnant le glas des Valois directs qui n'est pas sans rappeler la mort de Louis III six siècles plus tôt. Louis XII n'abandonna pas Amboise, mais s'établit plutôt à Blois, où la façade du château arbore une statue équestre surmontant un porc-épic témoignant de sa devise : Qui s'y frotte, s'y pique.

1515 à 1547

1500 — 1550 — 1600 — 1650 — 1700 — 1750 — 1789

François Ier

Né à Cognac en 1494, François Ier succède à son cousin Louis XII sur le trône au début de l'année 1515. Vainqueur à Marignan quelques mois plus tard, son règne est marqué par la poursuite des guerres d'Italie. Ce « roi au grand nez » qui mesure près de deux mètres a pour principal rival le « roi des Espagnes » Charles Ier plus connu sous son nom d'empereur du Saint Empire : Charles Quint. Ne parvenant pas à agrandir le royaume malgré de nombreuses entreprises militaires et diplomatiques, François Ier a toutefois renforcé l'autorité royale, et pris des mesures importantes comme l'ordonnance de Villers-Cotterêts. En 1539, ce texte rend obligatoire la tenue de registres de baptêmes, et fait du français la langue officielle du droit et de l'administration.

1515 : Marignan

La célèbre bataille de Marignan – aujourd'hui Melegnano en Lombardie – constitue la première victoire de François Ier. Le triomphe rapide du jeune roi, en partie dû au renfort des Vénitiens, n'a été obtenu qu'après un véritable carnage qui fit plus de 16 000 morts. Les Suisses défaits ont dû signer la paix perpétuelle avec la France l'année suivante par le traité de Fribourg qui n'a été rompu qu'en 1798.

François Ier fait chevalier par Bayard au soir de la bataille de Marignan.

Un duel avec... un sanglier

Après le départ de Louis XII et d'Anne de Bretagne pour Blois, la mère de François Ier Louise de Savoie séjourne la plupart du temps à Amboise où François Ier passa une grande partie de sa jeunesse. En mai 1515, lors du mariage de Renée de Bourbon et d'Antoine de Lorraine, il s'y serait fait remarquer en remportant un duel inattendu. Son adversaire n'est autre qu'un sanglier, capturé pour l'occasion mais échappé de son enclos. Transpercé par un coup d'épée du roi, le sanglier succomba dans la cour du château.

François Ier empereur ?

A la mort de Maximilien d'Autriche en 1519, le trône du Saint-Empire romain germanique est vide. Pour l'occuper, il suffit alors de « convaincre » sept princes électeurs, mais pour ce faire le jeune Charles Ier d'Espagne dispose du soutien des Fugger, richissime famille de banquier du Sud de l'Allemagne. François Ier doit renoncer malgré le don d'une tonne et demie d'or, et voir le jeune Charles Quint, un cousin très éloigné, régner sur un « empire où le soleil ne se couche jamais » et qui encercle la France.

L'ENTREVUE DU CAMP DU DRAP D'OR

Pour vaincre son rival Charles Quint, François tente de s'allier avec le roi d'Angleterre Henri VIII, lors de l'entrevue du Camp du Drap d'or, en 1520. Pendant plus de deux semaines d'innombrables tentes furent installées dans une plaine proche de Calais, où l'on festoya et où l'on joua – les deux souverains en vinrent même aux mains pour une lutte amicale – autour d'un étalage de richesses visant à impressionner Henri VIII. Mais au final, aucun accord ne fut conclu. Pire encore, Henri VIII s'est rapproché secrètement de son neveu Charles Quint.

La vérité sur La Palice

Une lapalissade est une phrase naïve, confondante d'évidence. Ce terme fait référence à Jacques II de Chabannes de La Palice, un maréchal qui participa aux guerres d'Italie. Après son décès en 1525 à Pavie lors de la bataille qui entraîna l'emprisonnement de François Ier en Espagne, ses soldats lui composèrent une chanson comprenant la strophe suivante : *Hélas La Palice est mort/Est mort devant Pavie/Hélas s'il n'était pas mort/Il ferait encore envie.* Par la suite, « ferait » s'est transformé en « serait », rendant la fin de la strophe un tantinet plus cocasse…

François et Soliman

Depuis la prise de Constantinople en 1453, les souverains européens se méfient de l'avancée en Europe orientale des Turcs ottomans, parvenus aux portes de Vienne en 1529. Une Sainte-Ligue – qui précède une autre ligue victorieuse à Lépante en 1571 – regroupe des Etats catholiques européens sous l'égide du pape en 1537, pour lutter contre la flotte menée par Khayr Ad-Din dit « Barberousse ». Mais il n'y aura pas de galères françaises dans cette alliance catholique : François Ier n'hésite pas à s'allier avec le sultan turc Soliman le Magnifique, pour défier les puissants Habsbourg qui encerclent son royaume. Un ambassadeur français est, chose inédite pour un européen, accepté à la cour de Soliman qui entretient une correspondance codée avec François Ier. Même si la flotte turque est venue en aide aux Français lors du siège de Nice en 1543, cette alliance militaire n'eut qu'un impact limité.

JACQUES CARTIER DÉCOUVRE LE CANADA… ET SES FAUX DIAMANTS

Né à Saint-Malo à la fin du XVe siècle, Jacques Cartier a fait trois voyages vers le nouveau monde. Au cours de l'été 1534, après avoir découvert le golfe du Saint-Laurent, Jacques Cartier prend possession du Canada, au nom de François Ier, à Gaspé. L'année suivante, il remonte les eaux du fleuve qu'il nomme Saint-Laurent, de nombreux toponymes de l'est canadien ayant été choisis par Cartier, comme l'île Saint-Pierre associée aujourd'hui à Miquelon. En 1541, une dernière expédition est lancée dans l'espoir d'atteindre l'« eldorado » du royaume du Saguenay, qui n'était en réalité qu'une légende iroquoise. Le fait que Cartier a cru trouver des diamants, qui n'étaient en réalité que du quartz, a donné naissance à l'expression « faux comme un diamant du Canada ».

« Charbonnier est maître en sa maison »

Egaré dans la forêt de Fontainebleau après une journée de chasse, François Ier aurait trouvé refuge dans la chaumière d'un charbonnier, qui à son retour réclama le siège sur lequel s'était assis le roi. François pardonna cet accueil inhospitalier à son hôte qui ignorait son identité. Telle est l'anecdote qui donna naissance à l'expression « charbonnier est maître en sa maison » employée pour dire que quiconque a le droit de commander dans sa demeure.

Souvent femme varie...

... *bien fol est qui s'y fie.* On attribue ces vers à François Ier, mais on ne sait véritablement quelle mésaventure l'a amené à les écrire. Outre ses deux épouses, la reine Claude et Eléanore de Habsbourg qui n'est autre que la sœur de Charles Quint, il eut de nombreuses maîtresses parmi lesquelles la belle comtesse de Chateaubriand Françoise de Foix, et la duchesse d'Etampes Anne de Pisseleu.

33. HENRI II (1547-1559). *Mort du Roi dans un Tournoi où il est frappé par le sire de Montgommery.*

La joute fatale d'Henri II, père de trois rois de France

Henri II succède à son père François Ier, atteint de pleurésie, en 1549. Poursuivant la lutte contre Charles Quint, il récupère Calais et les Trois-Evêchés (Metz, Toul et Verdun), et met fin aux guerres d'Italie en 1559. Henri II participe cette année-là à un grand tournoi organisé près de l'actuelle place des Vosges à Paris. Après avoir été touché au visage par des éclats de la lance de son adversaire, le capitaine de sa garde écossaise Montgomery, on fit intervenir, en vain, les plus grands chirurgiens de l'époque : Vésale et d'abord Ambroise Paré qui s'est exercé pour l'occasion sur la tête de six condamnés à mort ! Ce triste épisode accélérera la disparition de ces joutes médiévales.

Amoureux de sa favorite Diane de Poitiers, de vingt ans son aînée, c'est cependant avec Catherine de Médicis qu'il eut trois fils qui se sont succédé sur le trône : François II en 1559, Charles IX en 1560, et Henri III en 1574.

La Renaissance artistique en France

Dans la France du XVIe siècle, François Ier et Catherine de Médicis ont accordé une grande importance à l'art – et aussi beaucoup d'argent. Eduqué par sa mère Louise de Savoie, François Ier est surnommé « le prince des arts » ou « le père et restaurateur des lettres », et sa belle-fille Catherine de Médicis est née en Toscane, comme le courant artistique de la Renaissance. François Ier est revenu des guerres d'Italie avec le titrc de duc de Milan, mais aussi avec l'intention d'inviter des artistes transalpins à sa cour, Léonard de Vinci tout d'abord, mais aussi Cellini ou le Primatice. L'influence italienne se retrouve dans l'architecture des châteaux de la Loire (Amboise, Chenonceau, Chaumont ou Azay-le-Rideau) et dans celui de Fontainebleau auprès duquel se développe une école artistique dont un des fers de lance est le sculpteur Jean Goujon. La Renaissance se manifeste enfin par un renouveau littéraire incarné par Rabelais, Ronsard, Du Bellay, ou Montaigne et La Boétie. Leurs œuvres sont désormais diffusées grâce à des imprimeurs comme l'humaniste Etienne Dolet.

Les dernières années du génie de la Renaissance

Après avoir été un temps au service de Louis XII à Milan, Léonard de Vinci est invité en 1516 par François Ier à Amboise, où il est nommé « Premier peintre, ingénieur et architecte du roi ». Connu pour avoir amusé la cour avec son lion automate au château d'Argentan lors de la fête qu'il a organisée pour la sœur du roi Marguerite d'Angoulême, Léonard imagine surtout des projets grandioses pour magnifier le pouvoir de son mécène, comme la cité idéale de Romorantin et l'assèchement de la Sologne qui n'auront cependant pas le temps de voir le jour. En 1519, le décès de Léonard fait dire à François Ier qu'« il est impossible que la vie en produise un semblable ». S'il a vécu au manoir du Clos-Lucé à Amboise, son corps repose depuis près de cinq siècles dans la chapelle Saint-Hubert du château d'Amboise.

LA RENAISSANCE DU LOUVRE

Au retour de Madrid, où il avait été retenu captif après la défaite de Pavie, François Ier décide de rénover le château du Louvre, construit sous Philippe Auguste. Des aménagements tels que la destruction du donjon sont rapidement réalisés, mais il faudra attendre une vingtaine d'années pour que s'amorce la transformation du château en palais, avec l'adoption du projet de Pierre Lescot. Cet architecte, qui a donné son nom à une aile du futur musée, fait entrer le Louvre dans la Renaissance en dotant les façades de colonnes et de frontons, ou encore en s'inspirant de la mythologie pour réaliser la tribune des Cariatides, sculptée par Jean Goujon. Lescot demeure architecte du Louvre jusqu'à son décès, en 1578 ; il aura vu passer cinq rois, le dernier – Henri III – ayant fait du Louvre sa demeure principale.

CHAMBORD, CHEF-D'ŒUVRE DE LA RENAISSANCE

Bien que possédant certains restes du château médiéval, comme un donjon central ou des douves, le style riche et fin de Chambord est celui de la Renaissance. Chef-d'œuvre architectural, ses galeries, tourelles et cheminées lui confèrent un aspect enchanteur, qui impressionna notamment ses visiteurs étrangers. Merveille dans la merveille, l'escalier à double révolution, attribué à Léonard de Vinci, permet à deux personnes de monter et descendre sans jamais se croiser. Bordé par les eaux du Cosson (le détournement de la Loire, projeté, n'a jamais été réalisé), le château de Chambord affirme aujourd'hui encore la puissance d'un roi bâtisseur et amateur d'art : François Ier.

Le quart d'heure de Rabelais

Moine, médecin et bien sûr écrivain, François Rabelais fut un personnage haut en couleur qui sut conjuguer science et truculence. Ainsi, au milieu des outrances de son *Gargantua*, il présente l'utopique abbaye de Thélème, dans laquelle hommes et femmes vivent en harmonie, gouvernés par une unique règle : « Fais ce que voudras. » Plein d'humour, Rabelais passe pour avoir inventé la contrepèterie, avec l'évocation de « femmes folles de la messe » dans *Pantagruel*. Farceur ingénieux, il aurait voyagé gratuitement de Lyon à Paris, alors qu'il était sans argent, en indiquant sur de petits paquets qu'ils contenaient du « poison pour le roi ». François Ier, auquel il fut mené, rit de sa plaisanterie et le relâcha. Cet épisode est à l'origine de l'expression « le quart d'heure de Rabelais », qui désigne un moment désagréable, notamment lorsque l'on doit sortir son porte-monnaie.

Catherine de Médicis, un mécène influent

Parfois caricaturée en manipulatrice assoiffée de pouvoir, Catherine de Médicis a joué un rôle plus contrasté dans l'histoire de France. Mère de trois rois, devant assurer la régence, elle a notamment tenté d'œuvrer pour la conciliation dans les guerres de Religion opposant catholiques et protestants, aidée dans cette tâche par son « escadron volant », un groupe de femmes dont le charme devait calmer les ardeurs belliqueuses des hommes de la cour. Puissant mécène, elle protège artistes et écrivains (Bernard Palissy inquiété depuis qu'il est protestant ou Montaigne libéré grâce à elle après avoir été embastillé), mais les utilise aussi pour illustrer et promouvoir tant la monarchie que sa politique. Parmi les rares restes des réalisations architecturales qui lui sont dues, la colonne Médicis, près de la Bourse de commerce de Paris. Dernier vestige de l'hôtel particulier de la reine, cette colonne aurait servi à effectuer des observations astronomiques.

À la mort d'Henri II, Catherine de Médicis contraint Diane de Poitiers à restituer le château de Chenonceau à la couronne.

LES TUILES DU PALAIS…

Après la mort d'Henri II dans l'hôtel des Tournelles, Catherine de Médicis ne veut plus y habiter. Elle part vivre au Louvre et lance la construction d'un palais sur des terrains où se trouvaient précédemment des fabriques de tuiles : le palais des Tuileries. Les travaux, considérables, seront arrêtés prématurément en raison, semble-t-il, d'un mauvais présage de l'astrologue de la reine. Néanmoins, le palais, dont on doit les plans à l'architecte Philibert Delorme, sera progressivement étendu, devenant notamment résidence royale puis impériale sous Napoléon Ier. Détruit en 1883 suite à un incendie, des projets de reconstruction sont aujourd'hui encore évoqués eu égard à l'importance du lieu dans l'histoire de France.

NOSTRADAMUS

A la Renaissance, malgré les progrès scientifiques, il n'est pas anormal pour un médecin de s'appuyer sur l'astrologie. Ainsi, après avoir notamment révélé le secret des dents blanches dans son *Traité des fardemens et confitures*, Michel de Nostre-Dame, alias Nostradamus, rédige des recueils de prédictions. Exprimées en vers dans un style abscons, ces prophéties le rendent célèbre et lui valent l'admiration de Catherine de Médicis, qui le nommera médecin du jeune Charles IX. Dans le quatrain suivant, certains ont vu une prédiction de la mort d'Henri II lors du fameux tournoi disputé en 1559.

« Le lyon ieune le vieux surmontera,
En champ bellique par singulier duelle,
Dans cage d'or les yeux luy creuera,
Deux classes vne, puis mourir, mort cruelle. »

A L'IMAGE DU POÈTE JACQUES PELLETIER DU MANS, AUTEUR DE LA PLÉIADE À QUI L'ON DOIT L'INVENTION DU TERME « MILLIARD », LES INTELLECTUELS DE L'ÉPOQUE BRILLENT SOUVENT TANT DANS LES LETTRES QUE DANS LES SCIENCES.

1562 à 1589

1500 — 1550 — 1600 — 1650 — 1700 — 1750 — 1789

Le temps des guerres de Religion

Picard installé à Genève, Jean Calvin a initié la Réforme protestante qui a trouvé un écho en France, puis divisé durablement catholiques et protestants. Le massacre des huguenots par les troupes du duc de Guise à Wassy en Champagne marque en 1562 le début des guerres de Religion, une série de huit conflits sous les règnes de deux fils d'Henri II : Charles IX (1560-1574) et Henri III (1574-1589). Le premier, pour qui sa mère Catherine de Médicis poursuit la régence, meurt de la tuberculose à 24 ans après avoir multiplié des édits de pacification. Le second subit l'influence de sa mère et celle des mignons, ses favoris connus pour leur raffinement. Après l'assassinat d'Henri III par le moine fanatique Jacques Clément qui a mis fin à la branche des Valois, Henri IV clôt la dernière guerre de Religion en 1598 avec l'édit de Nantes.

Les premiers poissons d'avril

S'apercevant que dans les différents diocèses du royaume l'année ne débutait pas le même jour (ce pouvait être à Noël, le 25 mars ou à Pâques), Charles IX décida en 1564 par l'édit de Roussillon de faire débuter officiellement l'année au 1er janvier. Pour se moquer de ceux qui faisaient encore tardivement débuter l'année en avril, l'habitude aurait été d'offrir de faux poissons, les poissons constituant des présents courants en cette période de fin de carême.

La surprise de Meaux

Après la pendaison aux tours du château des comploteurs de la conjuration d'Amboise qui visait en 1560 à soustraire le roi de la tutelle des Guises, un épisode quelque peu similaire est resté dans l'histoire sous le nom de « surprise de Meaux ». En 1567, le prince de Condé, chef protestant, prévoit l'enlèvement de Catherine de Médicis et de Charles IX au château de Montceaux, une splendide demeure détruite pendant la Révolution. Le 28 septembre, la famille royale quitte sous bonne garde la région de Meaux, où les cavaliers protestants s'étaient rassemblés, et rentre au Louvre à Paris.

LA MICHELADE DE NÎMES

Le 30 septembre 1567, lendemain de la Saint-Michel, les protestants de Nîmes, furieux d'avoir été écartés du consulat et de voir leur culte rejeté dans les faubourgs, massacrèrent une quarantaine de prêtres et de notables catholiques, qui finirent au fond d'un puits d'où l'on exhuma leurs ossements au XIXe siècle.

24 août 1572 : le massacre de la Saint-Barthélemy

La politique d'apaisement menée par Charles IX et le rapprochement avec le chef protestant Gaspard de Coligny déplaisent aux chefs catholiques qui convainquent le roi d'éliminer leurs homologues protestants le 24 août 1572, jour de la Saint-Barthélemy. Six jours après son mariage avec la sœur du roi Marguerite de Valois, Henri de Navarre (le futur Henri IV) est contraint d'abjurer sa religion pour éviter de connaître le même sort que Coligny, tué par les hommes du duc Henri de Guise. Ne visant au départ que les chefs protestants, Charles IX ne parvient pas à faire stopper ces exactions qui feront plusieurs milliers de morts – peut être plusieurs dizaines de milliers – après avoir gagné la province à la fin de l'été.

« Plus grand mort que vivant »

La huitième et dernière guerre de Religion voit s'opposer trois Henri. Henri III, qui a quitté en catimini la Pologne dont il était le roi pour succéder à son frère Charles IX en 1574, est contraint de fuir Paris et de laisser la ville au chef de la Ligue Henri de Guise après la journée des Barricades (formées avec des barriques) le 12 mai 1588. En décembre, Henri III ordonne l'assassinat d'Henri de Guise au château de Blois où il a réuni les états généraux, avant de s'allier avec Henri de Navarre, qui avait pourtant défait le duc Anne de Joyeuse, premier mignon du roi, à Coutras en 1587. Devant la dépouille du duc de Guise, Henri III aurait affirmé qu'il était « encore plus grand mort que vivant ».

1589 à 1610

1500 — 1550 — 1600 — 1650 — 1700 — 1750 — 1789

Le règne d'Henri IV

A la mort d'Henri III, son beau-frère et cousin éloigné Henri, roi de Navarre et descendant de Saint Louis, peinera à asseoir sa légitimité. Protestant, il doit se convertir au catholicisme – il aurait alors affirmé : « Paris vaut bien une messe » – pour être sacré en 1594, à Chartres, car Reims est aux mains de la Ligue catholique. Il doit encore négocier son entrée dans Paris et s'imposer militairement contre les Espagnols unis aux Ligueurs menés par Charles de Mayenne, lors de la dernière guerre de Religion. Celle-ci s'achève avec l'édit de Nantes qui reconnaît en 1598 le catholicisme comme religion d'Etat tout en accordant la liberté de culte et cinquante et une places de sûreté aux protestants. Parvenant à annuler son mariage avec Marguerite de Valois, la « reine Margot », en raison d'une trop proche parenté, il se remarie avec Marie de Médicis – et sa belle dot – en 1600. Elle est couronnée reine le 13 mai 1610, la veille de l'assassinat du premier souverain de la branche des Bourbons.

LES AMOURS DU VERT-GALANT

Henri IV a eu seize enfants (au moins…) de cinq femmes différentes. Enceinte d'un quatrième enfant, Gabrielle d'Estrées trouve la mort en 1599, peut-être empoisonnée. Henri l'oublie vite et se réfugie dans les bras d'Henriette d'Entragues qui elle aussi s'est imaginée devenir reine. L'expression « vert-galant » qui lui est associée désigne un homme d'âge mûr toujours entreprenant avec les femmes. En 1609, il a 57 ans quand il s'éprend de Charlotte de Montmorency qui a à peine 15 ans. Il fait annuler ses fiançailles et la marie avec son cousin Henri II de Condé. Mais il n'avait pas prévu que son cousin l'éloignerait de son dernier amour en envoyant sa femme aux Pays-Bas : raison suffisante pour préparer une nouvelle guerre contre les Habsbourg, qui n'aura pas lieu à cause d'un certain Ravaillac…

Le « bon roi Henri » expulse les Jésuites

La bonne image dont jouit encore aujourd'hui Henri IV s'est essentiellement construite après sa mort, au XVIIIe siècle puis sous la Restauration. De son vivant, ses abjurations du protestantisme, pour échapper à la Saint-Barthélemy puis pour être sacré, ne l'ont rendu populaire dans aucun des deux camps, et il a échappé à au moins onze tentatives d'assassinat. Celle du jeune Jean Châtel, qui a blessé le roi à la lèvre devant l'hôtel parisien de Gabrielle d'Estrées en 1594, s'est suivie de l'écartèlement du coupable, de la démolition de la maison paternelle remplacée par une pyramide commémorative, mais aussi de l'expulsion des Jésuites de France ; Châtel avait en effet reçu son éducation auprès de ces Compagnons de Jésus qui ne seront autorisés à revenir en France qu'en 1603.

Paulette et poule au pot

A sa naissance au château de Pau, Henri IV est connu pour s'être fait frotter les lèvres avec une gousse d'ail et quelques gouttes de jurançon. On lui associe aussi la poule au pot, qu'il aurait souhaité voir sur la table de tous les Français le dimanche, si l'on en croit la réinterprétation faite au XIXe siècle d'une formule qu'il n'a peut-être même pas prononcée : « Si Dieu me donne encore de la vie, il n'y aura point de laboureur en mon royaume qui n'ait moyen d'avoir une poule dans son pot. » Ainsi il aurait seulement voulu montrer au duc de Savoie que la France allait redevenir prospère après les temps difficiles des guerres de Religion. La paulette est quant à elle bien réelle et a permis de renflouer les caisses de l'Etat à partir de 1604. Elle doit son nom à son instigateur Charles Paulet et constitue un droit annuel payé par le titulaire d'un office qui aboutira à la reconnaissance de l'hérédité des charges.

LES DEUX MAMELLES DE SULLY

Après avoir combattu aux côtés d'Henri IV et géré ses affaires personnelles, Maximilien de Béthune (duc de Sully à partir de 1602) devient en 1598 un surintendant des finances économe, pour qui « labourage et pâturage sont les deux mamelles de la France ». Bon gestionnaire, il s'occupe encore des fortifications, de l'artillerie, de la voirie, fait débuter les travaux du canal de Briare pour relier la Loire et la Seine, et les ormes qu'il fait planter sur les places et le long des routes françaises sont encore appelés les « Sully ». Dans sa seigneurie berrichonne de Boisbelle, où il vit quasiment comme un souverain en battant sa monnaie, en rendant la justice et en décidant des lois pour des habitants exemptés de nombreux impôts, il a fondé la cité d'Henrichemont dédiée à son ami Henri IV.

Construction du canal de Briare.

Les pères de l'agronomie et du mercantilisme

Olivier de Serres et Barthélemy de Laffemas vont participer avec Sully au relèvement économique de la France. Le premier a contribué à améliorer la productivité agricole en expérimentant des techniques et des outils nouveaux et en important le houblon anglais ou la garance des Flandres pour la teinture. Il a surtout introduit le mûrier blanc sur lequel des vers à soie seront élevés pour stopper les coûteuses importations de la soie orientale, une ordonnance royale demandant même à chaque paroisse de posséder une magnanerie. D'abord simple tailleur du roi puis contrôleur général du commerce, Laffemas est lui plus attaché à l'essor de l'industrie, et s'oppose à Sully en développant les manufactures royales spécialisées dans le verre, la soie, la dentelle, et les tapisseries comme les Gobelins à Paris.

L'étonnante ascension de Fouquet de La Varenne

Lorsqu'il accéda en 1578 aux cuisines de Catherine de Bourbon, Guillaume Fouquet n'imaginait certainement pas l'avenir qui l'attendait. Recommandé par Catherine à son frère, le futur Henri IV, Guillaume Fouquet participe aux batailles contre la Ligue. Anobli par son ami devenu roi, Fouquet de La Varenne devient notamment contrôleur général des postes, fonction qu'il marque de son empreinte en ouvrant au public un service jusqu'alors réservé aux messages royaux. Après l'assassinat du roi, il perd de son influence et termine sa vie dans sa ville de La Flèche, où il a fait établir un collège aujourd'hui connu sous le nom de Prytanée, et où fut longtemps conservé le cœur d'Henri IV.

1608 : CHAMPLAIN FONDE QUÉBEC

Né à Brouage près de La Rochelle quarante ans plus tôt, Samuel de Champlain quitte Honfleur pour rejoindre la Nouvelle-France en 1608. Remontant le Saint-Laurent, il fonde un poste fortifié destiné à la traite des fourrures, où se développera la ville de Québec, « là où le fleuve rétrécit » dans la langue des autochtones. Afin d'explorer le Canada plus à l'ouest avec le soutien de ses alliés amérindiens, il doit s'investir dans leur guerre contre les Iroquois. Poursuivant ses voyages sous Louis XIII en l'honneur de qui il voulait fonder la ville de Ludovica, il aura effectué pas moins de vingt et une traversées de l'Atlantique au cours de sa vie.

12e Année. — N° 24. 10 centimes. 12 mai 1900.

LE

Petit Français illustré

JOURNAL DES ÉCOLIERS ET DES ÉCOLIÈRES

FRANCE : UN AN, 6 FRANCS (du 1er de chaque mois) | Armand COLIN & Cie, éditeurs 5, rue de Mézières, Paris | UNION POSTALE : UN AN, 7 FRANCS (Paraît chaque Samedi)

L'assassinat de Henri IV, 14 mai 1610. (Voir page 284).
Composition et dessin de Moreau de Tours.

14 mai 1610, rue de la Ferronnerie…

Vers 16 heures, Henri IV vient de quitter le Louvre, quand il est poignardé dans son carrosse immobilisé. François Ravaillac, un catholique originaire d'Angoulême, ne tente pas de fuir et affirmera avoir agi seul. Des soupçons se portèrent sur la reine qui, la veille, avait été couronnée et pouvait ainsi aussitôt assurer la régence. La disparition des documents officiels de l'enquête dans un incendie, en 1618, renforça les soupçons portés sur le duc d'Epernon, présent au moment du drame. Condamné à mort, Ravaillac connaît le supplice d'un régicide : sur les plaies causées par les premières tortures, du plomb fondu et de l'huile bouillante sont versés, avant l'écartèlement final. Quant au patronyme Ravaillac, il fut tout bonnement interdit !

Achevé en 1606, le Pont-Neuf est aujourd'hui le plus ancien pont de Paris.

1500 — 1550 — 1600 — *1610 à 1643* — 1650 — 1700 — 1750 — 1789

Le règne de Louis XIII

Quand son père Henri IV est assassiné en 1610, Louis XIII n'a pas encore 9 ans. Sa mère, Marie de Médicis, assure la régence et écarte Sully. Dès 1615, Louis est marié à la fille du roi Philippe III d'Espagne, Anne d'Autriche, avec qui il n'aura un premier enfant qu'en 1638. Cet « enfant du miracle », qui aura ainsi Dieudonné pour deuxième prénom, n'est autre que le futur Louis XIV. En 1624, le cardinal de Richelieu devient le principal ministre du roi qu'il soutient contre la maison d'Autriche pendant la guerre de Trente Ans, un conflit accompagné d'une multiplication des impôts à l'origine d'une série de révoltes paysannes. Richelieu décède à la fin de l'année 1642, quelques mois avant Louis XIII, en ayant « adoubé » Mazarin pour lui succéder.

La reine mère se fait la belle et affronte le roi

Soutenue par une partie de la noblesse, Marie de Médicis s'évade le 22 février 1619 du château de Blois, où elle est mise à l'écart du pouvoir depuis deux ans. Pour rejoindre le duc d'Epernon à Angoulême, la légende veut que, malgré son vertige, la reine mère ait dû descendre une échelle de corde. Malgré une réconciliation obtenue grâce à Richelieu et à Bérulle, les troupes de Louis XIII affrontent et défont très facilement celles de la reine mère près d'Angers, le 7 mai 1620 lors de la « drôlerie des Ponts-de-Cé ». Une nouvelle réconciliation de façade s'opère alors, Marie poursuivant ses intrigues jusqu'à son exil dans les Pays-Bas espagnols en 1631.

Concini et la Galigaï : les mal-aimés

Sous la régence, Marie de Médicis s'entoure de sa sœur de lait Leonora Galigaï. Influente auprès de la reine mère, Leonora obtient de nombreuses faveurs pour son mari Concino Concini, fait maréchal de France sans avoir jamais commandé la moindre troupe ! Son comportement à l'encontre du roi amène ce dernier à le faire assassiner au Louvre en 1617. Ravi, le peuple de Paris va même déterrer le cadavre de Concini pour le pendre et le mettre en pièces ! Quant à la Galigaï, après un jugement pour sorcellerie, elle est décapitée.

Léonora Galigaï.

LE SUPPLICE DE CHALAIS

En 1626, la duchesse Marie de Chevreuse sollicite les services d'Henri de Talleyrand, comte de Chalais et favori du roi Louis XIII, dans le but avoué d'assassiner Richelieu et de destituer le roi au profit de son frère Gaston de France. Cependant, le secret est éventé et le comte de Chalais est jeté dans un cachot du château de Nantes. Condamné à mort après un procès inique, ses complices enlèvent le bourreau le jour de l'exécution, dans l'espoir d'éviter le supplice. Un prisonnier condamné à mort est alors chargé de la besogne, en échange de sa grâce. Inexpérimenté, il donnera trente-quatre coups de hache avant de réussir à lui trancher la tête…

1627-1628 : LE SIÈGE DE LA ROCHELLE

Depuis l'édit de Nantes, les protestants constituent un « Etat dans l'Etat » avec l'indépendance dont ils jouissent dans leurs places de sûreté, dont La Rochelle, soutenue par les Anglais, apparaît comme la plus puissante. En 1627, Richelieu décide de faire le blocus de la ville, et fait construire une digue de 1,5 km de long, de 16 m de large et de 20 m de haut, achevée au printemps 1628. N'ayant pu être ravitaillés par les Anglais, les Rochelais décimés par la famine capitulent le 28 octobre. Ironie du sort, une tempête détruit en partie la digue, le 7 novembre… L'année suivante, par la paix d'Alès, le roi retire de nombreux droits aux protestants mais pas leur liberté de culte.

La tête de Richelieu...

Quasiment tombé en disgrâce le matin du 10 novembre 1630, Richelieu se retrouve plus puissant que jamais le soir de ce qui restera dans l'histoire comme « la journée des Dupes ». Avec Marie de Médicis et Anne d'Autriche à leur tête, les Dévots, favorables à la paix et opposés à la politique de Richelieu – et de son éminence grise le père Joseph –, ne s'attendaient pas à ce que Louis XIII conserve son principal ministre : il avait laissé entrevoir sa disgrâce en septembre alors qu'il était malade et presque donné pour mort à Lyon. La tête de Richelieu, que le chancelier de Marillac aurait bien voulu voir coupée à l'automne 1630, eut après la mort du cardinal en 1642 une sinistre destinée. Proviseur du collège de la Sorbonne, Richelieu y a reposé en paix jusqu'en 1793. Cette année-là, les sans-culottes profanent son tombeau et un épicier parisien emporte la tête (à vrai dire la face) chez lui avant de la confier plus tard à un abbé qui l'emmènera à Plourivo en Bretagne. Elle y sera conservée pendant presque trois quarts de siècle, avant son retour à la Sorbonne en 1866.

La Gazette du médecin du roi

Médecin né en 1586, Théophraste Renaudot est l'auteur d'un traité sur la pauvreté qui remonte jusqu'au sommet de l'Etat, puis d'un bureau d'adresses dont le but est de mettre en relation employeurs et demandeurs d'emploi. En 1631, il lance l'un des premiers hebdomadaires : ***La Gazette*****. Spécialisée dans les affaires politiques,** ***La Gazette*** **est soutenue, mais aussi surveillée, par Richelieu qui nomma du nom de ce journal un de ses quatorze chats, et par Louis XIII qui rédigea quelques articles officieux. A l'origine du nom de cette publication qui perdura jusqu'en 1915, le mot** ***gazetta*** **désigne une pièce de monnaie vénitienne avec laquelle on pouvait s'acquitter d'une feuille d'information.**

Louis XII ne sachant choisir entre sa mère, Marie de Médicis, et son conseiller, le cardinal de Richelieu dont elle demande la disgrâce.

LES PREMIERS « IMMORTELS »

Reconnue par le roi en 1635, l'Académie française est issue d'un petit groupe d'érudits relativement méconnus (Sirmond, Boisrobert, Desmarets, Chapelain...) qui se réunissaient chaque semaine depuis 1629 pour débattre de l'harmonie de la langue française. Richelieu eut l'idée de les mettre au service de la monarchie. Avec un nombre d'académiciens fixé à quarante, le travail de rédaction du célèbre dictionnaire de l'Académie débute en 1639, mais n'est publié qu'en 1694.

Cinq-Mars, le favori déchu

« Mignon » de Louis XIII, le marquis de Cinq-Mars devient le rival de Richelieu quand celui-ci s'oppose à son mariage avec la princesse de Mantoue. Conspirant avec le frère du roi Gaston d'Orléans, Cinq-Mars va jusqu'à prendre les armes contre sa patrie en obtenant le commandement d'une armée sous contrôle espagnol ! Lors du siège de Perpignan par les troupes royales, un espion du cardinal rapporte la copie de l'accord conclu entre Cinq-Mars et l'Espagne. C'en est trop pour le roi qui fait décapiter en 1642 celui qui fût un de ses plus proches favoris.

1643 : LES ESPAGNOLS VEULENT ENVAHIR LA FRANCE

La guerre de Trente Ans (1618-1648) a essentiellement eu pour cadre le Saint Empire, mais la disparition de Richelieu et celle du roi que l'on sait imminente, décident les Espagnols à envahir la France. Le 19 mai 1643, les armées du gouverneur des Pays-Bas espagnols de Melo rencontrent celle du jeune duc d'Enghien, futur Grand Condé, près de Rocroi dans les Ardennes. La bataille remportée par les Français est livrée à l'heure même où l'on dépose à Saint-Denis le corps de Louis XIII décédé cinq jours plus tôt. Cette bataille ouvre le siècle de Louis XIV et met fin à la toute-puissance de l'infanterie espagnole.

La bataille de Rocroi.

1643 à 1715

1500 — 1550 — 1600 — 1650 — 1700 — 1750 — 1789

Le règne de Louis XIV
L'apogée de la monarchie absolue

Devenu roi avant l'âge de 5 ans, Louis XIV a eu de 1643 à 1715 le plus long règne de l'histoire de France. Pendant la régence d'Anne d'Autriche, Mazarin dirige le pays et doit affronter les troubles de la Fronde (1648-1652) qui obligent la famille royale à se retirer à Saint-Germain-en-Laye. Sacré à Reims en 1654, le Roi-Soleil décide d'exercer personnellement le pouvoir à la mort de Mazarin en 1661. Il parvient à imposer un pouvoir absolu, symbolisé par la phrase probablement apocryphe « L'Etat c'est moi », par la lettre de cachet, ou par le château de Versailles. Mais au cours de son règne marqué par des guerres qui assoient son prestige et agrandissent le royaume, le niveau de vie baisse, les calamités naturelles (notamment le petit âge glaciaire) entraînant plusieurs épisodes de famine. Après une fin de règne difficile, attristé par les deuils de son fils et de son petit-fils, Louis XIV meurt de la gangrène, laissant le trône à son arrière-petit-fils.

25 juin 1658 : la folle journée de Dunkerque

En juin 1658, lors de la bataille des Dunes, la coalition franco-anglaise commandée par Turenne est victorieuse face à l'armée espagnole des Flandres qui comprend dans ses rangs le Grand Condé, passé momentanément à l'ennemi. Le 25 au matin, la ville de Dunkerque est encore espagnole. A midi, elle est devenue française. Le soir, Louis XIV l'avait redonnée aux Anglais !

Louis XIV, enfant, fuyant Paris et la Fronde, arrivant au château de Saint-Germain.

1660 : un mariage pour sceller la paix franco-espagnole

Entérinant l'annexion du Roussillon, le traité des Pyrénées mettant fin à la guerre franco-espagnole en 1759 est signé près d'Hendaye, sur l'île franco-espagnole des Faisans. Mazarin y organise la rencontre entre Louis XIV et Philippe IV d'Espagne, pour prévoir le mariage du jeune roi avec l'infante d'Espagne, sa cousine Marie-Thérèse. Marie Mancini, la nièce de Mazarin dont le roi est amoureux, est alors exilée à Brouage, et la célébration a lieu l'année suivante à Saint-Jean-de-Luz. La reine, connue pour avoir fait découvrir le chocolat à la cour, donnera six enfants au Roi-Soleil dont un seul survivra, Louis, le Grand Dauphin à qui Jean de La Fontaine a dédié son premier recueil de fables.

Les adieux de Marie Mancini à Louis XIV.

1661 : PLUS DURE SERA LA CHUTE POUR FOUQUET

Si la disgrâce du surintendant Nicolas Fouquet est déjà décidée avant la splendide fête de Vaux-le-Vicomte organisée le 17 août 1661, la magnificence étalée ce jour-là a précipité la chute de ce ministre trop ambitieux au goût du roi, et de son concurrent Colbert. Arrêté le 5 septembre par d'Artagnan, il est envoyé à la forteresse alpine de Pignerol. Le blason de la famille Fouquet arbore un écureuil (animal appelé foucquet en patois angevin), sa devise étant *Quo non ascendet*, « Jusqu'où ne montera-t-il pas ? »…

Le château de Versailles.

1664 : les plaisirs de l'île en chantier…

La cour est d'abord itinérante (Vincennes, Louvre, Tuileries, Fontainebleau, Saint-Germain), avant que le Roi-Soleil n'ait le coup de foudre pour Versailles, un lieu où son père n'avait construit qu'un modeste pavillon de chasse. Commencé en 1662, sans cesse agrandi et transformé par Le Vau ou Hardouin-Mansart, le château de Versailles sera pendant plus d'un demi-siècle un immense chantier. La cour ne s'y installe qu'en 1682, mais dès 1664 le jeune roi donne, du 7 au 13 mai, la première d'une longue série de fêtes somptueuses avec « Les plaisirs de l'île enchantée », organisée en l'honneur de la reine mère Anne d'Autriche, mais qu'il dédie officieusement à sa maîtresse Louise de La Vallière. Molière, qui a fait ses débuts grâce au mécénat de Fouquet, y fait jouer la première de *Tartuffe*, qui fait scandale. Il y collabore pour la première fois avec Lully, qui, devenu surintendant de la musique, mourra en 1687 de la gangrène, après s'être donné un coup dans le pied avec son bâton de direction !

COLBERT, L'INFATIGABLE MINISTRE

Recommandé par Mazarin, Jean-Baptiste Colbert (1619-1683) cumule un nombre considérable de charges. Contrôleur général des finances en 1665, il a pour habitude d'être au travail dès cinq heures et demie du matin. Il développe l'industrie avec les manufactures royales, créant celle des glaces de miroirs à Paris puis à Saint-Gobain en Picardie, et favorise le commerce avec le creusement de nouvelles voies navigables, comme le canal du Midi par l'ingénieur Riquet. Il modernise certains ports (Toulon, Brest, Dunkerque), en crée de nouveaux (Lorient, Rochefort, Sète). A sa mort en 1683, la France possède deux cent vingt navires de combat et surclasse la *Navy* britannique.

LES LE TELLIER À LA TÊTE DE LA PREMIÈRE ARMÉE D'EUROPE

Les Le Tellier ont été secrétaires d'Etat de la Guerre pendant trois générations : Michel Le Tellier de 1651 à 1662, puis son fils Louvois jusqu'en 1691, et enfin le fils de ce dernier, Barbezieux, jusqu'en 1701. Louvois fonda en 1671 l'hôtel des Invalides destiné aux blessés de guerre et aux anciens combattants et accomplit une profonde réforme de l'armée où, désormais, une grande partie des grades se gagne au mérite : s'il y eut des nobles de très grande valeur comme Condé ou Turenne, il y eut aussi des maréchaux de petite noblesse comme Vauban ou roturiers comme Fabert. Dans la marine, les corsaires Jean Bart ou Duguay-Trouin ont eux aussi été anoblis après leurs premiers coups d'éclat.

« Ville défendue par Vauban, ville imprenable ; ville investie par Vauban, ville prise »

Pour défendre le territoire français qui s'agrandit, Vauban invente la tour bastionnée et développe l'idée de détacher des bastions des enceintes fortifiées. Gouverneur de Lille à partir de 1668, il en fait la reine des citadelles avant de devenir commissaire général aux fortifications. Lors de la guerre de Hollande (1672-1679), il dirige entièrement, et pour la première fois, le siège de Maastricht (1673) où d'Artagnan trouve la mort. Vauban n'est pas seulement l'homme aux trois cents fortifications, il est l'auteur d'un projet de réforme fiscale, la dîme royale, et il a perfectionné notamment l'armement en équipant les soldats de baïonnettes.

SÉBASTIEN LE PRESTRE DE VAUBAN
1633 - 1707

Le bon numéro

POUR GONFLER LES RANGS D'UNE ARMÉE DE VOLONTAIRES QUI RÉUNIRA PRÈS DE 400 000 HOMMES, LES PAROISSES DEVAIENT DÉSIGNER DE JEUNES HOMMES CÉLIBATAIRES, CE QUI ÉTAIT SOUVENT L'OCCASION DE SE DÉBARRASSER DES IVROGNES, DES INFIRMES OU DES IDIOTS ! POUR Y REMÉDIER, UN TIRAGE AU SORT FUT MIS EN PLACE AVEC UNE POSSIBILITÉ POUR LES PLUS RICHES DE RACHETER UN MAUVAIS NUMÉRO. AUSSI, CERTAINS RALLIAIENT L'ARMÉE POUR TOUCHER LA PRIME À L'ENGAGEMENT, AVANT DE DÉSERTER ET REJOINDRE ENSUITE UN AUTRE RÉGIMENT, POUR RECEVOIR UNE NOUVELLE PRIME.

Enrôlement de jeunes villageois dans l'armée de louis XIV.

LES QUATRE GUERRES DE LOUIS XIV

Le non-paiement de la dot de la reine entraîne la guerre de Dévolution (1667-1668) qui se solde par l'acquisition d'une partie de la Flandre, la guerre de Hollande (1672-1678) ayant permis le rattachement de la Franche-Comté. A l'issue de la guerre contre la ligue d'Augsbourg (1689-1697), la France obtient la partie occidentale de Saint-Domingue (Haïti), future « perle sucrière des Antilles ». Enfin, Louis XIV doit combattre lors de la guerre de Succession d'Espagne (1701-1714) une alliance des grandes monarchies européennes, repoussées à Malpaquet en 1709. Ce conflit longtemps indécis aboutit à l'avènement du premier roi des Bourbons d'Espagne Philippe V, petit-fils de Louis XIV. La France doit cependant céder aux Anglais Terre-Neuve, tout en conservant des droits de pêche, et l'Acadie dont les habitants ont été déportés lors du « Grand Dérangement ». La Nouvelle-France, où ont immigré pour se marier de jeunes Françaises souvent orphelines appelées « les filles du roi », conserve le Québec et la Louisiane, baptisée en l'honneur de Louis XIV par l'explorateur Cavelier de La Salle.

Les femmes : une passion royale

Malgré ses nombreuses infidélités, Louis XIV partage le lit de Marie-Thérèse chaque soir. Parmi ses trois plus célèbres maîtresses, Louise de La Vallière lui donnera trois enfants, puis madame de Montespan (ci-contre) huit, dont cinq ont été légitimés. Cette dernière, qui devient la favorite officielle en 1667, exerce une réelle influence sur le roi et protège de nombreux artistes. Soupçonnée d'avoir voulu se débarrasser de sa rivale, la Fontanges, son déclin auprès du roi s'amorce avec « l'affaire des Poisons » qui mit Paris en émoi de 1679 à 1682. Enfin, madame de Maintenon, qui était la petite-fille du poète Agrippa d'Aubigné et la veuve de l'auteur Scarron, a gardé les enfants que la Montespan avait eus avec le roi, qu'elle épouse secrètement en 1683, probablement en présence du confesseur de Louis XIV François d'Aix, seigneur de La Chaise, plus connu sous le nom de Père Lachaise.

L'étiquette de la cour

Par souci d'autorité et d'ordre, Louis XIV impose une étiquette rigoureuse à une cour où la moyenne d'âge est fort peu élevée au début de son règne. Méfiant à cause du souvenir vivace laissé par la Fronde, il attire à Versailles des nobles qui veulent recevoir ses faveurs, devenant ainsi ses serviteurs. Contrôlée, la cour assiste aux réceptions fastueuses, aux ballets, aux concerts et aux représentations théâtrales qui se succèdent. La vie du roi est parfaitement réglée par un cérémonial dont les moindres détails sont minutieusement fixés pour le lever, le dîner, la promenade, la chasse, la messe ou le coucher. Si le manque d'hygiène à Versailles est parfois exagéré, il est tout de même vrai qu'à l'époque, l'eau ayant mauvaise réputation, on masquait la crasse et les mauvaises odeurs à grand renfort de poudres et de parfums.

On trouva Vatel gisant sur le parquet, le corps transpercé de son épée, tandis que la marée arrivait en abondance. Cet illustre artiste culinaire avait créé des mets très savoureux, parmi lesquels est resté justement renommé : LE TURBOTIN FARCI DE VATEL. La recette détaillée se trouve dans ce numéro.

La mort de Vatel

La mort tragique du maître d'hôtel du Grand Condé, François Vatel, est passée à la postérité grâce à deux lettres de la marquise de Sévigné envoyées à sa fille, madame de Grignan. Le 23 avril 1671, dans son château de Chantilly, le Grand Condé reçoit Louis XIV, et la viande est déjà venue à manquer pour quelques hôtes. Le lendemain, alors que le poisson n'est pas livré à temps, Vatel ne supporte pas cette nouvelle atteinte à son honneur et se transperce à trois reprises de son épée... au moment où arrive enfin la « marée ».

1685 : la révocation de l'édit de Nantes et son lourd tribut

La révocation de l'édit de Nantes, en 1685, par l'édit de Fontainebleau résulte d'une remise en cause progressive des droits des protestants. Dès 1681, Louis XIV avait permis les dragonnades, opérations par lesquelles des soldats (les dragons), logés chez des protestants, se prêtaient à toutes sortes d'abus. De nombreux huguenots se convertissent ou commencent à fuir à l'étranger où ils sont accueillis favorablement, notamment par le Brandebourg (future Prusse), qui les exempte d'impôts et attire ainsi de nombreux artisans, riches d'un précieux savoir-faire. Le tribut à payer aura été considérable : conflits diplomatiques, émigration, perte de techniques et de richesses, mais aussi des violences, qui continueront notamment avec l'insurrection des Camisards dans les Cévennes.

Les dragonnades.

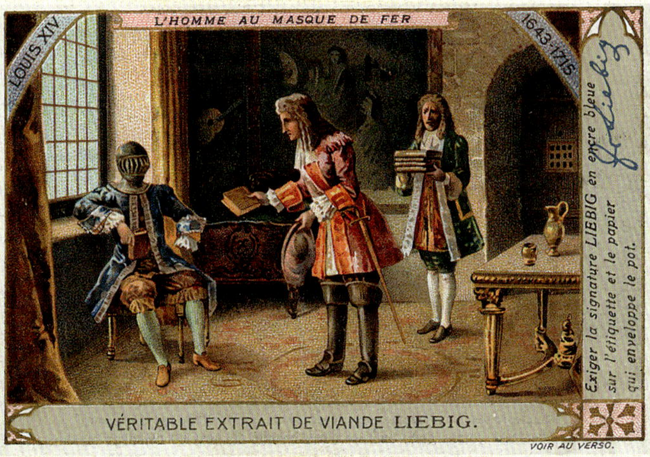

L'HOMME AU MASQUE DE FER

En 1703, un prisonnier à qui l'on faisait porter un masque meurt à la Bastille. En 1751, dans son *Siècle de Louis XIV*, Voltaire commence à alimenter la légende de l'homme au masque de fer. De nombreuses hypothèses ont ensuite été émises sur son identité : le frère jumeau de Louis XIV, le comte Mattioli, d'Artagnan, Fouquet, le duc de Beaufort… A ce jour, la thèse la plus plausible est celle d'un certain Eustache Dauger. Masqué par Saint-Mars pour faire croire qu'il s'agissait d'un prisonnier de marque, on ne connaît cependant pas la raison de sa détention.

1500 1550 1600 1650 1700 *1715 à 1774* 1750 1789

LE RÈGNE DE LOUIS XV

Âgé de 5 ans, Louis XV succède à son arrière-grand-père Louis XIV. La régence est assurée par son oncle Philippe d'Orléans, qui s'attache les services de John Law, un économiste écossais surtout connu pour la banqueroute de son système bancaire. En 1726, Louis XV choisit de s'entourer du cardinal Fleury pour régner. Marié à Marie Leszczynska, il soutient son beau-père Stanislas Leszczynski, ancien roi de Pologne, qui lui lègue ses duchés de Lorraine et de Bar à sa mort en 1766 à Lunéville où il avait installé une cour brillante. La Corse intègre à son tour le royaume après la défaite des troupes de Pascal Paoli à Ponte Novu (1769). Les guerres, l'influence de ses maîtresses et sa vie à Versailles coupée des réalités feront de celui qui a d'abord été le « Bien-Aimé », le « Mal-Aimé » responsable de tous les maux du royaume.

LE PALAIS-BOURBON

Nos députés se réunissent dans un palais dont le nom évoque pourtant la monarchie : le Palais-Bourbon. Construit à partir de 1722 dans le goût du Grand Trianon pour la duchesse de Bourbon, celle-ci en céda une partie à son amant le marquis de Lassay. C'est pourquoi l'hôtel de Lassay est aujourd'hui la résidence du président de l'Assemblée nationale. Devenu palais républicain sous la Révolution, le Palais-Bourbon connaît d'importants travaux sous le premier Empire quand l'architecte Poyet lui donne une allure néo-classique avec ses douze colonnes.

La Pompadour et le Parc-aux-Cerfs

Louis XV eut de nombreuses maîtresses, qu'il aimait retrouver aux châteaux de La Muette ou de Choisy. En 1745, il rencontre Jeanne Poisson, une roturière qu'il fera marquise de Pompadour. A Versailles elle a son appartement d'où elle peut rejoindre le roi grâce à une « chaise volante », précurseur de l'ascenseur. A partir de 1751, elle n'est plus que sa confidente, mais, pour loger ses jeunes maîtresses, elle lui aménage l'hôtel versaillais du Parc-aux-Cerfs, dont le nom sera bientôt synonyme de lupanar. Malgré des choix peu inspirés et la protection de certains philosophes des Lumières, elle demeure très influente auprès du roi qui lui offre encore l'hôtel d'Evreux, futur palais de l'Elysée. Tout comme la comtesse Du Barry qui lui succédera, elle fut très critiquée, jusqu'à son enterrement en 1764, dans une sépulture proche de celle de la famille de La Trémoille, dont « les gros os » devaient être « bien étonnés de sentir près d'eux les arêtes des Poisson » comme l'aurait affirmé la princesse de Talmont.

Mandrin contre les fermiers généraux

Chargée de percevoir cinq types d'impôts tels que la gabelle ou l'octroi, la Ferme générale remplace les Cinq Grosses Fermes en 1726. Commettant de nombreux abus, les fermiers généraux s'enrichissent et il se crée un climat propice aux contrebandiers. Parmi eux, Louis Mandrin a pris la tête de plusieurs centaines d'hommes, menant six campagnes dans le Dauphiné, la Bourgogne ou encore l'Auvergne, pour permettre à la population d'acquérir des marchandises à des prix raisonnables. Après avoir tenu l'armée en échec, Mandrin est arrêté en 1755 et condamné à mort. Malgré certains méfaits commis par ses hommes, il demeurera un personnage populaire, symbole de la rébellion des plus faibles contre une autorité injuste.

LA PREMIÈRE GUERRE MONDIALE

La guerre de Sept Ans (1756-1763) oppose de nombreux Etats européens, en Europe, mais aussi en Amérique du Nord et aux Indes. Le traité de Paris de 1763 marque le début de l'hégémonie britannique, et un coup d'arrêt pour l'empire colonial français qui perd le Canada, où le général Montcalm trouva la mort à Québec, la Louisiane, cédée aux Espagnols, et ne conserve plus que cinq comptoirs en Inde (Pondichéry, Chandernagor, Yanaon, Karikal et Mahé). 1763 est aussi l'année où meurt Joseph Dupleix, gouverneur des Indes, qui s'est efforcé d'y développer le commerce, à tel point qu'il passa ses dernières années à réclamer, en vain, les avances qu'il avait faites à la Compagnie des Indes.

Montcalm blessé est ramené à Québec

Les mesures inachevées d'Etienne de Silhouette

Contrôleur général des finances en 1759, Etienne de Silhouette veut de grandes réformes, en instaurant notamment l'impôt sur les signes extérieurs de richesse. Face à l'opposition de la noblesse, il échoue et est renvoyé par Choiseul, son nom restant associé à des actions mal conduites et incomplètes. Pour le ridiculiser, on qualifia « à la silhouette » un croquis présentant un aspect inachevé, avant que son nom ne désigne un dessin ne représentant que les contours d'un corps ou d'un objet. Son idée sera reprise sous le Directoire avec l'impôt sur les portes et fenêtres qui perdurera jusqu'en 1926.

LES OUBLIÉS DE TROMELIN

Après le naufrage de *L'Utile* en juillet 1761, une centaine de membres de son équipage ainsi qu'une soixantaine de Malgaches, embarqués comme esclaves, se retrouvent sur une île de 1 km², à 500 km de Madagascar. Pauvre en végétation et en eau potable, constamment balayé par les vents, l'îlot est pour le moins inhospitalier. Au bout de deux mois, l'équipage s'en va sur un bateau de fortune, trop petit pour accueillir les Malgaches, mais promesse est faite de venir les sauver. Abandonnés, ils devront attendre quinze ans avant d'être secourus, non sans susciter la polémique en métropole. Lorsqu'en 1776, *La Dauphine* parvient enfin sur l'île, seuls sept femmes et un enfant ont survécu ; c'est au capitaine de ce vaisseau, Jacques-Marie de Tromelin, que cette île française doit son nom.

Le fardier de Cugnot : la première automobile

Alors que l'invention de la machine à vapeur est encore récente, Joseph Cugnot songe à utiliser une telle machine afin de propulser un fardier, chariot destiné au transport de charges lourdes. Grâce à l'intérêt du duc de Choiseul, alors ministre de la Guerre, deux prototypes sont réalisés en 1770, mais les essais, très coûteux, cessent avec l'arrivée d'un nouveau ministre. Limité à une vitesse de 4 km/h, le fardier, long de plus de 7 m et large de plus de 2 m, est aujourd'hui considéré comme la première automobile. L'incident survenu quand le fardier percuta un mur serait à ce titre le premier accident automobile de l'histoire, sa véracité faisant toutefois encore débat.

LA PHYSIQUE PRATIQUE DE L'ABBÉ NOLLET

Prêtre et physicien, Jean Antoine Nollet avait un goût prononcé pour les expérimentations. Scientifique et pédagogue réputé, il conçoit de ses mains des outils pour mieux comprendre et faire comprendre des domaines tels que l'astronomie, l'optique ou encore l'électricité, sa spécialité. Les expériences qu'il proposait étaient parfois de véritables spectacles pour la cour : faisant se tenir 180 gardes royaux par la main, il les soumit à une décharge électrique. Tous sursautèrent en même temps, démontrant la grande vitesse de propagation de l'électricité.

Le secret d'Eon

En mai 1810, une dame octogénaire, qui vit misérablement, décède à Londres. Quand les médecins examinent le corps, la vieille dame s'avère être un homme : Charles de Beaumont, chevalier d'Eon, mystérieux membre du Secret du Roi, le service secret mis en place par Louis XV. Servant dans cette diplomatie parallèle qui compta Beaumarchais dans ses rangs, le chevalier, qui s'est notamment vu confier la conception d'un plan d'invasion de la Grande-Bretagne, opère parfois habillé en femme. Il finit par susciter le soupçon quant à son genre, d'autant qu'après avoir vécu une cinquantaine d'années en tant qu'homme, il se déclare femme. A cette époque, la « chevalière » d'Eon n'œuvre plus en tant qu'espionne et vit d'une rente, qui lui sera retirée sous Louis XVI.

Les hommes des Lumières et la contestation de l'Ancien Régime

Les Lumières constituent un courant de pensée européen du XVIIIe siècle, développé par les philosophes, mais aussi par des scientifiques comme Lavoisier ou Emilie du Châtelet, connue pour avoir traduit les travaux de Newton. La raison, placée au centre de la recherche scientifique, doit conduire au progrès et au bonheur de l'humanité, pour ces hommes des Lumières qui ont défendu les droits naturels et critiqué l'Ancien Régime, l'absolutisme et les privilèges. *De l'esprit des lois* de Montesquieu et *Du contrat social* de Rousseau ont mis en avant la nécessité de donner plus de pouvoir au peuple. Voltaire a eu à cœur de lutter contre l'arbitraire de la justice en soutenant Jean Calas et Pierre-Paul Sirven, dans deux affaires teintées d'intolérance religieuse, mais demeurait toutefois convaincu de l'inégalité des races. Ces philosophes ont un certain écho auprès des souverains étrangers qualifiés de despotes éclairés, tels Catherine II de Russie ou Frédéric II de Prusse, et naturellement auprès des têtes pensantes de la Révolution française.

« Sans la liberté de blâmer, il n'est point d'éloge flatteur »

La devise du quotidien *Le Figaro* est née de la plume d'une grande figure des Lumières : le dramaturge Pierre-Augustin Caron de Beaumarchais. Dans *Le Barbier de Séville* (1775) et surtout dans *Le Mariage de Figaro* (écrit en 1778), il réalise une critique audacieuse des privilèges de la noblesse et de la censure, à laquelle il n'échappe pas, comme la plupart des hommes des Lumières, puisqu'il dut attendre l'année 1784 pour que son *Mariage de Figaro*, également appelé *La Folle Journée*, ne soit représenté à la Comédie-Française. Auparavant, le marquis de Vaudreuil avait pu accueillir en son château de Gennevilliers une représentation privée – qui fut paraît-il un succès – en présence du comte d'Artois, frère du roi et futur Charles X…

L'Encyclopédie ou *Dictionnaire raisonné des sciences, des arts et des métiers*

Comptant 17 volumes de textes et 11 volumes de planches, la rédaction de l'*Encyclopédie* dirigée par Diderot et d'Alembert, a réuni plus de 150 auteurs spécialisés pour diffuser le savoir scientifique de l'époque, mais aussi les idées des Lumières, comme l'immoralité de la traite négrière. Editée entre 1751 et 1772, elle fut interdite par le roi et condamnée par le pape. Moins célèbre, *L'Encyclopédie méthodique* de Charles-Joseph Panckoucke a été éditée à partir de 1782, et se voulait une version enrichie de son illustre grande sœur. Elle contient pourtant plus de 150 volumes, classés non pas par ordre alphabétique mais par thème.

LA SALINE ROYALE D'ARC-ET-SENANS, REFLET DES IDÉES DES LUMIÈRES

Construite entre 1774 et 1779, la saline royale d'Arc-et-Senans dans le Doubs est une manufacture chargée d'exploiter le sel gemme, qui est remarquable dans la mesure où elle constitue un ensemble architectural somptueux et soigné, comprenant à la fois des installations techniques et les logements des ouvriers. Son organisation rationnelle était pensée pour permettre un travail efficace. Son architecte Claude Nicolas Ledoux avait également prévu d'édifier autour de la saline la cité idéale de Chaux, qui resta à l'état de projet, et dans laquelle figurait une curieuse « maison des plaisirs » au plan phalloïde (ci-contre !).

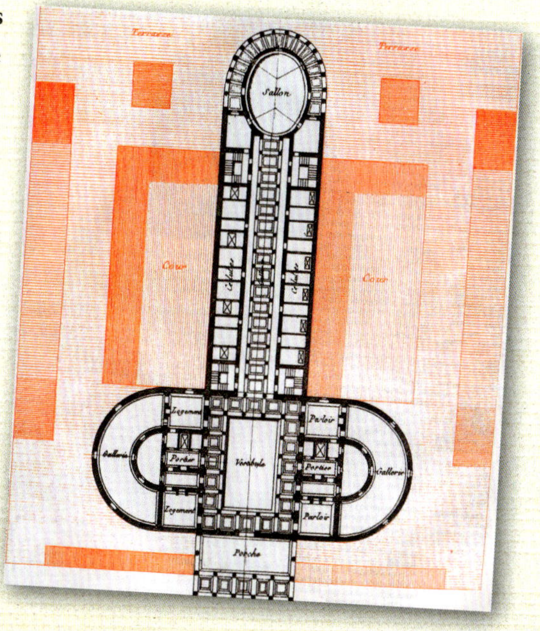

LA PREMIÈRE CONSTITUTION MODERNE POUR LA CORSE

EN 1755, PLUS DE TRENTE ANS AVANT LES ETATS-UNIS, LA CORSE, QUI S'EST DÉFAITE DU JOUG GÉNOIS, S'EST DOTÉE D'UNE CONSTITUTION INSPIRÉE DES IDÉES DES LUMIÈRES. INITIÉE PAR PASCAL PAOLI, ELLE RESPECTE LA SÉPARATION DES POUVOIRS, ET ACCORDE LE SUFFRAGE UNIVERSEL AUX HOMMES, MAIS AUSSI AUX FEMMES.

La monarchie absolue sous Louis XVI

Rien ne prédestinait vraiment Louis, duc de Berry, à succéder à son grand-père Louis XV, si ce n'est la mort de son frère aîné et de son père. Lorsque louis XV s'éteint en mai 1774, son successeur est alors un jeune homme de 20 ans, inexpérimenté pour les affaires politiques. Dès le début de son règne, il se heurte à une France charmée par les idées des Lumières, avant d'être emporté par la tornade révolutionnaire. Même s'il ne faut pas occulter sa timidité maladive, son caractère influençable, ainsi que sa difficulté à se tenir à une décision, Louis XVI apparaît comme un monarque intelligent et moderne. Ainsi, connaît-il bien l'anglais, par sa lecture régulière des journaux de Londres. Il a un goût prononcé pour les sciences, la navigation et la géographie, rédigeant en partie les instructions de La Pérouse. Ce fut également un roi tolérant, puisque, après avoir aboli la torture en 1780, il signa l'édit de Versailles qui accorde l'état civil aux protestants et aux juifs.

MADAME DÉFICIT

En 1785, l'affaire du collier de la reine a terni l'image de Marie-Antoinette en dépit de son innocence. Cette escroquerie montée par la comtesse de La Motte et Cagliostro compromit plus directement le Cardinal de Rohan, qui croyant remettre un collier à la reine, a endetté sa famille vis-à-vis du joaillier pour plus d'un siècle ! L'incompréhension mutuelle entre le peuple et la reine se retrouvera au travers des pamphlets ou des surnoms « Madame Déficit » et « l'Autrichienne ». Enfin, elle n'a pas été rendu plus populaire par sa vie bucolique dans son hameau du Petit Trianon.

CARTE N° 61 (CARTE HISTORIQUE) # LA FRANCE DE 1610 A 1789 PAR P. BRIARD INSPECTEUR DE L'ENSEIGNEMENT PRIMAIRE

DATES À RETENIR :

1614 _ États Généraux
1628 _ Prise de La Rochelle
1643 _ Mort de Louis XIII
1643 _ Bataille de Rocroi
1648 _ Traités de Westphalie
1659 _ Traité des Pyrénées
1668 _ Traité d'Aix-la-Chapelle
1678 _ Paix de Nimègue
1681 _ Réunion de Strasbourg
1685 _ Révocation de l'édit de Nantes
1713 _ Paix d'Utrecht
1715 _ Mort de Louis XIV
1738 _ Traité de Vienne
1748 _ Traité d'Aix-la-Chapelle
1763 _ Traité de Paris
1766 _ Réunion de la Lorraine
1768 _ Réunion de la Corse
1774 _ Mort de Louis XV
1783 _ Traité de Versailles
1783 _ Indépendance des États-Unis
1789 _ Réunion des États Généraux

Le fruit défendu de Parmentier

Engagé dans l'armée royale comme apothicaire lors de la guerre de Sept Ans, Antoine Parmentier a préconisé la culture de la pomme de terre pour remédier à la disette. Mais les Français ont une mauvaise image de ce tubercule. Ainsi, pour attirer leur curiosité, il en fait planter en 1785 dans un champ de Neuilly qu'il fit garder par des militaires. Intrigués par ce dispositif, les Parisiens viennent en dérober à la nuit tombée et les sentinelles qui ont ordre de regarder ailleurs font de la pomme de terre, la meilleure des publicités !

La Fayette, l'Américain

Celui qui allait être le héros de trois révolutions (en Amérique en 1776 et en France en 1789 et en 1830) fut profondément marqué par son aventure américaine, à tel point qu'il prénomma son fils « Georges Washington ». Aux côtés des Insurgents, il prit une part active lors de la guerre d'indépendance des Etats-Unis, où il demeure un personnage populaire. Lors de la Première Guerre mondiale, la première unité composée de volontaires américains fut l'escadrille aérienne Lafayette, et privilège rare, La Fayette a été élevé citoyen d'honneur des Etats-Unis en 2002, seuls sept personnages étrangers ayant eu ce privilège.

TURGOT, NECKER ET SON HÔPITAL

Au début du règne de Louis XVI, le contrôleur général des finances, Turgot s'efforce de faire des économies et des réformes en prônant l'égalité fiscale. Cette mesure emporte le soutien du roi, mais l'opposition de la noblesse et du clergé aboutit à son renvoi en 1776. Son successeur, Necker (ci-contre) a recours à l'emprunt, ce qui aggrave le déficit des finances royales. Il est remercié en 1781, puis rappelé en 1788, pour tenter d'éviter la banqueroute. Comme Necker est apprécié du peuple, son éviction, le 11 juillet 1789, déclenchera des manifestations qui mèneront à la prise de la Bastille. De plus, en vrai philanthrope, il a pris des mesures sociales en créant des dépôts de mendicité et des bureaux de charité en réorganisant prisons, hospices et hôpitaux. Un nouvel établissement dirigé par sa femme est alors créé : l'actuel hôpital Necker.

1789 - 1815

LA RÉVOLUTION ET L'EMPIRE

La France a connu des bouleversements sans précédent lors de la période relativement brève qui s'étend de 1789 à 1815. Même si elle s'achève par un retour à la monarchie, avec le règne de Louis XVIII qui n'est autre que le frère de Louis XVI, elle a permis aux Français de devenir des citoyens et des acteurs de la vie politique. La Déclaration des droits de l'homme et du citoyen a reconnu de nouveaux droits pour les Français, et l'égalité entre tous, à un degré moindre tout de même pour les femmes défendues entre autres par Olympe de Gouges.

Devant faire face à de multiples oppositions, illustrées par les changements récurrents de régime, la république n'a pu instaurer une véritable démocratie, sombrant même dans la Terreur. Pour ramener l'ordre, le général Bonaparte s'est imposé, d'abord en tant que consul, puis en abolissant la république pour devenir l'empereur Napoléon Ier. S'il est plus souvent vu comme le fossoyeur de la Révolution, il en a tout de même conservé certains acquis élémentaires, avant de créer le Code civil et de nombreuses autres bases de notre société d'aujourd'hui. Après Waterloo, la France retrouve peu ou prou ses frontières de 1792.

Ve siècle | XVIe siècle | 1789 | 1815 | 1914

ANTIQUITÉ | MOYEN AGE | ÉPOQUE MODERNE | **RÉVOLUTION ET EMPIRE** | XIXE SIÈCLE | 1914 À AUJOURD'HUI

Victoire des Français à la bataille de Valmy en 1792.

1789 1795 1800 1805 1810 1815

1789, ANNÉE SANS PAREILLE

En 1788, la monarchie connaît une crise financière inextricable. Louis XVI décide alors de convoquer pour le 1er mai 1789 les Etats généraux qui réuniront des députés des trois ordres (noblesse, clergé, tiers état). Ceux du tiers état s'appuient sur les cahiers de doléances dans lesquels le peuple remet en cause les privilèges et l'absolutisme, et attendent surtout des réformes sociales, d'autant plus que les mauvaises récoltes de 1787 et 1788 ont conduit à une hausse du prix du blé, entraînant disette et chômage. La fin du printemps correspond de surcroît à la période de soudure, c'est-à-dire le moment où les stocks viennent à manquer avant les prochaines récoltes…

L'affaire Réveillon

Dès la fin du mois d'avril, la colère des Parisiens se manifeste par une émeute qui entraîne la mise à sac de la manufacture Réveillon. Connu pour avoir accordé des indemnités aux ouvriers qu'il avait dû licencier et pour avoir permis l'envol de la première montgolfière en 1783, Jean-Baptiste Réveillon ne pensait pas que sa manufacture de papiers peints serait ravagée suite à son souhait de baisser le prix du pain. Peut-être n'aurait-il pas dû affirmer que cela permettrait de réduire les salaires et de fabriquer des produits moins chers et accessibles au plus grand nombre…

Rédaction d'un cahier de doléances.

20 juin : *Le serment du Jeu de paume*

D'abord réunis dans la salle des Menus Plaisirs à Versailles, les députés du tiers état se heurtent au maintien du vote par ordre. Le 20 juin, se voyant refuser l'accès de la salle par les gardes royaux, ils se réunissent alors dans la salle du Jeu de paume, où ils prêtent le serment de ne plus se quitter tant qu'une nouvelle constitution ne sera pas établie. Trois jours plus tard, face au marquis de Dreux-Brézé venu rappeler l'ordre de dissolution de cette nouvelle assemblée constituante, le grand orateur Mirabeau, un noble élu député du tiers état, aurait prononcé cette harangue abusivement résumée comme tel : « Allez dire à votre maître que nous sommes là par la volonté du peuple et que nous n'en sortirons que par la force des baïonnettes ! »

LA PRISE DE LA BASTILLE

Le 12 juillet les émeutes font rage à Paris. L'hôtel de ville tombe aux mains des bourgeois parisiens, et une garde nationale est formée. Deux jours plus tard, après s'être emparés d'armes aux Invalides, les insurgés se dirigent vers un des symboles de l'arbitraire royal – le roi y enfermait quiconque grâce aux lettres de cachets – pour y chercher des munitions : la prison de la Bastille. Détenant seulement sept prisonniers, la Bastille retenait encore quelques jours plus tôt le marquis de Sade qui aurait appelé les passants à la révolte depuis sa fenêtre. La prise de la Bastille fit une centaine de morts, essentiellement du côté des assaillants. Son gouverneur, le marquis de Launay, fut massacré et sa tête portée dans les rues de Paris au bout d'une pique. Les pierres de la forteresse permirent alors d'achever la construction du pont de la Concorde, initialement appelé pont Louis XVI.

14 juillet : Rien !

Dans son journal, Louis XVI a noté un seul mot à la journée du 14 juillet : « rien ». Il ne faut pas penser que le roi se moque des événements survenus dans la capitale. Il ne s'agissait en effet que d'un simple compte rendu de sa journée de chasse. Depuis Versailles, il ne fut en outre que tardivement informé de la prise de la Bastille. Il eut alors cet échange avec le duc de Liancourt :

– « C'est une révolte ? »

– « Non, Sire, c'est une révolution ! »

LA GRANDE PEUR

L'écho des événements parisiens pousse le peuple des grandes villes du pays à se révolter, comme à Strasbourg où le commissaire royal de Dietrich – celui qui pourrait être le premier à avoir publiquement entonné *La Marseillaise* – refuse de faire tirer sur les émeutiers qui s'emparent de l'hôtel de ville. Dans les campagnes, l'image des paysans qui brûlent les châteaux est excessive. Si quelques nobles ont pu être pris à partie, le peuple s'est le plus souvent contenté de brûler les textes établissant les droits seigneuriaux, dans un contexte d'affolement connu sous le nom de « Grande peur ». C'est ainsi qu'on a désigné la rumeur qui a circulé dans de nombreuses régions françaises de l'arrivée de brigands venus piller les campagnes à la solde des aristocrates.

De Versailles à Paris

La pénurie alimentaire et les soupçons portés sur le roi quant à son hostilité aux dernières réformes mécontentent le peuple de Paris, qui marche alors en direction de Versailles, les femmes en tête de cortège. Le 6 octobre, les gardes royaux ne peuvent empêcher les émeutiers de conduire la famille royale à Paris. Rejoint par l'Assemblée aux Tuileries, le roi est désormais sous le contrôle des Parisiens. C'est à cet épisode que la légende associe ces mots à Marie-Antoinette : « S'ils n'ont pas de pain, qu'ils mangent de la brioche ! »

L'ABOLITION DES PRIVILÈGES

Pour ramener le calme, les députés sont amenés à voter l'abolition des privilèges dans la nuit du 4 août, même si certains d'entre eux sont détenteurs de seigneuries. Cette destruction des fondements de l'Ancien Régime est confirmée dès le premier article de la Déclaration des droits de l'homme et du citoyen arguant que « les hommes naissent et demeurent libres et égaux en droits ». Ce texte présenté le 26 août s'inspire des idées des Lumières, mais aussi de la Déclaration des droits (ou *Bill of rights*) imposée aux rois d'Angleterre dès 1689, et du préambule de la Déclaration d'indépendance des Etats-Unis de 1776. Deux autres déclarations ont été rédigées les années suivantes, mais c'est bien celle de 1789 qui figure encore dans le préambule de la Constitution de la Ve République.

Un remède tout trouvé à la crise financière

ALORS QUE LES TROUBLES DE L'ANNÉE 1789 N'ONT PAS ARRANGÉ LA SITUATION FINANCIÈRE DU PAYS, LA NATIONALISATION DES BIENS DU CLERGÉ EST PROPOSÉE PAR TALLEYRAND, ÉVÊQUE D'AUTUN, QUI S'EST POURTANT DÉCLARÉ ATHÉE... DÉFENDU PAR MIRABEAU, CE PROJET ENTÉRINÉ PAR LE DÉCRET DU 2 NOVEMBRE S'ACCOMPAGNE DE L'ABOLITION DE LA DÎME. LES ASSIGNATS DEVIENDRONT DES BONS À VALOIR SUR CES NOUVEAUX BIENS NATIONAUX.

Les symboles révolutionnaires

Plusieurs symboles révolutionnaires ont émergé au cours de cette période. Le bonnet phrygien porté par les esclaves affranchis de l'empire romain est repris par les sans-culottes, nom donné aux insurgés parisiens qui se distinguent en portant le pantalon. Ce symbole de liberté est généralement orné d'une cocarde, qui, comme le drapeau tricolore, associe le blanc, couleur du roi, au rouge et au bleu, couleurs de Paris. Il est porté par la figure allégorique de la France, Marianne, dont le nom fait référence aux deux prénoms Marie et Anne, alors très courants. Enfin, un peu partout en France sont plantés des arbres de la liberté, nombre d'entre eux ayant été abattus sous la Restauration.

La France en reconstruction après 1789

Synonyme de réorganisation politique, la rédaction de la Constitution de 1791 s'accompagne d'une réorganisation économique marquée par les lois d'Allarde et Le Chapelier, d'une reconstruction religieuse avec la Constitution civile du clergé qui divisera prêtres jureurs et réfractaires, et d'une réorganisation administrative avec la création des départements. Pour marquer une rupture avec l'Ancien Régime, aucun nom d'anciennes provinces n'a été repris. Ils se caractérisent par leurs superficies à peu près équivalentes, d'autant plus si on les compare à la diversité des anciennes provinces. Avant l'officialisation du découpage en 83 départements début 1790, un curieux projet de découpage géométrique eut ses partisans. Au cœur de départements parfaitement carrés, le géographe Robert de Hesseln y incluait neuf districts eux-mêmes divisés en neuf cantons.

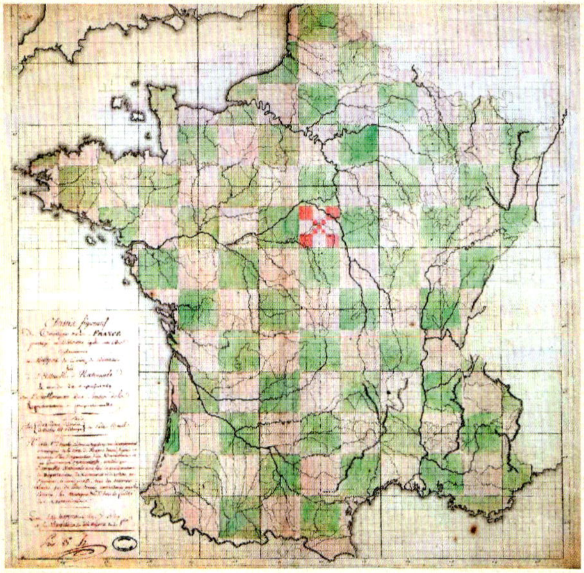

Projet de découpage géométrique du territoire français.

14 juillet 1790 : une fête pour célébrer l'union nationale

Au début du mois de juillet 1790, le Champ-de-Mars fut aménagé pour accueillir la fête de la Fédération, commémoration de la prise de la Bastille. Après le serment de La Fayette, commandant de la garde nationale, Louis XVI jure de respecter la future Constitution établissant les règles de la monarchie constitutionnelle. La fête nationale du 14 juillet célébrée aujourd'hui par les Français commémore tout autant cette fête qui a donné l'illusion d'une union nationale, que les événements du 14 juillet 1789.

L'EXERCICE DE LA CITOYENNETÉ

Les changements de 1789 ont permis aux Français de passer du statut de sujets à celui de citoyens découvrant la politique grâce à la liberté de réunion et à l'essor de la presse. De nombreux journaux sont diffusés, parmi lesquels *Le Père Duchesne* d'Hébert, du nom d'un personnage de la culture populaire s'insurgeant contre les injustices. Le *Vieux Cordelier* de Desmoulins fait référence à l'ancien couvent qui accueillit le club des Cordeliers, fondé en 1790 par Danton et Marat. A côté de ces clubs réservés aux « têtes pensantes » de la Révolution, il existait aussi des clubs populaires gratuits, pas seulement à Paris. Cependant, même si la *Déclaration des droits de l'homme et du citoyen* affirme que tous les citoyens naissent libres et égaux en droits, l'Assemblée constituante va distinguer des citoyens actifs et des citoyens passifs selon le montant de l'impôt…

Des origines de la gauche et de la droite en politique

Les débats houleux de l'Assemblée constituante (1789-1791) étaient ouverts au public. Le peuple parisien a ainsi pu y observer l'origine du clivage gauche-droite dans la salle du Manège au palais des Tuileries. Les députés favorables au roi, et précisément au fait de lui octroyer un veto suspensif, se placèrent à droite tandis que les députés populaires s'étaient regroupés à gauche.

« La femme a le droit de monter à l'échafaud ; elle doit avoir le droit également de monter à la tribune »

Même si les femmes ont activement participé aux événements de 1789, parmi les sans-culottes ou dans les clubs, elles n'ont guère profité des avancées de la Révolution. Pour défendre leurs droits figure en premier lieu Olympe de Gouges, auteure d'une *Déclaration des droits de la femme et de la citoyenne*. Née Marie Gouze, l'ajout de sa particule n'était pas forcément du meilleur goût en cette période trouble, mais si elle fut guillotinée c'est en raison de ses critiques envers Robespierre et la Terreur.

La chute du roi

Louis XVI est déjà suspecté de mener un double jeu vis-à-vis de la monarchie constitutionnelle, quand la reine et son amant Fersen lui soumettent un plan d'évasion des Tuileries, mis en œuvre le 20 juin 1791. Partis en fin de soirée, ce n'est que le lendemain matin que La Fayette envoie des soldats pour arrêter les fuyards qui ont pris du retard, si bien qu'en chemin, les troupes de Choiseul qui devaient les escorter ne les ont pas attendus. A Sainte-Menehould, le roi déguisé en valet est reconnu par le maître des postes Drouet, qui le laisse filer avant de le rejoindre à Varennes pour le retenir jusqu'au petit matin. Montmédy où étaient postés des nobles émigrés n'est qu'à une cinquantaine de kilomètres de là, mais la voiture royale doit reprendre le chemin de la capitale, où gonfleront les rangs des partisans de l'abolition de la monarchie.

Le « baiser Lamourette »

Au début du mois de juillet, alors que les Girondins semblaient se rapprocher des Jacobins, un député exhorta tous les partis à se réconcilier, et les membres de l'Assemblée législative à s'embrasser fraternellement. Louis XVI participa à cet épisode qui n'eut pas les suites escomptées par son instigateur Antoine-Adrien Lamourette.

BRUNSWICK MET LE FEU AUX POUDRES

Si la guerre contre l'Autriche et la Prusse est déclarée en avril 1792, Louis XVI, toujours « roi des Français » à cette date, espère une défaite rapide des troupes françaises, face aux monarchies européennes qui le soutiennent et avec qui il a de surcroît de proches liens de parenté. Le 25 juillet, le manifeste du duc prussien de Brunswick, émanant en réalité des émigrés, menace la capitale de lourdes représailles si l'on s'en prend au roi. Il ne fait ainsi que mettre le feu aux poudres, la colère des sans-culottes entraînant la prise des Tuileries, le 10 août 1792, et l'incarcération de la famille royale à la Tour du Temple.

LE CHANT DES MARSEILLAIS

Lors de la prise des Tuileries, des fédérés de plusieurs régions françaises se sont adjoints aux sans-culottes parisiens. Parmi eux les Marseillais arrivés dans la capitale fin juillet chantaient *Le Chant de l'armée du Rhin* composé quelques mois plus tôt par Rouget de Lisle, et c'est ainsi que *La Marseillaise* prit son nom. Rouget de Lisle n'était pourtant pas antiroyaliste et échappa même de peu à la guillotine sous la Terreur. Sous la Restauration, il a même été l'auteur d'un *Chant du Jura* également intitulé… *Vive le roi !*

« Coupable de conspiration contre la liberté publique et la sûreté générale de l'État »

Une fois la République proclamée, le sort du roi est entre les mains des députés. Sa mort est votée à une étroite majorité. Le duc d'Orléans, père du futur roi Louis-Philippe connu sous le nom de Philippe-Egalité, vota lui aussi la mort du roi. Le 21 janvier 1793, sur le trajet menant à la place de la Révolution – ancienne place Louis XV désormais place de la Concorde – le baron de Batz tenta en vain de faire évader « Louis Capet », qui ne put échapper à la guillotine, tout comme Marie-Antoinette en octobre.

Des nouvelles de la Pérouse ?

Peu de temps avant son exécution, Louis XVI aurait demandé des nouvelles de l'explorateur Jean-François de la Pérouse. Féru de géographie et de navigation, le roi a organisé l'expédition autour du monde commandée par cet officier de marine qui n'a plus donné signe de vie depuis 1788. Il ne put alors être informé du sort tragique de l'expédition. Une trentaine d'années plus tard, près de Vanikoro en Océanie, le Britannique Dillon retrouvera les traces de *La Boussole* et de *L'Astrolabe* et des témoignages du naufrage des navires, dont les restes ne furent formellement identifiés qu'en 2005.

La Convention : de la démocratie à la Terreur

Un peu plus d'un mois après la prise des Tuileries, la monarchie est abolie le 21 septembre 1792. C'est toutefois le 22 septembre qui marque le premier jour de l'an I du calendrier républicain. Celui-ci est présenté devant l'Assemblée, qui a pris le nom de Convention, par Gilbert Romme en septembre 1793. Déchristianisation oblige, les saints sont remplacés par des noms évoquant la nature. Les journées ne sont plus divisées qu'en dix heures, et les mois regroupés par saisons – la république a eu la bonne idée de débuter à l'équinoxe d'automne – sont divisés en trois décades de dix jours, des jours supplémentaires appelés « sanculotides » permettant d'atteindre 365 ou 366 jours dans l'année.

Les massacres de septembre…

Dès juillet 1792, l'Assemblée avait déclaré « la patrie en danger », suite aux déclarations de guerre quelques mois plus tôt contre l'Autriche et la Prusse, deux monarchies qui soutiennent Louis XVI et qui occupent bientôt Longwy et Verdun. Des rumeurs de complots aristocratiques circulent et, début septembre, les révolutionnaires, principalement à Paris, se livrent à de nombreuses exécutions sommaires sur les prisonniers. Au même moment, la duchesse de Lamballe est décapitée et sa tête présentée à son amie la reine au bout d'une pique.

… et l'étrange victoire de Valmy en préambule

La victoire française de Valmy en Champagne le 20 septembre 1792 symbolise la prédominance de la république (qui naîtra le lendemain) sur les monarchies. Cependant, le retrait des troupes de Brunswick après ce qui ne fut qu'une simple canonnade pose encore question. Parmi les hypothèses avancées les plus insolites, il a pu être dit que Dumouriez avait offert les diamants de la reine à Bismarck ou alors que ce serait un fantôme qui aurait convaincu le roi de Prusse de se retirer…

Prénoms et toponymes à la mode…

Si la période était propice aux prénoms Victoire ou Liberté, le calendrier révolutionnaire a relancé des prénoms comme Angélique ou Rose, mais aussi créé de curieux prénoms comme Concombre ou Salpêtre ! Si un Emile-Jemmapes rappelle une victoire française, d'autres parents ont souhaité honorer l'invention de Chappe en baptisant leur fille Télégraphine ! C'est grâce au télégraphe récemment mis au point que la capitale sut que Condé-sur-l'Escaut avait été reprise par l'armée républicaine. Comme de nombreuses villes françaises dont le nom évoque la religion ou la noblesse, cette ville a été rebaptisée, devenant Nord-Libre. Etant aux mains des Girondins sous la Terreur, les Montagnards donnèrent à Marseille le nom de Ville-sans-Nom.

Jeu de cartes révolutionnaire édité à Paris en 1792.

Chassé-croisé au Panthéon

Le révolutionnaire Marat, dont le nom fut donné ou accolé à plusieurs villes comme Saint-Nazaire, Le Havre ou Compiègne, est mort assassiné par Charlotte Corday le 12 juillet 1793, alors qu'il tentait de soigner ses problèmes de peau dans sa baignoire. Celle qui le jugeait responsable des excès de la Révolution fut exécutée cinq jours plus tard. Inhumé au Panthéon en septembre 1794, en martyr de la Révolution, il y « croisa » Mirabeau : c'est en 1791, juste à la mort de ce dernier, que fut décidé de faire de l'église Sainte-Geneviève un « temple républicain » ; l'ouverture de l'armoire de fer, le coffre de Louis XVI dissimulé dans un mur du palais des Tuileries, ayant révélé les connivences de Mirabeau avec la famille royale, les ossements de l'« orateur du peuple » finirent dans une fosse du cimetière de Clamart.

LA TERREUR À L'ORDRE DU JOUR

Outre les menaces extérieures, le régime révolutionnaire doit faire face à des contestations intérieures : celle des contre-révolutionnaires, chouans ou vendéens, mais aussi celles des Girondins, des républicains modérés. Robespierre et les Montagnards – qui siégeaient en haut à la Convention – pensent sauver la république en instituant la Terreur, quitte à bafouer la nouvelle Constitution, dite de l'an I. Inscrivant pour la première fois le suffrage universel, elle ne sera jamais appliquée. La loi des suspects fait gonfler le nombre d'exécutions, une quarantaine de milliers entre le jour de septembre 1793 où Saint-Just déclara la Terreur à l'ordre du jour et l'arrestation de Robespierre le 9 thermidor an II (28 juillet 1794). Entre-temps, le régime de Terreur était devenu impopulaire jusque dans les rangs des Montagnards, causant la perte des « indulgents » Danton et Desmoulins, mais aussi de l'« enragé » Hébert.

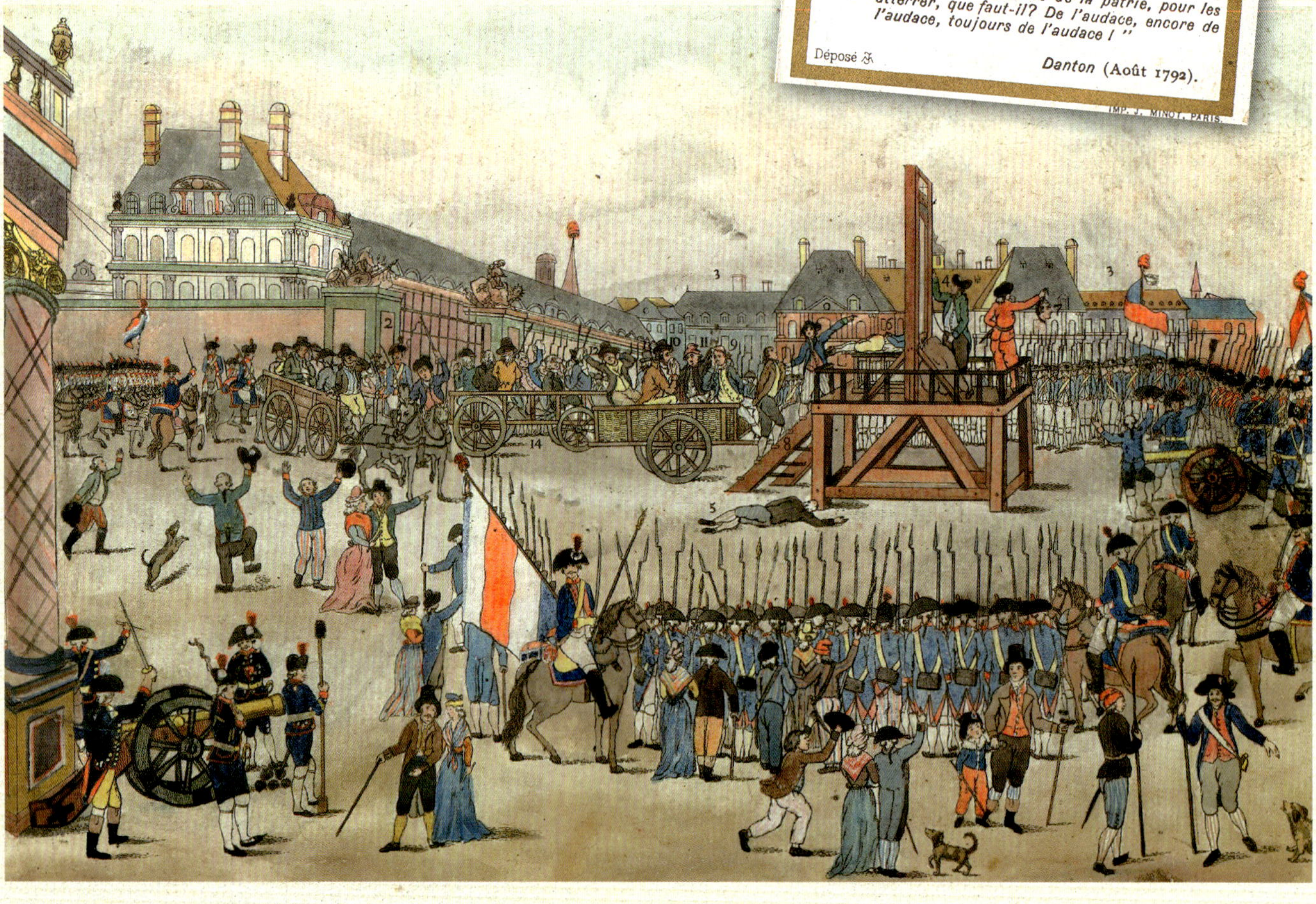

La guillotine, pour une mort plus égalitaire

A PARTIR DE 1791, « TOUT CONDAMNÉ À MORT AURA LA TÊTE TRANCHÉE », MÊME SI À CETTE DATE ROBESPIERRE DEMANDE L'ABOLITION DE LA PEINE DE MORT… LA GUILLOTINE DOIT, À SON GRAND REGRET, SON NOM AU MÉDECIN JOSEPH IGNACE GUILLOTIN, QUI L'A PRÉCONISÉE POUR QUE TOUS LES CONDAMNÉS À MORT SOIENT EXÉCUTÉS DE LA MÊME FAÇON, D'UNE MORT IMMÉDIATE ET SANS SOUFFRANCE. C'EST À SON AMI ANTOINE LOUIS QUE REVIENT LA PATERNITÉ DU « RASOIR NATIONAL » ENCORE SURNOMMÉ « LA CRAVATE À CAPET ».

L'abbé Grégoire contre l'« aristocratie de la peau »

Rallié au tiers état dès le printemps 1789, l'abbé Grégoire a défendu l'abolition des privilèges, le suffrage universel, la place des juifs, mais aussi l'abolition de l'esclavage qu'il fait voter en 1794. Malgré la déchristianisation ambiante et la mode du culte de la Raison et de l'Etre suprême, il n'a pas renié sa foi. Cela n'empêcha pas l'Eglise, en 1831, de lui refuser l'assistance d'un prêtre pour les derniers sacrements, à la fin d'une vie où il a continué à militer contre les régimes aristocratiques, et surtout contre l'esclavage restauré en 1802. La République l'a fait rejoindre les grands hommes de la patrie en transférant ses cendres au Panthéon en 1989.

L'abbé Grégoire.

PIED, COUDÉE ET POUCE MIS À L'INDEX…

Les cahiers de doléances avaient soulevé les abus engendrés par la disparité des poids et des mesures utilisés sous l'Ancien Régime. Une première unification du système de mesure est établie dès mars 1790, mais c'est la loi du 18 germinal an III (7 avril 1795), qui reconnaît comme unités officielles l'are, le litre, le gramme, le franc, et enfin le mètre qui correspond à la dix millionième partie de l'arc du méridien terrestre. Reste à définir précisément cette longueur, mission confiée, entre Dunkerque et Barcelone sur le méridien de Paris, aux géographes Delambre et Méchain. Insatisfait de ses calculs, ce dernier envoyé en Espagne faillit y perdre la raison, retardant l'étalonnage du mètre qui fut par la suite adopté dans le monde entier.

BONAPARTE EN PRISON

L'arrestation de Robespierre le 27 juillet 1794 (9 thermidor an II) a entraîné la fin de la Terreur et la prise du pouvoir par des députés dits « thermidoriens » jusqu'à la mise en place du Directoire. Mais, avant de donner congé au bourreau, il faut juger – et exécuter dès le lendemain – la vingtaine de responsables de la Terreur. D'autres qui furent moins impliqués dans la politique robespierriste ont seulement été emprisonnés. C'est dans ce contexte que le général Bonaparte, que l'on estimait proche des Jacobins, est incarcéré, brièvement, en août 1794.

Chouannerie et guerres de Vendée

Les guerres de Vendée désignent les combats qui opposent, principalement dans ce département, les royalistes aux républicains. Les chouans, mouvement insurrectionnel des paysans du Maine, de l'Anjou, de Normandie et de Bretagne, ne doivent pas être confondus avec les vendéens qui eux sont organisés en une véritable armée catholique et royale autour de chefs comme Cathelineau ou La Rochejaquelein. Néanmoins, durant l'hiver 1793, une tentative de ralliement entre chouans et vendéens lors de la « virée de galerne » se produit, mais elle se solde par un échec. Les chouans tirent leur nom du surnom du chef mayennais Jean Cottereau, dit Jean Chouan, ou plus précisément de celui de son père qui imitait le cri du chat-huant, à l'approche des gabelous traquant les « faux sauniers ». Ce soulèvement des populations de l'Ouest qui défendent les prêtres réfractaires et refusent d'être enrôlées dans les armées révolutionnaires, s'accompagne ailleurs de nombreuses révoltes fédéralistes soutenant les Girondins et dénonçant les excès de la Convention montagnarde.

LA VENDÉE, DÉPARTEMENT VENGÉ

Durant l'hiver 1793-1794, la Terreur frappe « l'exécrable Vendée » où la position des ailes des moulins informait les insurgés de l'avancée des « Bleus ». Le général Turreau, avec ses colonnes infernales, pille et massacre tout le département. L'objectif reconnu étant de « transformer la Vendée en cimetière national » pour ensuite la repeupler avec des « Bleus ». Ainsi, il est arrivé que l'on écorche les victimes et qu'on tanne leurs peaux pour des usages vestimentaires ! A Clisson, on fait fondre les corps afin d'en récupérer la graisse pour les charrettes. La Convention et son représentant Carrier font de la Loire la « baignoire nationale » au travers des multiples noyades perpétrées, avec en point d'orgue les « mariages républicains » au cours desquels un homme et une femme sont attachés et jetés à l'eau. Les prisons et les camps à ciel ouvert conçus comme des mouroirs ont quant à eux pu être désignés comme les « antichambres de la mort ».

Charette, le « roi de la Vendée »

Lieutenant de vaisseau sous l'Ancien Régime, il sert pendant la guerre d'Indépendance américaine avant de démissionner et de revenir sur ses terres de Machecoul. Poussé par les paysans révoltés à devenir leur chef, il rejoint Cathelineau. Il va mettre en place la guérilla expérimentée lors de son expérience américaine et tenter de rallier le comte d'Artois (frère de Louis XVI et futur Charles X) à sa cause en vain. Finalement pris par les soldats de Hoche, il sera fusillé en 1796 à Nantes, à l'âge de 33 ans.

JOSEPH BARA

Un jour de décembre 1793, alors qu'il promène deux chevaux dans la campagne angevine, le jeune Joseph Bara, engagé dans les troupes républicaines à seulement 14 ans, est tué lors d'une embuscade menée par les vendéens. Cette histoire émeut Robespierre qui va alors créer un héros légendaire pour diaboliser l'adversaire. Sommé de crier « Vive le roi ! », Bara aurait, d'après la légende, répondu « Vive la République ! » avant de mourir en pressant la cocarde tricolore sur son cœur… Une autre version lui accorde plutôt ces derniers mots : « Va te faire foutre, brigand ! »

Les saintes républicaines

Perrine Dugué et Marie Martin, originaires respectivement de Mayenne et d'Ille-et-Vilaine, ont toutes deux été victimes des chouans. De nombreux pèlerins ont accouru au tombeau de Perrine Dugué, où des guérisons auraient eu lieu grâce à l'intervention de celle qu'on appelait désormais « Sainte tricolore ». Quant à Marie Martin, surnommée sainte Pataude, des offrandes lui sont toujours offertes aujourd'hui à la « tombe à la fille » de la forêt de Teillay.

1789 — 1795 — Oct. 1795 à Nov. 1799 — 1800 — 1805 — 1810 — 1815

Le Directoire, la république bourgeoise

Après l'arrestation de Robespierre le 9 thermidor an II, les thermidoriens (les députés modérés de la Convention qui ont fait arrêter Robespierre) prévoient de rédiger une nouvelle Constitution : celle du Directoire. Ce régime doit son nom au fait qu'il est mené par cinq directeurs qui officient aux côtés de deux Chambres : le Conseil des Cinq-Cents et le Conseil des Anciens. Le suffrage est censitaire et indirect. Les électeurs sont des propriétaires fonciers, élus par des citoyens actifs payant l'impôt. Les idéaux démocratiques ne sont à présent plus en vogue, et il ne fait plus bon être jacobin. Mais ce régime demeure fragile et menacé par des coups d'Etat de tous bords, jusqu'à celui de Bonaparte le 18 brumaire an VIII (9 novembre 1799).

Babeuf, communiste avant l'heure

François Noël Babeuf est plus connu sous le nom de Gracchus Babeuf, en référence aux Gracques, deux frères ayant mené des réformes sociales sous la République romaine. Auteur d'un projet d'abolition de la propriété au début de la Révolution, il est au printemps 1796 à la tête de la conjuration des Egaux. Les babouvistes veulent renverser le Directoire en rétablissant la Constitution de 1793 jamais entrée en application, et aboutir à la collectivisation des terres et des moyens de production. Les principaux comploteurs sont arrêtés par le directeur Lazare Carnot en mai, et Babeuf est guillotiné l'année suivante, cinquante ans avant la rédaction du *Manifeste du parti communiste*.

MUSCADINS, INCROYABLES ET MERVEILLEUSES

Pour se démarquer des sans-culottes, de nouveaux « personnages » apparaissent. De jeunes hommes élégants à la toilette excentrique sont appelés incroyables, muscadins ou merveilleux. Les merveilleuses habillées à la grecque, d'étoffes légères et presque transparentes, tenaient souvent des salons. Parmi les célèbres merveilleuses qui attiraient les personnalités les plus en vue de l'époque figurent Mme Récamier, Mme Tallien ou Joséphine de Beauharnais. Ces derniers avaient pris l'habitude de ne pas prononcer les « r », première lettre du mot Révolution, et aimaient à se faire appeler les « incoyables » et les « meveilleuses ».

SERMENT DU JEU DE PAUME (20 Juin 1789)

CAMILLE DESMOULINS AU PALAIS-ROYAL (12 Juillet 1789)

PRISE DE LA BASTILLE (14 Juillet 1789)

LA FÊTE DE LA FÉDÉRATION (14 Juillet 1790)

PROCLAMATION DE LA RÉPUBLIQUE (21 7bre 1792)

LES ENRÔLEMENTS VOLONTAIRES (22 Juillet 1792)

Reproduction interdite. Explication au verso.

Reproduction interdite. Explication au verso.

Reproduction interdite. Explication au verso.

Reproduction interdite. Explication au verso.

Reproduction interdite. Explication au verso.

Reproduction interdite. Explication au verso.

L'ascension du « général vendémiaire »

Le jeune Bonaparte se fait d'abord remarquer en 1793 avec la reprise de la ville de Toulon, tombée aux mains des Anglais et des royalistes. Protégé du frère de Robespierre, sa proximité avec les Jacobins lui vaut d'être emprisonné quelques jours à Antibes juste après la Terreur. Le 13 vendémiaire an IV (5 octobre 1795), il réprime une insurrection royaliste aux côtés de Barras, ancien amant de Joséphine de Beauharnais, que Bonaparte épouse en 1796, avant d'être promu à la tête de l'armée d'Italie.

LE GÉNÉRAL BONAPARTE EN ITALIE ET EN EGYPTE

Les succès du général Bonaparte contre l'armée autrichienne au pont d'Arcole ou à Rivoli se soldent en 1797 par le traité de Campoformio, qui divise la péninsule italienne en plusieurs Républiques sœurs. L'expédition d'Egypte avait pour but de couper la route des Indes aux Anglais. Le 21 juillet 1798, lors de la bataille des Pyramides, les mamelouks sont défaits par l'armée que Bonaparte aurait haranguée de sa célèbre phrase : « Soldats, songez que, du haut de ces pyramides, quarante siècles vous contemplent. » Mais par la suite Bonaparte subit la défaite navale d'Aboukir contre les Anglais et, malgré de nouvelles victoires contre les Ottomans, ses troupes sont affaiblies par la peste. A l'été 1799, le contexte en Orient mais aussi celui du Directoire sont alors propices à un retour en France…

Du Consulat au sacre

Le 9 novembre 1799, le coup d'Etat du 18 brumaire met fin au Directoire, et d'une certaine façon à la Révolution. La Constitution de l'an VIII marque un nouveau recul pour la démocratie, même si la Ire République n'est pas abolie. Bonaparte conserve certains acquis de la Révolution et sert de rempart à un retour à la monarchie, ce qui explique le soutien de révolutionnaires de la première heure comme Sieyès. Les citoyens disposent d'un suffrage très indirect qui permet d'établir des listes de notabilité dans lesquelles le pouvoir choisit les députés… Le Consulat est un régime autoritaire, d'autant plus en 1802 quand Bonaparte devient consul à vie. En 1804, il fait exécuter à Vincennes le duc d'Enghien, éventuel héritier au trône. Le chef chouan Cadoudal, accusé d'avoir organisé l'attentat de la rue Saint-Nicaise, est arrêté puis guillotiné aux premières heures de l'Empire proclamé le 18 mai 1804, et très largement approuvé par les Français lors d'un plébiscite qui précéda le sacre du 2 décembre 1804.

Le coup d'Etat de Bonaparte dans l'orangerie de Saint-Cloud.

LA SECONDE CAMPAGNE D'ITALIE

Après avoir franchi les Alpes et le col du Grand-Saint-Bernard à près de 2 500 m d'altitude, l'armée napoléonienne – avec l'écrivain Stendhal dans ses rangs – s'impose à Montebello grâce à Lannes en 1800, et récidive grâce à Desaix à Marengo, bataille dont le nom sera bientôt celui de la plus célèbre monture de Napoléon. La France signe la paix de Lunéville avec les Autrichiens, bientôt imités par les Russes. Il faut attendre la paix d'Amiens en mars 1802 pour que les Anglais en fassent de même. Mais, dès 1805, une troisième coalition se formera en Europe, contre Napoléon.

N° 1. — 1re Année. Dimanche 25 Juin 1905.

LE NUMÉRO : 5 Centimes

La Cuisine des Familles

Recueil Hebdomadaire de Recettes d'Actualité très clairement expliquées très faciles à exécuter

Rédactrice en chef : Mme Jeanne Savarin

LE POULET A LA MARENGO

Improvisé sur le champ de bataille, le 14 juin 1800, ce mets succulent a eu pour créateur Dunan, cuisinier de Bonaparte, premier consul.

ABEILLES OU CIGALES ?

Parmi les symboles napoléoniens figurent l'aigle, emblème de la Rome impériale, mais aussi les abeilles. C'est en référence aux insectes représentés sur le cercueil du roi mérovingien Childéric Ier (539-584) retrouvé au XVIIe siècle à Tournai que Napoléon choisit ces abeilles. Considérées comme le plus ancien emblème des rois de la France, ces abeilles étaient peut-être en réalité des cigales. En outre, Napoléon renoue avec la main de justice et le sceptre, qui rappellent quant à eux l'empire de Charlemagne.

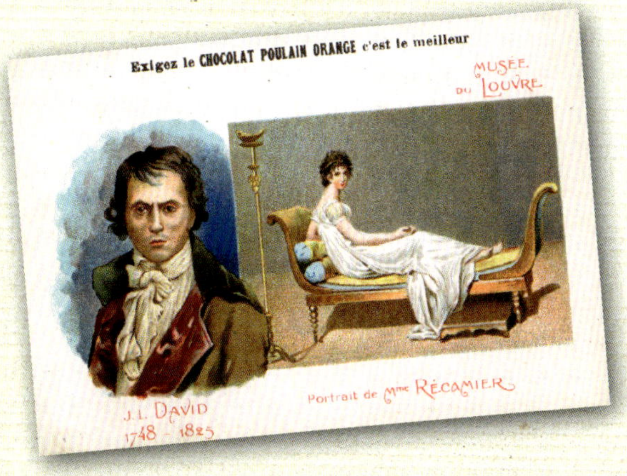

Jacques-Louis David, un artiste au cœur de la Révolution

Des toiles comme *Le Serment des Horaces* rattachent le peintre David au style néoclassique. Ce Jacobin proche de Robespierre qui a repris le thème du serment pour son esquisse du *Serment du jeu de paume*, a organisé des fêtes révolutionnaires et a été à l'origine d'un programme d'embellissement de Paris. Moins célèbre que *La Mort de Marat*, il a représenté le député Lepeletier de Saint-Fargeau lui aussi assassiné, mais tous les exemplaires de ce portrait ont mystérieusement disparu. Sa ferveur pour les idéaux révolutionnaires va, comme pour beaucoup d'autres, s'effacer pour se rapprocher de Bonaparte, qu'il glorifie au col du Grand-Saint-Bernard et qu'il représente plus tard couronnant la reine après s'être lui-même couronné sur *Le Sacre de Napoléon*.

LES « MASSES DE GRANIT »

En 1800, dans un discours au Conseil d'Etat, Napoléon Bonaparte a exprimé sa volonté de créer des bases solides pour une société qu'il juge trop éclatée. D'après ses mots, son projet visait à « jeter sur la France des masses de granit », pour maintenir l'ordre et la cohésion sociale. Le nouveau personnage phare de ces réformes est le préfet. A la tête des départements conservés et associé aux sous-préfets pour lesquels des arrondissements ont été tracés, le préfet a d'abord pour rôle de ramener l'ordre et d'apaiser les haines suscitées par les tumultes de la Révolution. C'est également dans cet esprit d'apaisement que Bonaparte a signé le Concordat pour réconcilier les Français sur le plan religieux, et pour mieux contrôler les régions de l'Ouest, il fondera deux villes nouvelles : La Roche-sur-Yon (Napoléon-Vendée) et Pontivy (Napoléonville).

LE « CODE NAPOLÉON »

Au cœur de ses grandes réformes, le Code civil, couramment appelé « Code Napoléon », confirme en 1804 l'égalité de tous devant la loi et les libertés individuelles. Ce code consolide les acquis révolutionnaires en supprimant les droits coutumiers, très différents d'une province à l'autre. Rédigé notamment par Cambacérès, ce dernier s'est vu refuser trois projets initiaux de Code civil par les Assemblées révolutionnaires. Le Code civil demeure la base du droit français, même s'il a naturellement été modifié à de nombreuses reprises.

Former l'élite de la nation

La création des lycées en 1802 a pour but de former des fonctionnaires dévoués et les futurs officiers. Les grandes villes du pays vont dès lors abriter un lycée impérial accueillant environ deux cents élèves qui n'ont que six professeurs, trois en lettres et trois en sciences, mais ils apprennent en outre l'exercice militaire sous la direction d'un adjudant. A partir de 1809, les études sont sanctionnées par le baccalauréat.

LA BANQUE DE FRANCE

Créée en 1800, la Banque de France détient le monopole de l'émission des billets. Pour retrouver une monnaie stable, le franc germinal est créé en 1803 et permet de relancer l'économie. Sa valeur en or s'est maintenue jusqu'en 1914 et « germinal » fait référence au mois du calendrier républicain au cours duquel il est entré en vigueur, ce calendrier ayant été maintenu jusqu'au 1er janvier 1806. Entre-temps, un cadastre unique, tel que nous le connaissons aujourd'hui, a été institué en 1802 pour être la base du système fiscal.

Des hochets pour mener les hommes

La Légion d'honneur rompt avec les décorations de l'Ancien Régime en étant ouverte à tous, et non plus seulement aux officiers. Créée en 1804, elle permet de fidéliser les cadres de la nation récompensant les mérites civils et militaires. A ceux qui pensaient que la Légion d'honneur s'opposait au principe de l'égalité civique, Bonaparte aurait affirmé que « c'est avec des hochets que l'on mène les hommes ».

Les grandes heures de l'Empire

L'histoire du règne de Napoléon Ier est avant tout le récit des victoires et des défaites françaises face à pas moins de quatre coalitions de puissances européennes différentes. La France connut sous l'Empire une augmentation de sa population, pour atteindre 29 millions d'habitants, et une certaine prospérité agricole et industrielle, liée notamment au Blocus continental interdisant les importations britanniques et favorisant le développement des manufactures françaises. L'Empereur organisa sa cour, remplaça *La Marseillaise* par le *Veillons au salut de l'Empire*, le coq gaulois par l'aigle romain et les abeilles, et institua comme fête nationale la « Saint-Napoléon » le jour même de sa naissance, le 15 août. Si l'on peut dire que la devise de la monarchie était « A chacun selon sa naissance », et celle de la Révolution « L'égalité ou la mort », celle de l'Empereur fut « A chacun selon ses mérites ».

La mort obscure de l'inventeur du bec de gaz

A quelques heures du sacre de l'Empereur, le 1er décembre 1804, on retrouve un certain Philippe Lebon le corps percé de nombreux coups de couteau. Il se trouve que cet homme ressemble étrangement à l'Empereur : même figure pâle, mêmes cheveux plaqués sur le front, même taille, même âge, un véritable sosie ! Ironie de l'histoire, cet homme est le pionnier de l'éclairage public, l'inventeur français de l'éclairage au gaz. Or, à cette époque, Paris est éclairée de 4 500 réverbères alimentés à l'huile de tripes ou de colza. Aussi constituait-il une menace pour les fabricants de combustibles…

DE TRAFALGAR…

A Trafalgar, au large des côtes espagnoles, la flotte française est anéantie en 1805 par celle de l'amiral Nelson qui y laissa la vie. Fait prisonnier par les Anglais et affecté par les reproches de Napoléon, l'amiral Villeneuve qui passe pour le responsable de cette déroute est retrouvé mort à Rennes en 1806, probablement après un suicide. Avec le coup de Trafalgar, les espoirs d'envahir l'Angleterre se dissipent. De tels projets avaient été préparés sous la Révolution, parfois avec des formes fantaisistes comme le creusement d'un tunnel ou l'utilisation massive d'aérostats.

Mort de Nelson à la bataille de Trafalgar.

… à Austerlitz

Si les Anglais deviennent les maîtres de la mer, en revanche, Napoléon est sans rival sur terre. Chaque année, il remporte d'éclatantes victoires, telles qu'Austerlitz (1805), Iéna (1806), Friedland (1807), Wagram (1809)… A ses soldats épuisés et glorieux, il affirmait : « Soldats, je suis content de vous ! Il vous suffira de dire : " J'étais à la bataille d'Austerlitz ", pour que l'on réponde : " Voila un brave ! " »

La veille de la bataille dite « des Trois Empereurs » (Napoléon Ier, François Ier d'Autriche et le tsar Alexandre Ier), Napoléon a affirmé avoir passé la plus belle soirée de sa vie, après avoir été ovationné sous les flambeaux par ses soldats en l'honneur du premier anniversaire de l'Empire. La bataille d'Austerlitz a en effet eu lieu le 2 décembre 1805.

Napoléon Ier. à Austerlitz (Bataille des trois empereurs) ordonne l'attaque des hauteurs de Pratzen (2 Décembre 1805).

LES GROGNARDS

La Grande Armée est composée de jeunes célibataires âgés de 19 ans au moins et devant accomplir un service militaire, tant que les circonstances l'exigent. Ainsi, plus de 2 millions d'hommes seront appelés sous les drapeaux, entre 1804 et 1815, avec un impératif de taille, mesurer au moins 1,55 m. Une fois l'Empire effondré, ces « grognards » seront qualifiés de « vieux de la vieille », en référence à la Vieille Garde. Il ne faut pas les confondre avec les « Marie-Louise », les jeunes soldats inexpérimentés, incorporés à partir de 1812, et ainsi surnommés en référence à la seconde l'impératrice.

L'Europe des Bonaparte

Soucieux d'asseoir son autorité sur les provinces conquises, Napoléon installa ses frères sur les trônes européens. Joseph fut roi de Naples puis d'Espagne, Louis roi de Hollande, et Jérôme roi de Westphalie. Dans ces régions, les lois françaises et notamment le Code civil furent imposés. Outre de l'argent, chaque pays devait fournir des régiments de soldats afin de grossir les rangs de la Grande Armée impériale. On considère aussi que la conduite à droite y aurait été établie par Napoléon, par opposition à la pratique anglaise…

MARÉCHAUX ET NOBLESSE D'EMPIRE

La Grande Armée est composée de 26 maréchaux et 2 400 généraux. Parmi les plus célèbres, Masséna est « l'enfant chéri de la Victoire », Ney « le brave des braves ». Outre ces surnoms, ils ont surtout été associés à de nouveaux titres de noblesse, comme Davout devenu prince d'Eckmühl ou Soult duc de Dalmatie. Souvent issus de milieux populaires, Lannes fut par exemple apprenti teinturier, ils ne doivent leur ascension qu'à leur mérite et à leur fidélité à l'Empereur. Quant à Bernadotte, la légende veut que son bras arborât un tatouage sur lequel on pouvait lire « mort au roi ». Ceci ne l'empêcha pas de devenir roi de Suède, sous le nom de Charles XIV, fondant la dynastie qui règne encore aujourd'hui sur le pays !

Comme au temps des Romains

Afin de rendre hommage à la Grande Armée et d'exalter les victoires de l'Empire, Napoléon ordonne la construction de deux arcs de triomphe : celui du Carrousel, qui ferme la cour des Tuileries, et celui de l'Etoile, à l'entrée ouest de Paris, qui ne sera terminé qu'en 1836… après trente ans de travaux et d'aléas ! De même, la colonne Vendôme, inaugurée en 1810, rappelle les hauts faits de l'Empire.

FEU D'ARTIFICE À L'ARC DE TRIOMPHE DE L'ÉTOILE.

LE PAPE PRISONNIER DE NAPOLÉON

Le pape Pie VII a signé le Concordat avec Bonaparte en 1801, avant d'assister à son sacre. Il refuse plus tard d'instaurer le Blocus continental dans ses Etats pontificaux qui sont annexés en 1809. Excommunié, Napoléon fait enlever le pape et le détient d'abord à Savone jusqu'en 1812, puis à Fontainebleau pendant dix-neuf mois. Fixer le siège de la papauté à Avignon ou à Paris est alors envisagé.

De l'apogée à la chute de l'Empire

Entre 1810 et 1812, l'Empire napoléonien est à son apogée. La France compte 130 départements et s'étend de l'Elbe à Rome, regroupant 44 millions d'habitants. Il faut y ajouter des territoires comme les Provinces Illyriennes, et de nombreux territoires vassaux. En 1812, la bonne entente entre le tsar et Napoléon Ier prend fin, mais la campagne de Russie tourne au désastre. Après la bataille de Leipzig (1813), et la campagne de France (1814), Napoléon doit abdiquer. La France est réduite à ses frontières de 1792 et Louis XVIII accède au trône. La première Restauration ne dure que d'avril 1814 à mars 1815, Bonaparte revenant de son exil sur l'île d'Elbe pour les Cent-Jours, période qui s'achève après la défaite de Waterloo (1815). Exilé à Sainte-Hélène, une île de l'Atlantique qu'il ne quittera plus, il aura laissé brièvement le pouvoir à son fils Napoléon II après chacune de ses abdications.

« J'ai épousé un ventre »

Napoléon désire ardemment fonder une dynastie et doit pour cela mettre au monde un garçon, que son union avec Joséphine de Beauharnais tarde à lui donner. Le vœu sera exaucé le 20 avril 1811 avec la naissance du roi de Rome, mais celui qu'on surnommera aussi « l'Aiglon » est le fils de l'impératrice Marie-Louise, petite-nièce de Marie-Antoinette et seconde épouse de l'Empereur. Ce dernier aurait présenté son mariage de la sorte : « J'ai épousé un ventre ! »

Les routes impériales ancêtres de nos routes nationales

Un décret impérial de 1811 a classé les routes en différentes catégories. A partir de Paris, quatorze grands axes – les routes impériales de première classe – rayonnent vers les frontières et les grands ports. Ainsi la route impériale n° 1 relie Paris à Calais, la n° 2 prend le chemin d'Amsterdam, et ainsi de suite dans le sens des aiguilles d'une montre. Cette numérotation radiale apparaît encore quelque peu aujourd'hui avec nos nationales. En 1805, on avait adopté, pour la numérotation des rues, l'usage des nombres pairs sur le côté droit et impairs à gauche, ainsi que la couleur blanche des numéros sur des plaques à fond bleu.

De Moscou à la Berezina

En juin 1812, les 600 000 hommes de toutes origines qui composent la Grande Armée entrent en Russie. Face à eux, l'armée russe adopte la politique de la terre brûlée, et accepte finalement de livrer bataille à Borodino. Pour les Français, ce sera la bataille de la Moskova, du nom d'une rivière qui évoque déjà Moscou… Ce sera aussi la bataille la plus meurtrière des campagnes napoléoniennes. Victorieux, Napoléon entre dans Moscou incendiée par le comte Rostopchine – le père de la célèbre comtesse de Ségur – qui avait fait enlever les pompes à incendie. Mais on est déjà au mois d'octobre et la Grande Armée va connaître la rudesse de l'hiver russe, et une interminable retraite. Il faut franchir la Berezina, une rivière devenue synonyme de débâcle et qui aurait pu être un obstacle fatal pour l'armée napoléonienne encerclée par les Russes. Mais, grâce au courage des pontonniers du général Eblé, la retraite des « débris » de la Grande Armée est assurée.

NAPOLÉON EST MORT…

Tel est ce qu'affirme Claude François de Malet, ancien officier républicain hostile à l'Empire, qui a mis à exécution un plan diabolique en octobre 1812. Muni de faux papiers, il annonce la mort de l'Empereur en Russie, et proclame la constitution d'un gouvernement provisoire. Cette tentative de coup d'Etat tourne court : il est arrêté et fusillé comme conspirateur. Apprenant la nouvelle, Napoléon aurait laissé éclater sa colère. En effet, aucun de ses fidèles n'avait su dire : « Napoléon Ier est mort, vive Napoléon II ! »

NAPOLÉON Ier ABDIQUE POUR NAPOLÉON II

Les adieux de Napoléon Ier dans la cour du château de Fontainebleau.

Après la calamiteuse campagne d'Allemagne de 1813, la Grande Armée – ou ce qu'il en reste – doit combattre la sixième coalition sur le territoire français. Murat, le beau-frère de Napoléon qui a pactisé avec l'Autriche pour garder son royaume de Naples, y rejoint un autre ancien maréchal d'Empire en la personne de Bernadotte. A la tête d'une poignée de soldats, Napoléon obtient encore de brillantes victoires en Champagne au début de l'année 1814, notamment à Brienne où l'Empereur a effectué une partie de ses études. Ces efforts n'empêchent toutefois pas les coalisés d'entrer dans Paris fin mars. Napoléon signe début avril une abdication conditionnelle en faveur de son fils, que les Alliés semblent accepter, jusqu'à la trahison du général de Marmont. Le 12, il effectue ses adieux à Fontainebleau (ci-dessus) avant de partir en exil sur l'île d'Elbe.

Une éphémère restauration

La restauration officielle de la monarchie n'est établie que le 2 mai, après le retour du frère de Louis XVI : Louis XVIII. Auparavant Talleyrand – que Napoléon avait six ans plus tôt qualifié de « merde dans un bas de soie » – fut le chef d'un gouvernement provisoire avant de devenir ministre des Affaires étrangères. L'impopularité des Bourbons et la menace d'être assassiné ou déporté dans un territoire lointain décident Napoléon à rentrer en France. Il débarque le 1er mars 1815 à Golfe-Juan et emprunte la route des Alpes baptisée depuis « route Napoléon » à la tête de 700 hommes. Après une cascade de ralliements et en dépit de leur serment à Louis XVIII, les anciens généraux se jettent dans ses bras : Napoléon est à la tête d'une nouvelle armée, pour quatre-vingt-quatorze jours exactement.

Napoléon à bord du Bellérophon qui l'emmène à Sainte-Hélène.

Waterloo, morne plaine

Cette célèbre bataille, qui s'est déroulée près de Bruxelles, a longtemps été indécise. L'infanterie anglaise résiste aux charges françaises. Certains carrés s'effondrent, laissant croire à une victoire française, mais l'intervention des Prussiens décide du sort de la journée. Enfin, à 21 heures, la retraite française se transforme en déroute et, dans l'ultime combat du premier régiment de chasseurs, retentissent les célèbres paroles du général Cambronne : « La Garde meurt, mais ne se rend pas ! » Quant au fameux « mot de Cambronne », il ne l'aurait peut-être jamais prononcé. Si Grouchy est connu pour avoir « manqué à l'appel » de ce 18 juin 1815, les troupes du général Lamarque auraient également pu combattre à Waterloo si elles n'avaient pas été déployées en Vendée pour lutter contre un soulèvement royaliste.

UN ÉLÉPHANT À LA BASTILLE

Pour remplacer la forteresse de la Bastille rapidement démolie après le 14 juillet 1789, Napoléon eut pour projet d'ériger une fontaine monumentale qui aurait la forme d'un éléphant. Remis en question par la chute de Napoléon Ier, un modèle en plâtre de cet éléphant orna temporairement la place avant d'être abandonné sous Louis-Philippe au profit de la colonne de Juillet. Seuls les infrastructures, le bassin et le socle de cette fontaine sont encore visibles de nos jours et servent de base à la colonne. Grâce à Victor Hugo, le souvenir de cet étonnant édifice perdure, Gavroche y trouvant refuge dans *Les Misérables*.

LA HOUILLÈRE, puits Saint-Pierre et Saint-Paul.

1815 - 1914

LE XIXE SIÈCLE

Comme sous la Révolution, les différents régimes en place au XIXe siècle continuent d'être contestés de tous bords, avant qu'une insurrection populaire (1830, 1848) ou qu'un coup de force (1852) n'entraînent leur chute. Les derniers rois – Louis XVIII et Charles X (frères de Louis XVI), puis Louis-Philippe – laissent la place en 1848 à la courte expérience de la IIe République dont le seul président, Louis Napoléon Bonaparte, parvient sans peine à renforcer son pouvoir en rétablissant l'Empire. Née de la défaite de 1870 face aux Allemands, la IIIe République peinera à se faire accepter. Sa Constitution est adoptée à une voix près en 1875. Malgré les oppositions, ce régime démocratique s'enracinera, résistant même à la Première Guerre mondiale née du jeu des alliances entre des puissances européennes déjà rivales dans le contexte colonial.

Cette période est aussi celle de profonds changements pour la société française. Avec la révolution industrielle apparaissent les chemins de fer, les usines et bientôt l'électricité et l'automobile. L'exode rural et l'urbanisation accompagnent la naissance d'une classe ouvrière qui ne profite pas autant de la croissance économique que la bourgeoise.

Ve siècle		XVIe siècle	1789	1815	1914
ANTIQUITÉ	MOYEN AGE	ÉPOQUE MODERNE	RÉVOLUTION ET EMPIRE	XIXE SIÈCLE	1914 À AUJOURD'HUI

Les houillères du Creusot.

La Restauration

Après la première Restauration interrompue par les Cent-Jours, Louis XVIII revient durablement au pouvoir en juillet 1815. Une « terreur blanche » écarte bonapartistes et anciens révolutionnaires. Le roi se retrouve face à la « Chambre introuvable » : l'élection des députés au suffrage censitaire lui donne un parlement encore plus favorable que ce qu'il avait rêvé. Conscient d'un impossible retour à l'Ancien Régime, Louis XVIII est à la tête d'une monarchie constitutionnelle qui se heurte toutefois aux ultraroyalistes (ou ultras).

En 1824, il est le dernier roi de France à mourir sur le trône. Son frère Charles X (ci-contre) lui succède et organise un somptueux sacre à Reims, dévoilant des penchants conservateurs illustrés bientôt par la suppression de la liberté de la presse et le dédommagement des émigrés (les nobles spoliés sous la Révolution). Poussé à abdiquer après les Trois Glorieuses durant l'été 1830, il meurt en exil du choléra dans l'empire d'Autriche, dans l'actuelle Slovénie où son tombeau demeure.

Naundorff, un des nombreux Louis XVII...

En 1795, après trois ans passés à la prison du Temple, Louis-Charles de France, fils de Louis XVI et Marie-Antoinette, décède à l'âge de 10 ans. La disparition de celui à qui on a donné le nom de Louis XVII à la mort de son père est drapée de mystère par la rumeur, ce qui suscite des vocations. Nombre de prétendus Louis XVII se feront connaître, l'horloger prussien Naundorff étant le plus fameux d'entre eux. Perçu comme un imposteur, notamment à cause de ses erreurs de français, il obtient néanmoins un certain crédit chez des proches de la famille royale. Depuis, des analyses ADN ont rendu délicate la position des derniers « naundorffistes », ses descendants qui continuent à prétendre au trône de France.

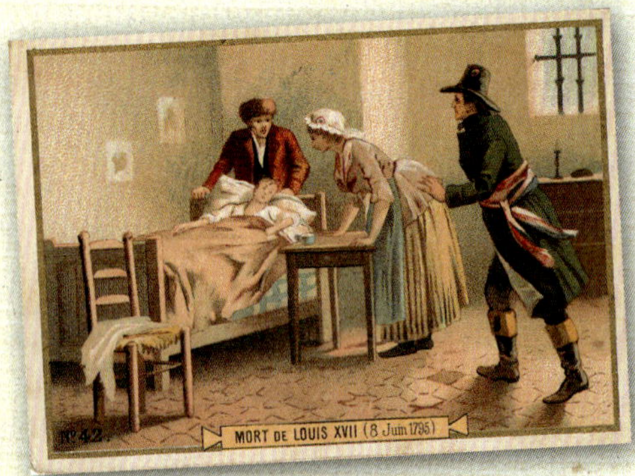

Les visions de Thomas Martin

En 1816, à Gallardon près de Chartres, Thomas Martin travaille dans un champ quand un homme, qui se révélera plus tard être l'archange Raphaël, s'adresse soudain à lui : il doit aller avertir le roi que la France court de grands dangers si l'autorité et la foi ne sont pas rétablies. Ignorant d'abord cette requête, les visions se répètent et il en réfère à son curé. Envoyé à l'évêque puis au ministre, Martin finira par rencontrer le roi, qui l'écoutera avec curiosité. Aussi, Naundorff se vantera que Martin ait vu en lui Louis XVII.

Charles le Gros
Eudes
Charles III
Raoul
884_887
887_898
898_928
928_936
9
19
23
31
40

Louis VII
Philippe Auguste
Louis VIII
Louis IX
1137_1180
1180_1223
1223_1226
1226_1270
37
48
56
62
70

Clotaire III
Childéric II
Thierry Ier
Clovis III
656_670
670_673
673_691
691_695
6
27
54
60
86

Clovis Ier
Childebert Ier
Clotaire Ier
Caribert
481_511
511_558
558_561
561_566
5
24
42
65
76

Louis IV d'outremer
Lothaire
Louis V
Hugues Capet
936_954
954_986
986_987
987_996
8
46
67
73
87

Chilpéric Ier
Clotaire II
Dagobert Ier
Clovis II
566_584
584_628
628_658
658_656
18
22
34
43
68

(collection Grob / Kharbine-Tapabor)

(collection Grob / Kharbine-Tapabor)

(collection Grob / Kharbine-Tapabor)

(collection Grob / Kharbine-Tapabor)

(collection Grob / Kharbine-Tapabor)

(collection Grob / Kharbine-Tapabor)

Philippe III
Philippe le Bel
Louis X
Philippe V
1270_1285
1285_1314
1314_1316
1316_1322
76 77 79 80 81

Louis XII
François Ier
Henri II
François II
1498_1515
1515_1547
1547_1559
1559_1560
8 17 47 69 84

Charles IV le Bel
Philippe VI
Jean II le Bon
Charles V le Sage
1322_1328
1328_1350
1350_1364
1364_1380
10 29 49 55 71

Thierry II
Childéric III
Pépin Le Bref
Charlemagne
720_737
742_752
752_768
768_814
7 17 21 45 59

Childebert II
Dagobert II
Clotaire IV
Chilpéric II
695_711
711_715
717_719
719_720
16 35 53 72 85

Louis Ier le Débonn
Charles II le Chauve
Louis II le Bègue
Louis & Carloman
814_840
840_877
877_879
879_884
28 39 44 52 64

(collection Grob / Kharbine-Tapabor)

(collection Grob / Kharbine-Tapabor)

(collection Grob / Kharbine-Tapabor)

(collection Grob / Kharbine-Tapabor)

(collection Grob / Kharbine-Tapabor)

(collection Grob / Kharbine-Tapabor)

Marie de Médicis
Marie Antoinette
Imp. Joséphine
Imp. Eugénie
1610
1774
1802
1853
4
11
37
50
66

Louis XVIII
Charles X
Louis Philippe
Napoléon III
1814_1824
1824_1830
1830_1848
1852
20
32
41
78
89

Clotilde
Frédegonde
Bathilde
Marg.te de Provence
481
587
636
1226
15
30
61
70
83

Charles VI
Charles VII
Louis XI
Charles VIII
1380_1422
1422_1461
1461_1483
1483_1498
58
65
75
84
90

Robert II
Henri Ier
Philippe Ier
Louis VI
996_1031
1031_1060
1060_1108
1108_1137
1
3
14
26
32

Charles IX
Henri III
Henri IV
Louis XIII
1560_1574
1574_1589
1589_1610
1610_1643
25
35
51
71
82

(collection Grob / Kharbine-Tapabor)

(collection Grob / Kharbine-Tapabor)

(collection Grob / Kharbine-Tapabor)

(collection Grob / Kharbine-Tapabor)

(collection Grob / Kharbine-Tapabor)

(collection Grob / Kharbine-Tapabor)

1	2	3	4	5	6	7	8	9	10
11	12	13	14	15	16	17	18	19	20
21	22	23	24	25	26	27	28	29	30
31	32	33	34	35	36	37	38	39	40
41	42	43	44	45	46	47	48	49	50
51	52	53	54	55	56	57	58	59	60
61	62	63	64	65	66	67	68	69	70
71	72	73	74	75	76	77	78	79	80
81	82	83	84	85	86	87	88	89	90

(collection Grob / Kharbine-Tapabor)

(collection Grob / Kharbine-Tapabor)

Ils s'éloignent de la " Méduse " en criant : « Vive le Roi ! »

LE NAUFRAGE DE *LA MÉDUSE*

Au départ de l'île d'Aix, la frégate *La Méduse* est chargée d'emmener au Sénégal, en juin 1816, des colons, des militaires et des scientifiques. Le 2 juillet, elle s'échoue dans le banc d'Arguin (Mauritanie) avec près de 400 personnes à son bord. Un radeau de 20 m sur 7, censé rester amarré aux canots de sauvetage, accueille plus de 150 naufragés qui partent bientôt à la dérive. Retrouvés douze jours plus tard, il ne reste que 15 rescapés, leurs compagnons d'infortune ayant été jetés à la mer ou même mangés ! Dès 1819, Théodore Géricault présentera l'un des premiers chefs-d'œuvre de la peinture romantique française : *Le Radeau de la Méduse.*

1818 : ouverture de la première caisse d'épargne

La première caisse d'épargne a été créée en 1818 à Paris par deux philanthropes influencée par la pensée libérale des Lumières : le baron Delessert, un botaniste connu pour avoir mis au point la méthode d'extraction du sucre des betteraves, et le duc de La Rochefoucauld-Liancourt déjà resté dans l'histoire pour son dialogue avec Louis XVI le 14 juillet 1789 (« Non, sire, c'est une révolution ! »). Cette initiative privée peine d'abord à gagner la confiance des Français, mais, après la loi de 1835 qui reconnaît ces types d'établissements d'utilité publique, les caisses d'épargne vont se développer dans tout le pays.

Champollion déchiffre les hiéroglyphes

Jean-François Champollion est considéré comme le père de l'égyptologie, depuis qu'il a pu présenter, en 1822, son mémoire sur l'écriture égyptienne. En déchiffrant l'inscription trilingue (hiéroglyphe, démotique et grec) de la pierre de Rosette, il perçait le mystère des écritures de l'ancienne Egypte. A l'époque, les Britanniques veulent associer à cette découverte Thomas Young, auteur de travaux antérieurs, mais dont Champollion n'a pas reconnu la qualité. Devenu conservateur du département d'égyptologie du musée du Louvre, Champollion fera fi de ces querelles en y accueillant son rival d'outre-Manche.

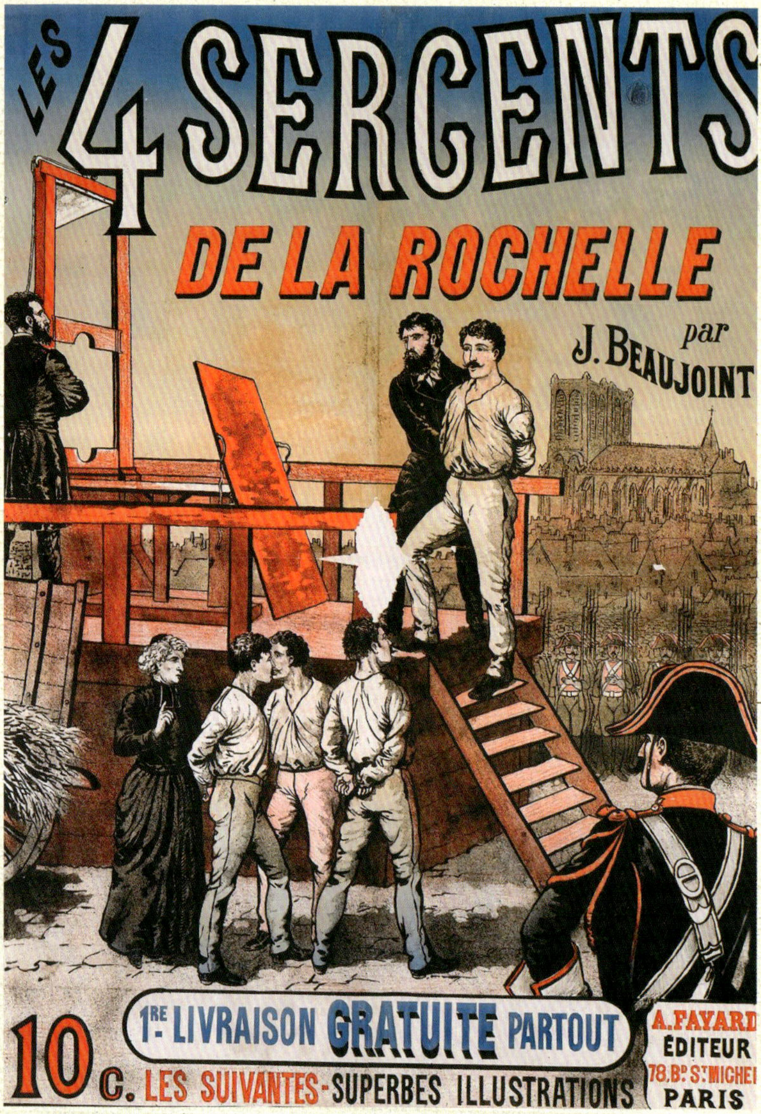

LES QUATRE SERGENTS DE LA ROCHELLE

Hostiles à la restauration monarchique, quatre sergents du 45e régiment d'infanterie transféré à La Rochelle sont guillotinés à Paris en septembre 1822. Le courant romantique ne tardera pas à faire des martyrs de la liberté de ceux dont le crime est d'appartenir à la charbonnerie. Comme la loi électorale les empêche de se faire entendre au Parlement, ces derniers forment une organisation secrète qui complote contre le régime, et celle-ci emprunte son nom aux « carbonari » napolitains, une organisation similaire… née sous l'occupation française.

LES VOYAGES DE DUMONT D'URVILLE

Impliqué dans l'achat par la France de la *Vénus de Milo* juste après sa découverte en 1815, l'explorateur Jules Dumont d'Urville explore à partir de 1826, à la tête de *L'Astrolabe*, l'Océanie et le Pacifique où il a nommé certains territoires comme la Mélanésie, la Micronésie et la Polynésie. Sous la monarchie de Juillet, il atteindra l'Antarctique où la terre Adélie a été nommée en l'honneur de sa femme Adèle, qui mourut comme lui dans la première catastrophe ferroviaire française à Meudon en 1842.

La première girafe sur le sol français

Pour améliorer les relations franco-égyptiennes, le vice-roi d'Egypte Méhémet-Ali a offert à Charles X un cadeau insolite : une girafe. Arrivée à Marseille fin 1826, le cortège qui l'accompagne à pied jusqu'à Paris crée l'événement partout où il passe. Après avoir rencontré le roi, l'animal rejoint le Jardin des Plantes et provoque une véritable « girafomania ». Déclinée en vaisselle, inspirant une coiffure, la girafe reçoit des centaines de milliers de visites. Aujourd'hui visible, la girafe naturalisée continue à attirer des visiteurs au Muséum d'histoire naturelle de La Rochelle.

Nicéphore Niépce, auteur de la première photographie

Inventeur d'un moteur destiné à la propulsion des bateaux appelé « pyréolophore », Nicéphore Niépce est surtout le père de la photographie. Après être parvenu à réaliser des négatifs grâce au chlorure d'argent, il réalise en 1827 la première photographie, pour laquelle le temps de pose fut de huit heures. Disparu en 1833, il s'était auparavant associé avec Louis Daguerre, qui tirera profit de ses travaux pour mettre au point son daguerréotype.

AU SON DES CANONS

En 1822, une équipe de scientifiques chevronnés, regroupant notamment Arago, Humboldt, Gay-Lussac et Prony, réalise une expérience qui vise à mesurer plus précisément la vitesse du son. Entre les hauteurs de Villejuif et la tour de Montlhéry, des coups de canon sont échangés. La durée séparant l'observation du coup de feu – l'expérience a été réalisée la nuit – et la perception du son leur permetent de calculer une vitesse du son dans l'air à 15,9 °C proche de 341 m/s.

1830 à 1848

1815 1820 1830 1840 1850 1860 1870 1880 1890 1900 1914

LA MONARCHIE DE JUILLET

Pendant les journées révolutionnaires des 27, 28 et 29 juillet 1830, appelées les Trois Glorieuses, le peuple se soulève contre le régime de Charles X, dernier souverain de la dynastie des Bourbons. Le duc d'Orléans agit avec finesse en adoptant un comportement attentiste pour apparaître comme le nécessaire recours. Après l'abdication de Charles X – suivie de celle du dauphin Louis XIX qui a ainsi régné un court instant – le 2 août, Louis-Philippe Ier est intronisé « roi des Français » le 9 août. Le pays place de grands espoirs dans ce nouveau souverain admirateur du système anglais, pour lequel ce jour est celui de la revanche des d'Orléans contre les Bourbons, Philippe II le fondateur de la maison d'Orléans étant le frère de Louis XIV. Né d'une révolution, ce régime prendra fin avec une autre en 1848, après avoir été animé par d'autres révoltes comme celles des Canuts à Lyon en 1831 et 1834.

Müller au cap Nord

Louis-Philippe, alors duc de Chartres, a soutenu la Révolution et participé à l'âge de 19 ans aux batailles de Valmy et de Jemmapes en 1792. Son père le duc d'Orléans, député sous la Convention connu sous le nom de Philippe Egalité, a voté la mort du roi – ce qui ne l'empêcha pas d'être guillotiné pendant la Terreur. Mal vu au sein même des royalistes, Louis-Philippe débute alors un exil qui l'amène en Suisse, aux Etats-Unis, en Amérique centrale, en Angleterre et en Sicile, mais aussi entre-temps en Laponie où le jeune prince a atteint le cap Nord en voyageant sous le nom de Müller. Il se marie avec Marie-Amélie de Bourbon-Siciles, avec qui il n'aura pas moins de dix enfants, avant de revenir en France à la chute de Napoléon, retrouvant alors son titre de duc d'Orléans. Reconnaissant envers ses hôtes norvégiens, il leur offrit un buste à son effigie en 1839.

67. LOUIS-PHILIPPE (1830-1848). *Arrestation de la Duchesse de Berry*

L'inconfortable cachette de la duchesse de Berry

Quand le fils de Charles X est assassiné en 1820 par un républicain fanatique souhaitant mettre fin à la dynastie des Bourbons, son épouse la duchesse de Berry est enceinte. Elle ne vécut dès lors que pour mettre sur le trône de France « l'enfant du miracle », Henri V. En 1832, elle imagina à nouveau de soulever la Vendée, mais cette tentative échoua. Ayant trouvé refuge à Nantes, sa maison fut cernée par la police, suite à une dénonciation. Après une vaine perquisition, on y posta des gardes, qui, pour se réchauffer, firent un feu. Presque aussitôt, des coups redoublés se firent entendre. Derrière la plaque de la cheminée se tenait cachée depuis 17 heures la duchesse de Berry qui allait finalement être arrêtée.

1832 : LA DERNIÈRE GRANDE ÉPIDÉMIE DE CHOLÉRA

L'épidémie de choléra qui touche la France en 1832 est en réalité une pandémie apparue en Asie en 1826. Parmi les victimes notoires figure le président du Conseil Casimir Perier. Ce mal qui envahit Paris s'accompagne de mouvements de panique et de comportements imprudents : quatre personnes ont été tuées par des excités convaincus qu'il s'agissait d'empoisonneurs, tandis qu'un certain Dumas serait guéri après avoir bu, par mégarde, un flacon entier d'éther, l'habitude étant plutôt d'essayer de combattre l'épidémie avec du thé noir, ce qui restait sans effet. Cette épidémie aura pour effet le regain d'intérêt pour la construction d'un véritable réseau d'égouts, dont la longueur triple entre 1830 et 1848.

La loi Guizot : une loi pionnière en matière d'instruction

En 1833, le ministre de l'Instruction publique, Guizot, publia une loi, qui, pour la première fois, attribuait à l'Etat la tâche d'assurer l'instruction primaire. Par ailleurs, pour relever le niveau du corps enseignant, on créa une école normale d'instituteurs dans chaque département, à une époque où 45 % des conscrits signaient encore avec une croix. En outre, Guizot a été à l'origine de la protection des monuments historiques, dont l'écrivain Prosper Mérimée a été inspecteur à partir de 1834.

LOUIS-PHILIPPE ÉCHAPPE À TOUS LES ATTENTATS

Entre les royalistes légitimistes et les républicains, voire les bonapartistes, Louis-Philippe ne manque pas d'opposants. Dans ce contexte, il échappa à une importante série de complots et d'attentats. Dès 1832, le complot « de la rue des Prouvaires » est éventé : à l'occasion d'un bal aux Tuileries, des légitimistes veulent capturer le roi et proclamer Henri V. La même année, il doit faire face à un soulèvement républicain en juin et à un coup de feu tiré par un républicain en novembre. Parmi les trois attentats qu'allait encore connaître le roi, le plus retentissant fut celui de Fieschi en 1835. Cet aventurier corse mit en place une machine infernale, constituée de 25 canons de fusil posés sur un châssis et préfigurant les célèbres « orgues de Staline ». Si l'attentat fit 18 morts et 25 blessés, le roi et sa famille en sont sortis indemnes !

1836 : L'obélisque de Louxor est érigé à Paris

Trônant encore aujourd'hui au centre de la place de la Concorde, l'obélisque de Louxor est un cadeau offert par le vice-roi d'Egypte Méhémet-Ali. N'évoquant ni la monarchie française ni la république, cet obélisque haut de 22 m et d'un poids de 250 tonnes a l'avantage de ne pas soulever de querelles politiques. Pendant son transport, il fut endommagé et l'on s'interrogea sur la manière de le réparer. Les archéologues recommandèrent l'utilisation de granit ou de bronze, mais finalement on opta pour du mastic ! En échange la France offrit une horloge monumentale pour la mosquée du Caire. Celle-ci ayant aussi souffert pendant le transport, elle n'a jamais fonctionné…

UNE MÉPRISE PRINCIÈRE

Lorsque fut décidé, en 1837, le mariage du duc d'Orléans, fils aîné de Louis-Philippe, et de la princesse de Mecklembourg, les deux jeunes gens ne s'étaient jamais rencontrés. Impatient, le jeune homme se précipita à la gare de Nancy, où sa promise arrivait accompagnée de sa mère et d'une dame d'honneur. Aussitôt, il salua sa future belle-mère et crut s'incliner devant sa fiancée, qui n'était autre que la dame d'honneur ! Cette confusion n'eut comme conséquence qu'un éclat de rire général et un mariage heureux.

1840 : LE RETOUR DE NAPOLÉON Ier… ET DE SON NEVEU

Adolphe Thiers a reçu du roi l'autorisation de l'Angleterre pour le retour en France du corps de Napoléon, inhumé à Sainte-Hélène en 1821. Les « cendres » (terme improprement utilisé) de l'Empereur quittent Sainte-Hélène à bord de *La Belle Poule*, partie le 7 juillet 1840 de Toulon avec à son bord le général Bertrand qui avait accompagné Napoléon jusqu'à Sainte-Hélène. Pour la seconde inhumation, la place Vendôme, trop passante, eut ses partisans, tout comme la basilique de Saint-Denis, demeure des rois. On choisit finalement l'église Saint-Louis des Invalides. Entre-temps, début août, Louis Napoléon Bonaparte tentait, en vain, un débarquement à Calais pour reprendre le pouvoir…

1843 : La prise de la smala d'Abd el-Kader

Après la prise d'Alger en 1830, le reste de l'Algérie reste à conquérir. Le chef arabe Abd el-Kader s'oppose aux desseins français jusqu'à ce que la « capitale itinérante » que constitue sa smala tombe aux mains du duc d'Aumale, troisième fils de Louis-Philippe. Délogé de son refuge marocain par le général Bugeaud en 1844, Abd el-Kader finit par se rendre au duc d'Aumale, en lui offrant le dernier cheval qu'il avait monté, une jument blanche. Emprisonné à Pau, il sera libéré par Napoléon III et se montrera d'une rare loyauté avec la France après l'avoir durement combattue pendant cette première guerre d'Algérie.

1848 à 1852

1815 1820 1830 1840 1850 1860 1870 1880 1890 1900 1914

La IIe République

La crise économique et sociale amorcée en 1846 a eu raison de la monarchie de Juillet. Dès 1847, la gauche organise des banquets dans toute la France pour s'opposer aux mesures du conservateur Guizot (ci-contre) et pour réclamer l'élargissement du suffrage censitaire. L'opposition à la tenue dans la capitale de l'un d'eux a été l'étincelle des journées révolutionnaires parisiennes de février 1848 qui ont accouché de la IIe République. Aussitôt le suffrage universel (masculin) est proclamé, l'esclavage dans les colonies aboli, la liberté de la presse garantie. Les rêves d'une république sociale s'estompent toutefois rapidement avec la répression des journées de juin et le retour des conservateurs au pouvoir. La nouvelle Constitution prévoit l'élection d'un président de la République qui sera le plus jeune de tous les présidents français et aussi le neveu d'un empereur… Louis-Napoléon Bonaparte recueille les trois quarts des suffrages d'un peuple nostalgique, qui plébiscitera un retour à l'empire seulement quatre ans plus tard.

Ledru-Rollin acclamé par la foule après le vote de son projet de suffrage universel.

LAMARTINE DÉFEND LE DRAPEAU TRICOLORE

Le 25 février 1848, alors que la République vient d'être proclamée, le drapeau tricolore réhabilité par Louis-Philippe en 1830 – sous la Restauration le drapeau blanc avait été adopté – est en passe d'être « renversé » par le drapeau rouge qu'une foule armée brandit devant l'hôtel de ville. Le poète Alphonse de Lamartine, tout juste nommé ministre des Affaires étrangères et membre influent du gouvernement provisoire, ponctue alors une harangue ainsi : « Je repousserai jusqu'à la mort ce drapeau de sang, et vous devez le répudier plus que moi, car le drapeau rouge que vous rapportez n'a jamais fait que le tour du Champ-de-Mars, traîné dans le sang du peuple, en 91 et 93 ; le drapeau tricolore a fait le tour du monde, avec le nom, la gloire et la liberté de la patrie ».

Le droit au travail : des Ateliers nationaux au canal de la Sauldre

Dès février 1848, sont créés les Ateliers nationaux, destinés à tous ceux qui sont sans travail. Toutefois, avant même la suppression de ces Ateliers nationaux en juin qui engendrera de nouvelles échauffourées, il est difficile de répondre à la demande de ces chômeurs que l'on veut occuper si possible en dehors de l'agitation politique de la capitale. Certains d'entre eux sont amenés à creuser le canal de la Sauldre, destiné à apporter de la marne pour fertiliser les terres acides de Sologne. Mais les plans ne sont pas véritablement entérinés et la majeure partie du canal (11 km sur 13) creusée à la hâte entre juin 1848 et avril 1849 ne servira finalement jamais… Le canal de la Sauldre sera achevé sous le Second Empire, mais son intérêt demeurera limité en raison de l'utilisation de nouveaux engrais, du développement du rail, et de son absence de liaison avec d'autres voies navigables.

MR SMITH RENTRE CHEZ LUI…

Face aux insurgés parisiens, Louis-Philippe refusa la répression et abdiqua le 25 février pour son fils Louis-Philippe II qui ne fut pas reconnu par le gouvernement provisoire. Ne souhaitant pas connaître le même sort que Louis XVI et Marie-Antoinette, le roi et la reine Marie-Amélie regagnent séparément les côtes normandes où, recherchés, ils vont attendre jusqu'au 2 mars avant de pouvoir embarquer pour l'Angleterre. Pour voyager incognito, Louis-Philippe possédait un passeport au nom de William Smith, ce qui ne l'empêcha pas d'être reconnu à plusieurs reprises par des Français qui ne lui montrèrent pas d'hostilité.

DEPART PRÉCIPITÉ DE LOUIS PHILIPPE DU CHATEAU DES TUILERIES (24 Février 1848)
(Il disait chassé comme Charles dix.)

Miss Howard

En 1846, Bonaparte rencontre Harriet Howard, une jeune actrice anglaise qui n'a pas seulement été une de ses maîtresses, mais aussi un soutien financier important avant qu'il ne devienne Napoléon III. Après, la recherche d'une impératrice et le mariage avec Eugénie de Montijo éclipsèrent cette femme de l'ombre qui a élevé les deux premiers fils de l'empereur nés d'une autre relation, Eléonore Vergeot, lingère au fort de Ham.

UN PRINCE SUISSE GLOBE-TROTTER

Louis-Napoléon Bonaparte est le fils de Louis Bonaparte, frère de Napoléon Ier ayant été roi de Hollande, et d'Hortense de Beauharnais, la fille de l'impératrice Joséphine. Ainsi Louis-Napoléon n'est-il pas seulement le neveu de Napoléon, mais aussi son petit-fils par alliance. A la mort de son frère aîné en 1831, et de celle du duc de Reichstadt (Napoléon II) l'année suivante, Louis-Napoléon apparaît comme l'héritier du trône impérial. Né à Paris en 1802, il a dû, comme tous les Bonaparte, quitter la France sous la Restauration. Grandissant en Suisse alémanique, sa mère le conduit à plusieurs reprises en Italie. Après l'échec du soulèvement de Strasbourg qui visait en 1836 à renverser la monarchie de Juillet, il doit quitter le pays et même le continent. Il gagne alors les Etats-Unis, mais revient rapidement en Angleterre. De sa jeunesse, il a gardé un accent suisse allemand qui n'arrangea rien au regard que les députés portèrent sur sa piètre prestation lors de sa première intervention à l'Assemblée, mais aussi la nationalité suisse acquise en 1832.

« Badinguet » président pour quatre ans...

Emprisonné en 1840 après avoir tenté un débarquement à Boulogne dans le but de renverser Louis-Philippe, Louis-Napoléon Bonaparte s'évade du fort de Ham en Picardie, après six années de détention, en empruntant les vêtements du maçon Charles-Auguste Pinguet surnommé Badinguet. Il empruntera aussi, malgré lui, son surnom que se plairont à lui donner ses détracteurs. Pour l'élection présidentielle de 1852, il ne peut se représenter, mais le coup d'Etat du 2 décembre 1851, date anniversaire du sacre de son oncle et de la bataille d'Austerlitz, lui permet de réviser la Constitution. Quittant l'Elysée pour les Tuileries, il met en place un régime autoritaire que les Français approuvent largement par plébiscite. Son mandat est alors allongé à dix ans, mais un autre plébiscite le fera devenir empereur en 1852, le 2 décembre naturellement.

LE DÉPUTÉ BAUDIN MEURT « POUR 25 FRANCS »

Le coup d'État du 2 décembre 1851 a entraîné de vives oppositions toutefois rapidement réprimées. Paré d'une écharpe tricolore, le député Jean-Baptiste Baudin prend part à une barricade au matin du 3 décembre, et essaie de convaincre les habitants du faubourg Saint-Antoine de le rejoindre. Un ouvrier affirme alors qu'il n'est pas utile de se battre pour la République et pour que les députés continuent de toucher leurs 25 francs par jour. Selon la tradition républicaine qui lui a donné une image de martyr, Baudin aurait alors répondu : « ***Vous allez voir comment on meurt pour 25 francs !*** **»... juste avant d'être atteint par trois balles.**

Catastrophe du Pont suspendu, actuellement Pont de la Basse chaine en l'année 1850 (le 11ème Leger)
Angers

LE 11ᴱ LÉGER AU (TRÉ)PAS...

Le 16 avril 1850, le 11ᵉ régiment d'infanterie légère traverse le pont suspendu qui relie le quartier de la Doutre au château à Angers. Bientôt 220 soldats se noient dans les eaux de la Maine. Une première hypothèse veut que le pont se soit effondré à cause de la tempête et de l'oxydation de certaines structures métalliques. Le phénomène physique de résonance sera par la suite avancé : l'oscillation du pont aurait été amplifiée par les pas en cadence des soldats. Toujours est-il que les régiments ne franchiront plus les ponts au pas.

La révolution industrielle

Précédée par la Grande-Bretagne, la France connaît à partir du milieu du XVIIIe siècle une transformation industrielle majeure, rendue possible par les inventions scientifiques, de nouvelles machines et l'utilisation d'énergies nouvelles. Mais il faut souvent attendre de nombreuses années pour qu'une technique nouvelle se généralise, à l'instar de la machine à vapeur, puis de la locomotive à vapeur perfectionnée par le Britannique Stephenson en 1817. Si en 1823 le roi Louis XVIII accorde la première concession d'une ligne de chemin de fer reliant Saint-Etienne à la Loire, le réseau ferré français ne se densifie véritablement qu'à la fin du XIXe siècle. A ces innovations qui bouleversent l'économie en facilitant les échanges, il faut ajouter les bateaux à vapeur dont on doit des prototypes au Français Jouffroy d'Abbans, et à l'Américain Fulton qui testa un bateau à vapeur sur la Seine en 1803, sous les yeux de Bonaparte.

La machine à vapeur

Il n'est pas aisé de dire qui est l'inventeur de la machine à vapeur. A ses origines on trouve entre autres les travaux du Français Denis Papin, mais ce sont les Britanniques Newcomen et surtout Watt en 1769 qui ont su transformer efficacement l'énergie de la vapeur d'eau sous pression en énergie mécanique. D'abord utilisée pour pomper l'eau dans les mines, la machine à vapeur contribue à l'essor de la grande industrie, en faisant fonctionner toutes sortes de machines, notamment dans les filatures.

Le charbon, la fonte et l'acier

Le charbon est au cœur de la révolution industrielle. Utilisé d'abord pour le chauffage compte tenu de sa combustion lente, il entre également dans la fabrication de l'acier se combinant au fer pour former dans un premier temps la fonte. La métallurgie indispensable à l'essor du chemin de fer se développe près des mines de charbon ou de fer, dans le nord de la France, dans l'Est ou encore dans les bassins du Creusot et de Saint-Etienne où fleurissent les hauts-fourneaux.

La peur des premiers chemins de fer

En 1835, des membres de l'académie de médecine de Lyon s'inquiètent des conséquences des voyages en train. Le passage trop rapide d'un climat à l'autre affecterait les voies respiratoires, les trépidations entraîneraient des troubles nerveux, tandis que les femmes enceintes ne manqueraient pas de faire une fausse couche. Enfin, la rapide succession des images enflammerait la rétine de passagers filant à toute allure dans des trains ne dépassant pas 50 km/h…

RÉVOLUTION AGRICOLE ET EXODE RURAL

De nouvelles cultures qui permettent d'abandonner la jachère, la sélection des semences et des races d'élevage et l'utilisation d'engrais chimiques vont faire augmenter les rendements à l'hectare. Les outils et machines agricoles se perfectionnent, et on a de moins en moins besoin de bras dans les campagnes du pays qui a vu sa population passer de 27 à 39 millions entre 1800 et 1900. C'est tout naturellement que l'exode rural s'accentue, grâce aux nombreux emplois que procure l'industrialisation des villes.

PATRONS ET OUVRIERS

Si la révolution industrielle a fait émerger une haute bourgeoisie capitaliste, représentée par des grands patrons comme la « dynastie » des Schneider au Creusot ou celle des Wendel en Lorraine, elle a aussi fait naître une nouvelle classe : le prolétariat. Séparée par les classes moyennes qui s'affirment au XIXe siècle, bourgeois et ouvriers font vivre la lutte des classes, notion associée à Karl Marx mais déjà développée sous la Restauration par l'historien et homme politique François Guizot.

Chez ma tante

De nombreuses compagnies, minières ou de chemins de fer, ont vu le jour grâce aux actionnaires qui se sont partagé le capital de sociétés par actions pour qui les banques sont des partenaires indispensables. En 1848 est fondé le Comptoir national d'escompte de Paris, future BNP, une quinzaine d'années avant le Crédit Lyonnais et la Société générale. Les classes populaires se tournent plutôt vers les Caisses d'épargne dont la première a été ouverte à Paris en 1818. Les monts-de-piété, organismes de prêts sur gage, sont surnommés « ma tante » depuis que le fils de Louis-Philippe y aurait déposé une montre pour honorer une dette de jeu, alors que, peu fier, il aurait affirmé l'avoir laissée chez sa tante…

LES GRANDS NOMS DE LA « LUTTE FINALE »

Des socialistes tels que Jules Guesde diffusent les idées de Marx. Louis Auguste Blanqui – qui se trouve être le frère de l'économiste Adolphe Blanqui qui a développé la notion de révolution industrielle – est surnommé l'« Enfermé », ayant passé trente-trois ans de sa vie en prison. Pierre Joseph Proudhon, ami du peintre chef de file du courant réaliste Gustave Courbet, est pour sa part associé à la formule « la propriété c'est le vol ». Jean Jaurès (ci-contre) se rallie quant à lui définitivement aux idées socialistes au moment des grèves des mineurs de Carmaux dans son Tarn natal. Plusieurs mouvances socialistes ont coexisté avant la fondation en 1905 de la SFIO (Section française de l'Internationale ouvrière qui deviendra le Parti socialiste en 1969). En 1871, en pleine répression de la Commune de Paris, le poète Eugène Pottier écrit les paroles de *L'Internationale*, chant symbole des luttes sociales à travers le monde, mis en musique ultérieurement par l'ouvrier belge Pierre Degeyter.

LES PROGRÈS SOCIAUX DU XIXE SIÈCLE

Au début du XIXe siècle, malgré des conditions de travail très difficiles, les soulèvements des ouvriers sont généralement écrasés dans le sang, à l'image de la révolte des Canuts lyonnais. Le droit de grève est autorisé en 1864, vingt ans avant que la loi Waldeck-Rousseau ne reconnaisse la liberté syndicale. La durée de la journée de travail n'est véritablement limitée à dix heures que par la loi Millerand de 1900 et il faut attendre 1907 pour que la journée de repos hebdomadaire devienne obligatoire. Le travail des enfants fut interdit en 1841 avant l'âge de 8 ans, avant 13 ans en 1874, la journée des 13-18 ans ne devant pas dépasser dix heures à partir de 1892…

Le paternalisme

Certains patrons dits « paternalistes » ont à cœur d'améliorer les conditions de vie de leurs employés. Les Schneider, qui fabriquaient notamment les canons de l'armée au Creusot, ont ainsi aménagé de nombreux services comme des écoles ou un hôpital. Bien qu'il s'agisse d'un bon moyen pour contrôler les ouvriers, ils n'échappèrent pas à la grande grève de 1899. Le Familistère construit à Guise dans l'Aisne, pour les ouvriers de l'usine de poêles de Jean-Baptiste Godin, est une réalisation paternaliste encore plus aboutie, qui reprend les idées du philosophe socialiste utopique Charles Fourier.

1852 à 1870

1815 — 1820 — 1830 — 1840 — 1850 — 1860 — 1870 — 1880 — 1890 — 1900 — 1914

LE SECOND EMPIRE

Plébiscité par les Français, Louis-Napoléon Bonaparte devient l'empereur Napoléon III le 2 décembre 1852, un an après son coup d'Etat. Le second Empire est généralement divisé en deux périodes : une autoritaire et l'autre libérale. L'opposition est d'abord muselée, mais au fil des années 1860, le régime prend des tournures libérales avec les libertés de presse et de réunion rétablies. Le territoire français est transformé par une politique de grands travaux : les régions marécageuses comme la Sologne et les Landes sont asséchées et reboisées, Paris est transformé, et le réseau de chemin de fer s'étend petit à petit dans tout le territoire. Sur le plan colonial, la présence française se renforce en Afrique et en Indochine. Inquiet de la montée en puissance de la Prusse, Napoléon III lui déclare la guerre en 1870. Vaincu à Sedan, les républicains renverseront le second Empire.

VICTOR HUGO ET « LE PETIT »

Ecrasé par l'ombre de son illustre oncle, Napoléon III reste attaché à l'image caricaturale d'un monarque terne. Victor Hugo a été le chef d'orchestre de la légende noire de celui qu'on appelait « Naboléon », ou « Boustrapa » en référence à ses coups d'Etat (**Bou**logne, **Stra**sbourg, **Pa**ris). Dans son livre *Napoléon le Petit*, il le qualifie de « tyran », de « chacal à sang froid », de « vautour », de « pourceau dans son cloaque », de « nain tout-puissant » ou encore d'« escroc du scrutin » ! Cependant, il convient de réhabiliter l'empereur social, l'auteur de *L'Extinction du paupérisme* qui a financé en partie les cités ouvrières grâce à la confiscation des biens des Orléans en 1852. A l'origine du droit de grève et des caisses de retraite, il renonce même durant son règne à la quasi-totalité de ses revenus en vue de financer hôpitaux, écoles et secours aux nécessiteux.

La dictée de Mérimée

En 1857, l'écrivain, historien et inspecteur des monuments historiques Prosper Mérimée a rédigé une dictée, à la demande de l'impératrice Eugénie, pour distraire la cour. Napoléon III aurait fait soixante-quinze fautes, l'impératrice soixante-deux, Alexandre Dumas vingt-quatre, et Metternich fils, ambassadeur d'Autriche, seulement trois. Dumas se serait alors retourné vers ce dernier pour lui demander : « Quand allez-vous, prince, vous présenter à l'Académie pour nous apprendre l'orthographe ? »

Le texte joint de cette dictée, qui a connu des variantes, a toutefois fait l'objet de quelques mises à jour, mais il ne tient pas compte de la réforme de l'orthographe de 1990.

« Pour parler sans ambiguïté, ce dîner à Sainte-Adresse, près du Havre, malgré les effluves embaumés de la mer, malgré les vins de très bons crus, les cuisseaux de veau et les cuissots de chevreuil prodigués par l'amphitryon, fut un vrai guêpier.
Quelles que soient, et quelque exiguës qu'aient pu paraître, à côté de la somme due, les arrhes qu'étaient censés avoir données la douairière et le marguillier, il était infâme d'en vouloir pour cela à ces fusiliers jumeaux et mal bâtis, et de leur infliger une raclée, alors qu'ils ne songeaien t qu'à prendre des rafraîchissements avec leurs coreligionnaires.
Quoi qu'il en soit, c'est bien à tort que la douairière, par un contresens exorbitant, s'est laissé entraîner à prendre un râteau et qu'elle s'est crue obligée de frapper l'exigeant marguillier sur son omoplate vieillie. Deux alvéoles furent brisés ; une dysenterie se déclara suivie d'une phtisie, et l'imbécillité du malheureux s'accrut.
— Par saint Martin ! quelle hémorragie ! s'écria ce bélître.
À cet événement, saisissant son goupillon, ridicule excédent de bagage, il la poursuivit dans l'église tout entière. »

Prosper Mérimée

Les étages de l'immeuble haussmannien.

Le Paris d'Haussmann

Si Paris possède une telle cohérence urbanistique, elle la doit à Napoléon III et à son préfet, le baron Haussmann, qui a anticipé l'évolution des moyens de transports en développant un large réseau de boulevards. Dans une capitale souvent prête à se rebeller, l'ouverture de grands axes, qui a causé la destruction de plus de vingt mille habitations, est aussi une manière d'éviter les barricades. L'assainissement de la capitale passe par un nouveau système d'évacuation des eaux usées. Une loi de 1852 impose le raccordement des immeubles aux égouts, dont le réseau s'étendra de plus de 500 km sous la houlette d'Eugène Belgrand qui a également fait construire l'aqueduc de la Vanne pour approvisionner les réservoirs de Montsouris. Parmi les legs du second Empire figurent encore la division en vingt arrondissements, les halles de Baltard, l'opéra Garnier, l'aménagement des bois de Vincennes et de Boulogne et le parc des Buttes-Chaumont. Soupçonné d'enrichissement personnel – Jules Ferry est l'auteur d'une brochure intitulée *Les comptes fantastiques d'Haussmann…* –, il est révoqué quelques mois avant la chute de l'Empire.

Le magicien Robert-Houdin contre les marabouts algériens

Né à Blois en 1805, Jean-Eugène Robert-Houdin est devenu un des plus célèbres prestidigitateurs de l'histoire. Il a aussi créé de nombreux automates, et déposé de nombreux brevets dans les domaines de l'électricité et de l'ophtalmologie. En 1856, il ne s'attendait sans doute pas à ce que ses talents soient utilisés à des fins politiques. A la demande du colonel Neveu, chef du bureau politique d'Alger, il reçoit la mission d'aller décrédibiliser les marabouts de Kabylie, qui constituent une menace pour les opérations de pacification françaises.

Les hauts et les bas des relations franco-britanniques

Motivée par des impératifs politiques et par une émulation économique, l'entente avec l'Angleterre fut surtout possible grâce à la sympathie réciproque qu'éprouvaient Napoléon III et la reine Victoria. Pour l'Exposition universelle de 1855, la reine effectua une visite officielle à Paris – la première d'un souverain britannique depuis la guerre de Cent Ans ! – au cours de laquelle elle prit la peine de s'incliner devant le tombeau de Napoléon Iᵉʳ. En 1859, les agissements de Ferdinand de Lesseps, qui fait commencer le creusement du canal de Suez, font toutefois craindre une perte d'influence des Britanniques au Proche-Orient.

PRISE DE SÉBASTOPOL, 1855

LA GUERRE DE CRIMÉE OU L'ESSOR DE LA MÉTÉOROLOGIE

Le 14 novembre 1854, durant la guerre de Crimée qui vise à limiter l'expansion russe, une tempête détruit une grande partie de la flotte franco-anglo-turque au large de Sébastopol. Face à ce désastre Urbain Le Verrier, directeur de l'Observatoire de Paris, suggère à Napoléon III d'étudier l'évolution des conditions atmosphériques avec une plus grande précision. Un réseau de stations qui communiquent leurs mesures par le télégraphe électrique est mis en place à partir de 1755. En 1863, l'Observatoire de Paris débute la publication quotidienne de cartes météorologiques. Il était temps…

De l'entrevue secrète de Plombières à Solférino

En 1849, la France permet au pape de revenir à Rome en mettant fin à l'éphémère république romaine. Considéré comme un traître de la cause italienne, Napoléon III est la cible du patriote Orsini, auteur d'un attentat qui fait huit morts et près de cent cinquante blessés à Paris le 14 janvier 1858. Indemne, l'empereur rencontre l'été suivant, en secret, le président du Conseil du Piémont-Sardaigne Cavour, dans la station thermale vosgienne de Plombières, où la famille Bonaparte a ses habitudes. En échange du soutien français pour libérer le nord de l'Italie du joug autrichien, la Savoie et Nice seront rattachés à la France. Après les victoires de Magenta et Solférino (juin 1859), Savoyards et Niçois ont accepté le traité de Turin en 1860, à une très écrasante majorité, qui l'aurait toutefois été un peu moins avec une organisation plus équitable du plébiscite.

BATAILLE DE SOLFÉRINO, 1859

LA LÉGION À CAMERONE

L'empereur rêve de la création d'une monarchie catholique au Mexique, pour contrebalancer l'influence croissante des Etats-Unis protestants. De 1862 à 1867, l'intervention militaire de la France se solde par un échec et la condamnation à mort de l'éphémère empereur Maximilien, frère de l'empereur d'Autriche. Parmi les hauts faits d'armes français, figure le combat de Camerone en 1863, où 64 légionnaires commandés par le capitaine Danjou ont tenu tête pendant onze heures à 2000 soldats mexicains. L'expression « faire Camerone » est toujours utilisée dans la Légion étrangère, qui commémore ce combat chaque 30 avril.

Trahi par un gentil toutou...

Napoléon III venait aussi régulièrement en cure à Vichy. Le 27 juillet 1863, alors qu'il se promène avec l'impératrice Eugénie, un petit chien s'approche de l'empereur, et lui montre des signes d'affection si appuyés qu'ils éveillent bientôt les soupçons de l'impératrice. En effet, ce chien s'avère être celui de la comédienne en vogue Marguerite Bellanger. Furieuse d'une preuve aussi éclatante de l'infidélité de son époux, elle quitte la ville le soir même pour ne plus jamais y revenir !

La guerre franco-allemande (1870 - 1871) et l'avènement de la IIIe République

La guerre de 1870, qui a opposé la France à une confédération d'Etats allemands dominés par le royaume de Prusse, trouve son origine dans la candidature d'un parent du roi de Prusse au trône d'Espagne et dans la crainte des Français de se voir pris en tenailles, comme au temps de Charles Quint et François Ier. Beaucoup moins bien préparée que les Allemands, l'armée française peine durant l'été 1870 à contenir les assauts ennemis dans le nord de l'Alsace et en Moselle, avant d'être battue à Sedan le 1er septembre et de capituler le lendemain. Le 2 septembre est resté jour de fête nationale en Allemagne jusqu'en 1918, sous le nom de Sedantag (« jour de Sedan »). Malgré quelques sursauts à Coulmiers près d'Orléans, ou à Villersexel près de la place forte de Belfort ardemment défendue par Denfert-Rochereau, l'armistice est signé le 28 janvier après la capitulation de Paris assiégé depuis plusieurs mois.

LA DÉPÊCHE D'EMS MET LE FEU AUX POUDRES

Le roi Guillaume Ier, alors en cure à Ems, rédige un télégramme pour signaler qu'il renonce au soutien de la candidature de son cousin au trône d'Espagne. Mais la célèbre dépêche d'Ems, qui a déchaîné les esprits en France comme en Allemagne, est la reformulation sciemment provocante qu'en a fait le chancelier Bismarck, impatient d'en découdre avec l'armée de Napoléon III.

UN EMPIRE CHASSE L'AUTRE

Si la guerre franco-allemande a enterré le second Empire, elle a aussi fait naître un autre empire réunissant de nombreux Etats allemands. Fait prisonnier à Sedan, Napoléon III est déchu dès le 4 septembre, quand la république est proclamée à Paris où s'est formé un gouvernement de Défense nationale. L'empereur est d'abord retenu en Allemagne, avant de pouvoir rejoindre Eugénie à Chislehurst en Angleterre, où il décède en 1873 suite à une opération de la vessie. L'Empire allemand est quant à lui proclamé dans la galerie des Glaces du château de Versailles le 18 janvier 1871, avec Guillaume Ier de Prusse à sa tête.

Bataille de SEDAN (1er Septembre 1870)
Combat de Cavalerie à Illy

L'annexion partielle de l'Alsace-Lorraine

Le traité de Francfort de mai 1871 n'a pas entraîné la perte totale de l'Alsace et de la Lorraine. D'âpres négociations menées par Thiers ont maintenu Belfort en territoire français, contrairement au reste de l'Alsace qui est annexé avec quelques communes vosgiennes, et avec des terres lorraines qui ne correspondent qu'à l'actuel département de la Moselle, cependant riche en minerais… Si plusieurs dizaines de milliers « d'optants » décidèrent de garder la nationalité française en quittant leur région, ceux qui sont restés dans l'Alsace-Lorraine, qui eut le statut spécial de « Reichsland » au sein de l'Empire allemand, demeurèrent très majoritairement francophiles à l'image du maire de Colmar Lauth, démis de ses fonctions pour n'avoir pas prêté serment au Reich.

Gambetta quittant la capitale en ballon.

Les Parisiens assiégés et affamés

Du 18 septembre 1870 au 26 janvier suivant Paris est encerclé. Bientôt, la population est contrainte de se nourrir de rats, de chats ou de chiens, et même de viandes plus exotiques. Les pensionnaires de la ménagerie du Jardin des Plantes sont abattus, notamment les deux éléphants Castor et Pollux, dont la viande n'était paraît-il guère fameuse. Certains pigeons furent épargnés, et pour cause. Outre les ballons postaux et les insolites boules de Moulins déposées dans la Seine en amont de la capitale, le pigeon voyageur était redevenu à la mode pour communiquer entre la capitale et la province. Le ballon avait également permis à Gambetta de rejoindre la délégation gouvernementale à Tours en octobre 1870.

L'ALIMENTATION DE PARIS PENDANT LE SIÈGE. — Un coin du marché Saint-Germain. — Boucheries canine et féline. — (Dessin d'après nature de M. Vierge.)

LES DÉBUTS FRAGILES DE LA IIIE RÉPUBLIQUE

Succédant à trois monarchies, deux républiques et deux empires, la IIIe République est le premier régime à s'imposer durablement depuis 1789. Il faut toutefois attendre neuf ans après la proclamation du 4 septembre 1870 pour que le pouvoir soit réellement aux mains des républicains avec le début du septennat de Jules Grévy. Auparavant les deux premiers présidents de la IIIe République qui ont joué un rôle majeur dans la répression de la Commune de Paris, sont tous deux des monarchistes. Si le premier, Adolphe Thiers, se rallie finalement à la république, le second, Patrice de Mac-Mahon, demeure favorable à la restauration de la monarchie. En 1875, l'amendement Wallon fixant l'élection pour sept ans du président de la République par le Sénat et la Chambre des députés est voté, à 353 voix contre 352 !

La Commune de Paris contre les Versaillais

Née le 18 mars 1871, moins de deux mois après la fin du siège de la capitale par les Prussiens, la Commune de Paris est un soulèvement populaire parisien, opposé au gouvernement bourgeois de Thiers. Les fédérés, ou communards, forment un gouvernement qui compte parmi ses élus l'écrivain Jules Vallès et le peintre Gustave Courbet. De nombreuses mesures sont votées, instaurant notamment le drapeau rouge, la laïcité, et l'enseignement mixte gratuit. A l'origine de plus de 20 000 morts, la répression par les troupes de Thiers basées à Versailles s'achève par la « semaine sanglante », connue pour les exécutions du mur des Fédérés dans le cimetière du Père-Lachaise. Comme Louise Michel, la « vierge rouge », quelques milliers d'insurgés sont déportés en Nouvelle-Calédonie, ou en Algérie. Ce mouvement, timidement imité dans d'autres villes françaises, marque aussi la défiance des Parisiens vis-à-vis de la province qui a amené au pouvoir les monarchistes. Ce sont pourtant des provinciaux qui vont venir à Paris remplacer les ouvriers et les petits artisans qui ont péri près des barricades.

GAMBETTA : « LE CLÉRICALISME VOILÀ L'ENNEMI »

Connu pour avoir quitté la capitale assiégée en ballon pour organiser la Défense nationale à Tours, après avoir proclamé la république, Léon Gambetta était un avocat, fils d'un immigré italien. Fervent anticlérical, ce remarquable tribun fut le pourfendeur de l'ordre moral de Mac-Mahon et de son ministre de Broglie. Il décéda à seulement 44 ans d'une péritonite, sans lien avec la blessure au bras qu'il s'est faite accidentellement un peu plus tôt avec son pistolet, et dans laquelle certains imaginèrent un attentat ou un acte commis par sa maîtresse. Son corps fut alors confié au Dr Baudrian, précurseur dans l'utilisation du formol.

Les deux présidents Grant (Etats-Unis) et Thiers devant un globe terrestre.

La République dirigée par des monarchistes !

Les premières élections organisées durant l'hiver 1871 vont jeter un froid sur la République. Les députés monarchistes (orléanistes et légitimistes) sont nettement majoritaires dans la nouvelle Assemblée qui se réunit la première fois à Bordeaux pour nommer Thiers chef de l'exécutif. Peu enclin à un retour de la monarchie, ce dernier, démissionnaire en 1873, laisse la place au maréchal Mac-Mahon élu par des députés monarchistes qui espèrent en réalité l'avènement du comte de Chambord. Mais à leur grand désarroi, alors que son trône et son carrosse étaient prêts, celui qui aurait pu devenir Henri V n'a pas daigné quitter son château autrichien juste parce qu'on lui refuse le changement du drapeau tricolore pour le drapeau blanc ! Le monarchiste Mac-Mahon demeure président jusqu'aux élections législatives de 1879, remportées par les républicains après un mandat marqué par la politique réactionnaire de « l'ordre moral » symbolisée par la construction de la basilique du Sacré-Cœur de Montmartre censée expier les excès de la Commune.

LE PLUS PETIT DES PRÉSIDENTS DE LA RÉPUBLIQUE FRANÇAIS EST ADOLPHE THIERS (1,55 M). CHARLES DE GAULLE MESURAIT QUANT À LUI 1,92 M.

L'ENRACINEMENT DE LA RÉPUBLIQUE

Une fois majoritaires dans les deux Chambres en 1879, les républicains vont mettre en place de nombreuses réformes. L'école primaire joue un rôle essentiel pour diffuser les valeurs républicaines et pour diminuer le poids de l'Eglise catholique. Les lois scolaires de Jules Ferry de 1881-1882 rendent l'école gratuite, laïque – l'enseignement religieux ayant été remplacé par l'instruction civique et morale – et obligatoire, le nombre de lauréats au certificat d'études doublant entre 1881 et 1886. Mais cette laïcisation de l'enseignement ne fait pas l'unanimité et accentue les divisions non seulement entre les partis politiques, mais aussi localement entre les partisans du curé du village et ceux de l'instituteur, bientôt surnommé « hussard noir de la République ».

L'officialisation des symboles de la République

La Marseillaise redevient l'hymne national au cours d'une séance présidée par Gambetta le 14 février 1879. L'année suivante le drapeau tricolore est officialisé et le 14 juillet institué fête nationale (ci-contre). Auparavant, l'année 1878 eut la particularité d'avoir une fête nationale tenue le 30 juin pendant l'Exposition universelle de 1878. Monet immortalisa l'événement dans une toile répondant aux codes du tout jeune courant impressionniste.

PRÉPARER LA REVANCHE

Après la défaite de 1870-1871, l'enseignement se doit de former de futurs citoyens prêts à défendre leur patrie amputée de l'Alsace-Lorraine. Le célèbre livre de lecture *Le Tour de France par deux enfants* est rédigé en ce sens. Paul Bert, qui collabora aussi à la rédaction de manuels scolaires, crée en 1882 les bataillons scolaires. A partir de 12 ans, les enfants peuvent se préparer à être soldats, les plus jeunes d'entre eux maniant des fusils en bois et les autres des fusils de petits calibres créés tout spécialement. Ces bataillons défileront chaque 14 juillet jusqu'en 1892, année où cette institution disparaît. Cet enseignement empreint de nationalisme décrit également les inégalités raciales. Rien d'étonnant à une époque où les colonialistes, Jules Ferry en tête, affirment que « les races supérieures ont un droit sur les races inférieures [...] et le devoir de les civiliser »...

D'origine italienne, l'explorateur français Pierre Savorgnan de Brazza a colonisé le Congo où Brazzaville porte toujours son nom.

La République remet les pendules à l'heure !

Jusqu'en 1891, il y avait deux heures différentes en usage : celle du méridien de Paris – utilisée notamment par les compagnies des chemins de fer – et celle de chaque localité – définie par la position du soleil au zénith. Il y avait ainsi près d'une demi-heure d'écart entre Brest et Paris. Avec la loi du 14 mars, l'heure légale est partout en France celle de la capitale. En 1911, l'heure légale sera décalée de quelques minutes pour se référer au méridien de Greenwich, qui traverse l'ouest de la France, faisant de « l'ancienne heure » d'Argentan ou de Tarbes la nouvelle heure légale.

Galtier, Pasteur et Meister

De la pasteurisation à ses travaux sur la fermentation, les apports de Louis Pasteur à la science sont nombreux. Moins connu que Pasteur, Pierre Victor Galtier a mis au point le premier vaccin contre la rage, quelque temps avant Pasteur. Galtier ne l'a toutefois testé que sur des animaux. C'est en 1885 que Pasteur essaie « leur » vaccin pour sauver un jeune Alsacien amené à Paris après avoir été mordu. Si pour certains spécialistes la rage chez le chien n'a pas été prouvée, toujours est-il que l'écho de cette vaccination a permis de lancer une souscription pour la création de l'Institut Pasteur. Jusqu'à ce qu'il mette fin à ses jours en 1940 après n'avoir pu empêcher l'accès du site aux Allemands, Joseph Meister, le jeune Alsacien qui avait rencontré Pasteur cinquante-cinq ans plus tôt, fut le gardien de l'Institut.

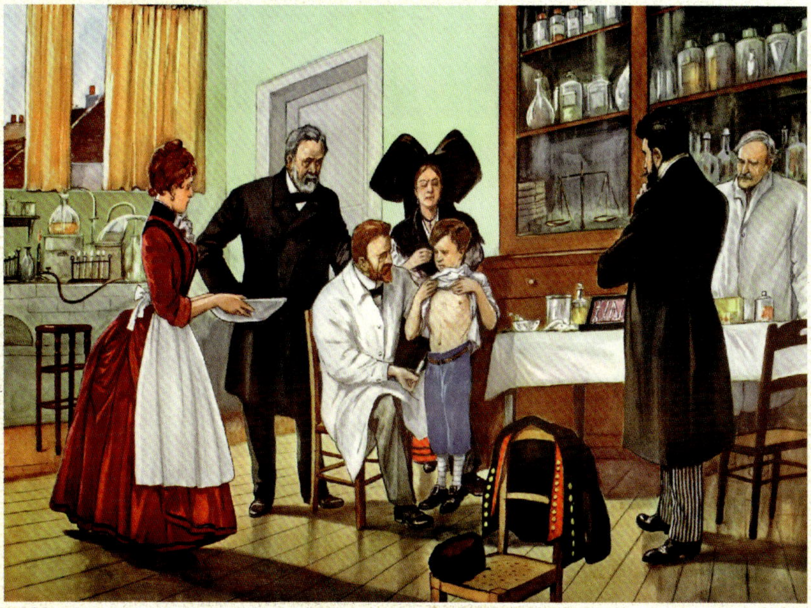

La IIIe République dans la tourmente

A la fin du XIXe siècle, le modèle républicain en France se construit autour de valeurs démocratiques héritées de la Révolution française. Il faut toutefois attendre la présidence d'Emile Loubet (1899-1906) pour qu'un président de la République arrive au terme de son (ou ses) mandat(s). Jean Casimir Perier effectua quant à lui le plus court mandat, démissionnant en janvier 1895, six mois après son entrée en fonction. Durant les années 1880 et 1890, la IIIe République connaît en effet une série de crises qui la déstabilisent et permettent l'émergence d'opposants virulents, à l'extrême gauche avec Ravachol et les anarchistes, ou à l'extrême droite avec la naissance d'Action française.

UN GENDRE PAS VRAIMENT IDÉAL

Réélu pour un second mandat en 1885, Jules Grévy dut démissionner deux ans plus tard à cause du scandale des décorations dans lequel trempait son gendre, le député Wilson. Celui-ci procurait la Légion d'honneur contre 25 000 francs et utilisait pour l'envoi de son courrier la griffe présidentielle de l'Elysée où il avait établi son officine. L'enquête révéla également qu'il monnayait la grâce des condamnés à mort ! Le président démissionna et Wilson, après une parodie de procès, continua la vie politique, protégé par son immunité parlementaire ! Succédant à Grévy, Sadi Carnot a su redorer la fonction présidentielle, en dépit des crises. Assassiné à Lyon par l'anarchiste italien Caserio, il est le seul président reposant au Panthéon.

Le Petit Journal
SUPPLÉMENT ILLUSTRÉ
Huit pages : CINQ centimes
SAMEDI 10 OCTOBRE 1891

LE SUICIDE DU GÉNÉRAL BOULANGER

Boulanger : un élan populaire aux portes de l'Elysée

Georges Boulanger, est général et ministre de la Guerre entre 1886 et 1887, mais ses positions trop belliqueuses l'écartent du gouvernement. Devenu député de Paris en 1889, les partisans du « général la Revanche » le pressent de prendre le pouvoir par la force, mais, légaliste, Boulanger refuse. « Pourquoi conquérir illégalement un pouvoir que je suis certain d'obtenir par l'unanimité des Français ! » se plaît-il à affirmer. Dès lors, certains pensent qu'il veut faire un coup d'Etat : on cherche à l'arrêter et on le condamne par contumace car il s'est enfui en Belgique, où il se donne la mort sur la tombe de sa maîtresse en 1891.

LE SCANDALE DE PANAMÁ

Fort du succès rencontré avec la construction du canal de Suez en 1869, Ferdinand de Lesseps a le projet de percer l'isthme de Panamá. En 1881, il crée une société afin de construire le canal, mais rapidement les fonds manquent. Ayant besoin d'émettre un emprunt national, ce qui nécessite une loi, il se lance dans une corruption méthodique de parlementaires et de journalistes alors qualifiés de « chéquards ». L'année suivante, la compagnie dépose le bilan. L'affaire n'est révélée qu'en 1892 par la presse et crée un scandale sans précédent dans lequel sont mis en cause Clemenceau ou Eiffel. Aux législatives suivantes, la plupart des députés inquiétés dans l'affaire ne sont pas réélus. En 1902, les Etats-Unis rachètent la concession et achèvent le canal de Panamá en 1913.

Dreyfusards contre antidreyfusards

Ce qui est au départ une banale affaire d'espionnage va se transformer en une crise majeure. Un officier juif, Alfred Dreyfus, est reconnu coupable de trahison au profit de l'Allemagne et condamné au bagne à vie en 1895. Dans le sillage de son frère Mathieu Dreyfus et du journaliste Bernard Lazare, les intellectuels s'opposent aux antidreyfusards dans le sillage d'Emile Zola qui publie dans le journal de Clemenceau *L'Aurore* le fameux « J'accuse ». Après un second procès à Rennes en 1899, Dreyfus est à nouveau condamné avec une peine ramenée à quinze ans… Il faudra attendre la grâce signée par le président Loubet en 1899 pour qu'il soit innocenté et réintégré dans l'armée… en 1906.

En 1898, la République subit un échec diplomatique majeur, quand le colonel Marchand est contraint de quitter Fachoda au Soudan, laissant la mainmise des Britanniques sur le bassin du Nil.

La seconde révolution industrielle

On parle parfois de « seconde révolution industrielle » pour caractériser la période de la fin du XIXe siècle et du début du XXe siècle marquée par le recours à deux nouvelles sources d'énergie : le pétrole et l'électricité, par l'apparition de l'automobile et de l'aviation, et la généralisation de la bicyclette et de la marine à vapeur. Le premier navire frigorifique conçu par Charles Tellier quitte Rouen en 1876, et les progrès de la chimie permettent d'utiliser de nouvelles matières, comme la soie artificielle inventée en 1884 par Hilaire de Chardonnet. De nouveaux moyens de communication, dont les Français profiteront réellement au cours du XXe siècle, sont créés : le téléphone exploité en France à partir de 1879, la télégraphie sans fil (TSF) étudiée notamment par Edouard Branly, mais aussi le phonographe d'Edison devancé de dix-sept ans par le Français Scott de Martinville, auteur en 1860 du plus ancien enregistrement sonore qui n'a pu être entendu qu'en 2005.

La fée électricité

Volta est connu pour sa pile électrique depuis le XVIIIe siècle, mais la fin du XIXe siècle est marquée par de nouvelles avancées avec l'invention de la dynamo et surtout la faculté de transporter l'électricité, grâce notamment aux ingénieurs Aristide Bergès et Marcel Deprez, qui, dans les années 1880, tirèrent profit de la « houille blanche », l'énergie des chutes d'eau, pour éclairer certains sites de Grenoble, et la petite ville de Bourganeuf dans la Creuse.

LES EXPOSITIONS UNIVERSELLES

A partir de 1851, les Expositions universelles sont l'occasion de présenter les dernières merveilles du progrès et d'échanger des produits venus du monde entier. Avant 1889, Paris a déjà été ville hôte à trois reprises et les villes de Besançon, Metz et Lyon ont eu elles aussi leur Exposition internationale. Mais, cette année-là, la célébration du centenaire de la Révolution française autour du Champ-de-Mars est d'une tout autre ampleur, à l'image de la tour Eiffel, plus haut bâtiment au monde construit pour l'occasion. Avec plus de 50 millions de visiteurs, l'exposition parisienne suivante connaît un succès plus grand encore en 1900, année où Fulgence Bienvenüe dote Paris du métro.

La naissance du cinématographe

Le premier film connu de l'histoire, *Une scène au jardin de Roundhay*, est une œuvre de seulement deux secondes tournée en 1888 à Leeds par le méconnu Louis Le Prince, inventeur français mystérieusement disparu deux ans plus tard. Le premier « cinématographe » fut un appareil mis au point par Léon Bouly, mais, ce dernier n'ayant pas payé les redevances de son brevet, les frères Lumière ont repris ce terme pour nommer leur invention. Accorder la paternité du cinéma aux frères lyonnais est discutable, mais ce sont eux qui ont toutefois été les premiers à effectuer une projection payante en 1895.

L'ENVOL DES CANARDS

Le pétrole, que la France importe essentiellement des Etats-Unis, devient stratégique avec l'invention du moteur à essence qui équipe les héritières du fardier de Joseph Cugnot, à savoir les De Dion-Bouton, Panhard et Levassor, Renault, et autres Peugeot. Gabriel Voisin eut lui aussi sa marque automobile, mais il fut d'abord un constructeur aéronautique. Alors que le premier vol de l'histoire de Clément Ader en 1890 est parfois contesté, Gabriel Voisin fit voler en 1905 son *Canard*, le premier hydravion mû par une vedette sur la Seine. En 1910, un autre *Canard* d'Henri Fabre réalise le premier vol autonome avec Louis Paulhan à son bord, sur l'étang de Berre.

1815 1820 1830 1840 1850 1860 1870 1880 1890 1900 1914

La France de la Belle Epoque

L'appellation « Belle Epoque » désignant une période s'étendant de la fin du XIXe siècle à 1914 est née après la Première Guerre mondiale, alors que la France pleure ses morts et porte un regard nostalgique sur l'avant-guerre vue comme une ère d'insouciance et de prospérité. Elle a constitué une période de progrès social, économique et technologique, marquée par un foisonnement culturel et par l'engouement pour les Expositions universelles, mais aussi par les rudes conditions ouvrières et agricoles, par une chute de la natalité et par le maintien de mentalités et de structures traditionnelles malgré l'urbanisation et le développement industriel.

Les brigades du « Tigre »

Sur les conseils du préfet de police Célestin Hennion, le président du Conseil Georges Clemenceau a modernisé la police française en 1907 en créant les brigades mobiles, désormais indissociables du surnom de « Tigre » donné en raison de son caractère inflexible. Ces brigades mobiles au nombre de douze, réparties dans les principales villes de province, disposent de moyens modernes (le télégraphe, le téléphone, l'anthropométrie grâce à Bertillon et bientôt l'automobile) qui permettront notamment d'arrêter la célèbre bande à Bonnot en 1912.

« On trouve tout dans les grands magasins »

Avec leurs décors souvent raffinés de style Art nouveau ou Art déco, les grands magasins – qui ont inspiré *Au Bonheur des dames* à Zola – attirent la bourgeoisie, la politique de faibles marges et de prix bas élargissant toutefois la clientèle. Dans son Bon Marché fondé en 1852, Aristide Boucicaut a bouleversé les habitudes commerciales en instaurant l'entrée libre dans un magasin organisé en rayons spécialisés, une large gamme de produits dont le prix est affiché et fixé à l'avance, et des manifestations commerciales. D'autres enseignes célèbres l'imitent bientôt comme le Printemps, le Bazar de l'Hôtel de Ville. La Samaritaine doit pour sa part son nom à la pompe à eau du même nom, près de laquelle son fondateur Ernest Cognacq, époux de Marie-Louise Jay, tenait initialement une échoppe en bord de Seine.

1905 - La séparation des Eglises et de l'Etat

Alors que la loi de 1901 sur les associations avait déjà permis de contrôler les congrégations religieuses, la loi de séparation de 1905 enracine les institutions laïques de la République qui ne subventionne plus aucun culte, ou presque. Comme l'Alsace et la Moselle étaient allemandes en 1905, le Concordat de 1801 y a été maintenu, si bien que prêtres, pasteurs et rabbins, y sont toujours aujourd'hui rémunérés par l'Etat. Cette loi a suscité de vives oppositions, notamment au moment de dresser les inventaires des biens de l'Eglise devenus propriété de l'Etat, dans les régions les plus attachées à la religion que sont l'Ouest ou le sud du Massif central. Jean-Baptiste Bienvenu-Martin, un des défenseurs de cette loi avec Emile Combes et Aristide Briand, a même été directement pris à partie lors d'un séjour à Valloire en Savoie.

L'ENTENTE CORDIALE

Après une opposition franco-britannique qui a atteint son apogée sous l'Empire, un premier rapprochement diplomatique s'est opéré sous la monarchie de Juillet, la reine Victoria séjournant au château d'Eu, résidence d'été de Louis-Philippe. Toutefois, le terme d'« Entente cordiale » renvoie surtout à l'accord signé en 1904 qui unit, une décennie avant la Grande Guerre, les deux Etats reliés pour la première fois par les airs par Louis Blériot en 1909.

LE TOURISME DES « BAINS DE MER »

Le tourisme est une « invention » anglaise, comme le suggère à Nice la Promenade des Anglais, sur la Côte d'Azur, première appellation touristique d'une portion de littoral français, suivie par la Côte d'Emeraude du côté de Dinard, station créée par des hommes venus d'outre-Manche et qui comme beaucoup d'autres a vu fleurir les villas « Belle Epoque ». La mode des bains de mer va être initiée au XIXe siècle par les aristocrates, comme la duchesse de Berry Marie-Caroline qui aimait se baigner à Dieppe, station la plus proche de Paris qui se vante d'être la première station balnéaire de France, et plus tard l'impératrice Eugénie à Biarritz, ou le duc de Morny, demi-frère de Napoléon III, connu quant à lui pour avoir développé Deauville. Le chemin de fer a eu un rôle important dans l'essor de ces stations, comme en témoignent les innombrables affiches publicitaires des compagnies soucieuses de rentabiliser leurs lignes. Tout comme le littoral, l'image de la montagne évolue pour devenir un espace de villégiature de premier plan. C'est au cœur des Vosges, à Gérardmer, qu'est créé en 1875 le premier office de tourisme.

Pas de Tour de France sans l'affaire Dreyfus !

A l'heure où les clubs de football et de rugby commencent à fleurir dans le pays, c'est le cyclisme qui est populaire. Mais, en pleine affaire Dreyfus, les divisions vont se faire sentir jusque dans le milieu du journalisme sportif. Le directeur du journal *Le Vélo* défend Dreyfus, ce qui ne plaît pas à ses annonceurs antidreyfusards qui créent une nouvelle publication *L'Auto-Vélo*, qui doit, à la suite d'une plainte, retirer le mot « vélo » de son nom. Cherchant à doper les ventes et à associer vaille que vaille l'image de *L'Auto* à la petite reine, le journaliste Géo Lefèvre propose à Henri Desgrange d'organiser en 1903 un premier Tour de France, divisé en six longues étapes et remporté par Maurice Garin, vainqueur notamment de la première étape entre Montgeron, près de Paris, et Lyon où il arrive avant le commissaire qui a fait le trajet en train… Les ventes de *L'Auto*, qui deviendra en 1946 *L'Equipe*, s'envolent, entraînant la disparition du *Vélo*.

MARIE CURIE, SEULE FEMME LAURÉATE DE DEUX PRIX NOBEL

MARIE CURIE A PARTAGÉ AVEC HENRI BECQUEREL ET SON MARI PIERRE LE PRIX NOBEL DE PHYSIQUE EN 1903 POUR SES TRAVAUX SUR LES RADIATIONS. CETTE POLONAISE DE NAISSANCE DEVIENT, SEULE, LAURÉATE DU PRIX NOBEL DE CHIMIE EN 1911, SON MARI ÉTANT DÉCÉDÉ APRÈS S'ÊTRE FAIT RENVERSER PAR UNE VOITURE HIPPOMOBILE, ET ELLE NE VOIT PAS SA FILLE IRÈNE JOLIOT-CURIE OBTENIR LA MÊME RÉCOMPENSE EN 1936, EMPORTÉE DEUX ANS PLUS TÔT PAR UNE LEUCÉMIE CAUSÉE PAR L'EXPOSITION AUX ÉLÉMENTS RADIOACTIFS.

Les jeux Olympiques de Paris de 1900 : course en sac et triple saut sans élan au programme

La deuxième olympiade n'a pas été une franche réussite. Etalée sur cinq mois, avec de piètres récompenses et des médailles remises seulement en 1912, ces Concours internationaux – ils étaient ainsi appelés au grand dam de Pierre de Coubertin – furent marginalisés par l'Exposition universelle. Cela n'empêcha pas les Parisiens d'applaudir Ray Ewry, athlète américain proche de la paralysie dans sa jeunesse, médaillé d'or en saut en longueur sans élan, saut en hauteur sans élan et triple saut sans élan. Vainqueur du marathon, Michel Théato remporta la première médaille d'or en athlétisme pour la France, bien qu'étant luxembourgeois… Des épreuves non olympiques comme le tir à la corde, la pêche à la ligne ou la course en sac agrémentaient des festivités sans commune mesure avec les JO de 1924, nettement mieux organisés.

LA POMPE FUNÈBRE

Félix Faure est plus connu pour être mort en 1899 dans les bras de sa maîtresse Marguerite Steinheil que pour son action en tant que président de la République. Les bons mots ne tardèrent pas à accompagner ce cas supposé d'épectase, la maîtresse se voyant affublée du surnom de « pompe funèbre », quand d'autres préféreront dire de lui qu'il voulut être César, et qu'il n'avait été que Pompée.

DE 1914 A AUJOURD'HUI

Souvent considérée comme un « suicide de l'Europe », la Première Guerre mondiale a conduit au bouleversement de l'équilibre géopolitique mondial avec l'émergence de la puissance des Etats-Unis et la fragilité de la paix issue du traité de Versailles. Paix de vengeance et non de réconciliation, elle satisfait partiellement les appétits des vainqueurs en écrasant les vaincus dont elle attise une soif de revanche à l'origine des totalitarismes.

Lors de la Seconde Guerre mondiale, dernière phase d'une « guerre civile européenne » qui s'est étendue de 1914 à 1945, la IIIe République ne résiste pas à la défaite en juin 1940. Malgré la collaboration, la France rejoint tout de même le camp des vainqueurs dominés par les Etats-Unis, mais aussi par les Soviétiques. A nouveau affaiblie par la décolonisation qui a eu raison de la jeune IVe République, la France s'est tournée avec ses voisins vers la construction européenne, qui franchira de nouveaux paliers sous la Ve République dont la longévité a dépassé le demi-siècle.

Ve siècle		XVIe siècle	1789	1815	1914
ANTIQUITÉ	MOYEN AGE	ÉPOQUE MODERNE	RÉVOLUTION ET EMPIRE	XIXE SIÈCLE	1914 À AUJOURD'HUI

Foule en liesse à la libération de Paris (1944).

1914 à 1918

1914 | 1920 — 1930 — 1940 — 1950 — 1960 — 1970 — 1980 — 1990 — 2000 — (2012)

La Première Guerre mondiale : le front

L'assassinat de l'archiduc François-Ferdinand d'Autriche à Sarajevo et le jeu des alliances ont précipité la France dans une guerre avant tout européenne. Les Allemands, qui attaquent la France en passant par la Belgique, pourtant neutre, sont stoppés en septembre 1914 lors de la bataille de la Marne. Après une guerre de mouvement, le conflit s'enlise dans une guerre de positions entre 1915 et 1917. Les armées à l'abri dans leurs tranchées progressent peu. L'entrée des Etats-Unis en guerre (aux côtés de la Triple-Entente) rend le conflit mondial et permet la victoire de la Triple-Entente (France, Royaume-Uni, Russie). Les chars Renault ont permis de repousser les dernières offensives allemandes, avant la signature de l'armistice dans la forêt de Compiègne le 11 novembre 1918, qui mit fin à une guerre qui aura fait près d'un million et demi de morts côté français, et plus encore côté allemand.

DÈS LE 2 AOÛT 1914... ET JUSQU'AU 11 NOVEMBRE 1918

Avec la déclaration de la guerre de l'Allemagne à la France, la guerre commence officiellement le 3 août. Pourtant, le caporal Peugeot, mort la veille près de Belfort, est considéré comme le premier mort français de la Grande Guerre. Au 2 août, les deux pays ont déjà appelé à la mobilisation, et ce jour-là un détachement allemand en reconnaissance franchit la frontière avant d'échanger des tirs avec l'escouade du caporal Peugeot. A l'inverse, le soldat Augustin Trébuchon est mort quant à lui dans les Ardennes le 11 novembre 1918, un quart d'heure seulement avant le cessez-le-feu, d'une guerre qui a aussi emporté Alain-Fournier, Charles Péguy ou Louis Pergaud.

Septembre 1914 : les taxis de la Marne

Début septembre, les Allemands s'approchent dangereusement de Paris. L'initiative de réquisitionner les taxis de Paris pour emmener les soldats au front revient davantage à Gallieni qu'à Joffre, ce dernier étant connu pour avoir dit : « Je ne sais pas qui a gagné la bataille de la Marne, mais je sais bien qui l'aurait perdue. » S'il eut un réel impact psychologique, ce célèbre épisode doit toutefois être relativisé, puisque 700 taxis parisiens ont transporté environ 4000 hommes dans un combat qui en réunit plus de 400 000 !

L'impréparation française

En août 1914, l'armée française est encore équipée du pantalon garance d'un beau rouge vif, repérable de fort loin... L'état-major imagine alors de fournir à la troupe un couvre-pantalon de toile bleue ou plus simplement des pantalons civils, bleu horizon comme le reste de leur uniforme. Il faut attendre juin 1915 pour que le képi laisse place au casque Adrian et les premiers masques à gaz ne furent que des lunettes et des tampons imbibés, le masque « groin de cochon » n'équipant totalement l'armée française qu'en février 1918.

LA TRÊVE DE NOËL

Le 25 décembre 1914, et dans une moindre mesure les années suivantes, des fraternisations se sont opérées. A divers endroits du front, soldats allemands et franco-britanniques sortis des tranchées plantèrent des sapins, entonnèrent des chants de Noël, s'échangèrent des cadeaux ou entamèrent même un match de football ! Censurées et longtemps ignorées, ces trêves ont été entravées par les autorités militaires qui ont menacé les éventuels récidivistes de lourdes sanctions.

LE MIROIR

LUCIEN BERSOT, VICTIME DE L'ABSURDITÉ DE LA GUERRE

En février 1915, le soldat Lucien Bersot ne peut recevoir un pantalon de laine à sa taille et doit se contenter d'un pantalon de toile blanche. Transi de froid, on lui propose un pantalon de laine en loques maculé de sang, qu'il refuse. Il sera fusillé pour l'exemple… pour refus d'obéissance ! Les poilus qui s'adonnaient à des mutilations volontaires pour pouvoir rentrer chez eux connurent le même sort.

1916 : Verdun

Véritable cordon ombilical, la route qui relie Verdun à Bar-le-Duc fut surnommée la « Voie sacrée ». La chaussée, qui vit passer 3000 camions par semaine, 90 000 hommes et 50 000 tonnes de munitions, était naturellement l'objet d'un entretien tout particulier qui a contribué à la victoire défensive de l'armée française. De février à décembre 1916, le déferlement d'obus allemands a causé la mort de plus de 160 000 soldats français, et passe pour être à l'origine de la « tranchée des baïonnettes », désormais surmontée d'un monument à Douaumont. En 1916, des soldats, majoritairement vendéens, auraient été ensevelis, laissant émerger leurs baïonnettes. Cependant, il est peu concevable que des obus puissent combler une tranchée, et les fouilles n'ont trouvé que des corps allongés et désarmés. Cette tranchée « des fusils » est probablement une fosse commune où les armes ont fait office de croix.

LES MUTINERIES DE 1917

La guerre s'éternise et les rats, le froid, la boue, la peur et les scènes d'horreur remplissent le quotidien des tranchées. L'espoir d'une fin imminente estompé après l'échec de l'offensive Nivelle sur le Chemin des Dames (emprunté jadis par les filles de Louis XV), les cas de mutineries s'accentuèrent en 1917, Pétain tentant d'améliorer les conditions de vie pour apaiser les contestations. Parmi les mutins, figurent des troupes alliées venues de Russie où a déjà éclaté la révolution de Février. Eloignés du front au camp de la Courtine dans la Creuse, des soldats russes vont y instaurer un gouvernement « soviétique ». Ils ont désigné leurs chefs, et négocient leur retour en Russie. Pour éviter la contagion, l'armée française est intervenue aux côtés des troupes russes loyalistes, avant la révolution d'Octobre, pour mettre fin à cette rébellion.

(Coll. Perrin / Kharbine-Tapabor)

COMPAGNIE ALGÉRIENNE
Société Anonyme au Capital de 62.500.000 Francs entièrement versés
SIÈGE SOCIAL : 50, RUE D'ANJOU, PARIS
Souscrire, c'est hâter son retour avec la Victoire.
DEVAMBEZ IMP. PARIS
VISÉ N° 8.595
3e EMPRUNT de la Défense Nationale
Les Souscriptions sont reçues au Siège Social et dans toutes les Succursales

LES POILUS DES COLONIES

Sur les 600 000 soldats des colonies, majoritairement africains, qui ont combattu pour la France, près de 80 000 d'entre eux n'ont pas survécu à la guerre, morts au front ou en raison d'une acclimatation difficile. Placés en hivernage dans le sud de la France en octobre 1914, un millier de tirailleurs sénégalais – originaires en réalité de toute l'Afrique de l'Ouest – meurent malades au camp du Courneau près d'Arcachon. Particulièrement exposés lors de l'offensive sanglante du Chemin des Dames en 1917, ils seront qualifiés de « chair à canon » par Blaise Diagne, seul député noir d'Afrique, à qui Clemenceau a donné la mission de recruter des soldats en Afrique. Diagne aurait aussi souhaité que « [ses] frères noirs, en versant le même sang, [gagnent] les mêmes droits que [leurs] camarades français ». C'est pendant cette guerre que la marque Banania remplace son Antillaise par un tirailleur africain caricatural, que Léopold Sedar Senghor « voulait déchirer [...] sur tous les murs de France ».

Un faux Paris pour leurrer les Allemands

L'aviation, qui plus est militaire, n'en est qu'à ses balbutiements. Il faut attendre 1915 pour que l'avion de Roland Garros – et bientôt ceux de Fonck, Nungesser et Guynemer – soit doté d'une mitrailleuse qui remplace les armes portatives (fusil, pistolet...). On lance à la main des obus, mais aussi des fléchettes capables de traverser un homme ! Face aux bombardiers allemands qui menacent Paris, une étonnante parade est étudiée : recréer un faux Paris nocturne. La gare de l'Est est imitée au nord-est de la capitale. Pour tromper l'ennemi, on fait figurer des trains en marche par l'éclairage de vapeurs, et en faisant courir des lumières le long d'une voie. Achevées après le dernier raid allemand, ces ingénieuses réalisations n'auront pas pu prouver leur efficacité.

L'appellation « Grosse Bertha », que donnaient les Parisiens aux canons allemands qui les bombardaient, désigne bien des pièces d'artillerie dont le nom fait référence à l'héritière de l'empire industriel Krupp, mais différentes des *Pariser Kanonen* qui prirent la capitale pour cible en 1918.

La Première Guerre mondiale : l'arrière

Malgré les pénuries et l'absence des hommes partis au front, l'arrière doit tenir bon et participer à l'effort de guerre. Pour ne pas démoraliser les civils, les lettres trop réalistes des soldats sont censurées et une intense propagande déforme la vérité. On peut lire dans la presse que « les balles allemandes ne tuent pas » ou encore que les tranchées sont des lieux où il fait bon vivre… L'économie se tourne vers la guerre et il est demandé aux Français de verser leur argent à l'Etat lors de quatre emprunts nationaux. Jamais une guerre n'avait autant mobilisé les civils.

La bromidrose fétide de la race allemande

La propagande de la Première Guerre mondiale visait souvent à dénigrer l'ennemi, notamment sur des affiches où l'« Allemand » est ridiculisé ou présenté comme un barbare sanguinaire. Des savants tels que le Dr Bérillon ont participé à cette campagne de dénigrement, en décrivant « la bromidrose fétide de la race allemande », dans un ouvrage de 1915. Après avoir énuméré les prétendues tares de l'ennemi, il décrit une pathologie qui pourrait se résumer au fait que les Allemands urinent par les pieds !

Les munitionnettes

Dès les premières heures de la guerre, le président du Conseil Viviani a exhorté les femmes des campagnes à remplacer aux champs leurs époux partis au front, pour quelque temps imaginait-on… Aidées par les grands-parents et les enfants, elles prennent alors une grande part dans les travaux agricoles. La mobilisation féminine dans l'industrie est plus tardive mais a fait gonfler les effectifs particulièrement dans les usines d'armement. Celles qui assemblent à la chaîne les pièces nécessaires à la fabrication des obus sont surnommées les « munitionnettes ».

L'effort de guerre de Louis et André

Louis Renault et André Citroën se sont connus enfants, sur les bancs du lycée Condorcet. Ils ne savaient pas encore que leur passion pour la mécanique allait faire d'eux des pionniers de l'industrie automobile française, particulièrement pour la production en série. Tout comme la toute nouvelle usine Peugeot de Sochaux, leurs usines sont réquisitionnées en 1914 pour participer à l'effort de guerre. Les chaînes de montage assemblent alors de moins en moins de voitures, la production se concentrant sur les camions, les moteurs d'avion et les obus. En 1917, Louis Renault conçoit le char léger FT-17, qui permettra de surpasser l'armée allemande à la fin de la guerre.

FLIRTS ÉPISTOLAIRES

Les femmes ont également tenu le rôle de « marraines de guerre ». L'armée ne voit pas forcément d'un bon œil le soutien moral apporté par leurs courriers, craignant de voir des espions tenter de récupérer des informations auprès de leurs filleuls, en se faisant passer pour la marraine que certains auront la chance de rencontrer lors de leurs permissions, et qui deviendra parfois leur épouse. En mai 1915, le journal *Fantasio* veut servir d'intermédiaire pour faire rencontrer des soldats et marraines, pour des échanges pas seulement épistolaires… Croulant sous les demandes des militaires, cette opération nommée « Flirt sur le front » ne dure que quelques mois.

La « der des ders »

La société française sort profondément marquée de la Première Guerre mondiale que l'on espérait être la « der des ders ». Au million et demi de morts, s'ajoutent les innombrables veuves et orphelins, et les séquelles physiques et psychologiques des survivants, notamment ceux que l'on nommera les « gueules cassées ». En 1919, les vainqueurs organisent à Paris la Conférence de la Paix et le traité de Versailles inflige à l'Allemagne de lourdes réparations financières et des pertes territoriales incluant l'Alsace et la Moselle. La Chambre des députés conservatrice devient la « Chambre bleu horizon », en référence à la couleur des uniformes des nombreux anciens combattants qui y siègent. Surtout connu pour être le président tombé d'un train, Paul Deschanel est préféré malgré sa santé fragile à Clemenceau et effectue un cours mandat en 1920, année où les divergences parmi les socialistes – liées notamment aux événements de 1917 en Russie – amèneront la scission entre la SFIO et le PCF au congrès de Tours.

Les ravages de la grippe espagnole

Déjà affaiblie par quatre années de guerre, la France voit en 1918 une nouvelle menace s'abattre sur elle : la grippe espagnole. Le virus ne vient pas d'Espagne, mais seule la presse espagnole est libre d'en parler. Non impliquée dans la Première Guerre mondiale, l'Espagne n'a en effet pas d'adversaires auxquels il importe de cacher sa faiblesse. Particulièrement virulente, la grippe de 1918 touchera la moitié de la population mondiale, faisant vraisemblablement plus de victimes que la guerre. En France, on attribue environ 400 000 décès à cette épidémie, dont ceux de Guillaume Apollinaire et d'Edmond Rostand.

Joffre à Bucarest

Le nom du maréchal Joffre est bien connu des Roumains, depuis qu'il est allé remettre la médaille militaire au roi Ferdinand Ier et la croix de guerre à la ville de Bucarest, en janvier 1920. Lors du banquet qui suivit la cérémonie, un gâteau au chocolat fut créé et nommé en l'honneur de leur invité. La pâtisserie aurait paraît-il plu au maréchal, et elle est en tout cas toujours appréciée aujourd'hui en Roumanie.

LE DROIT LOCAL D'ALSACE ET DE MOSELLE

Cédées à l'Allemagne de 1871 à 1919, l'Alsace et la Moselle gardent encore aujourd'hui un droit particulier, qu'Edouard Herriot tenta en vain de modifier dans les années vingt. L'Etat français a conservé des lois avantageuses mises en place par l'Allemagne ou par des organes locaux, et certaines lois entrées en vigueur entre 1871 et 1919 ne concernent pas ces deux entités, qui vivent encore sous le régime concordataire, abrogé dans le reste de la France par la loi de séparation des Eglises et de l'Etat de 1905. Ainsi prêtres, pasteurs et rabbins y sont salariés par l'Etat et les communes peuvent financer la construction d'édifices religieux. Les deux jours fériés supplémentaires, le 26 décembre et le vendredi saint, font aussi partie des nombreuses spécificités héritées du passé mouvementé des Alsaciens et des Mosellans.

LE DEVOIR DE MÉMOIRE

Il y a bien eu quelques communes françaises qui ont honoré leurs soldats morts aux champs d'honneur lors de la guerre de 1870 en érigeant des monuments aux morts, mais cette pratique s'est généralisée à l'issue de la Grande Guerre qui a épargné bien peu de familles françaises. Si la plupart d'entre eux glorifient le courage des héros de la guerre, quelques-uns affichèrent un message pacifique, comme celui de Gentioux (Creuse) sur lequel on peut encore lire « Maudite soit la guerre » et que la préfecture avait refusé d'inaugurer. Le 11 novembre 1920, la tombe du soldat inconnu – choisi par un jeune soldat nommé Auguste Thin parmi huit soldats français non identifiés – est installée sous l'Arc de triomphe, où est allumée depuis 1923 une flamme éternelle.

Les bornes souvenirs vont jalonner la Voie sacrée.

1914 1920 1930 1940 1950 1960 1970 1980 1990 2000 (2012)

LES ANNÉES FOLLES

On appelle les Années folles, les années qui s'étendent de la fin de la Première Guerre mondiale à la crise économique apparue en 1929 aux Etats-Unis, mais qui n'a véritablement touché la France qu'en 1931. L'expression évoque l'insouciance toute relative d'une période de paix et de croissance où la radio et le cinéma commencent à faire naître une culture de masse, et où Montmartre et Montparnasse deviennent l'épicentre d'un renouveau culturel, engagé encore par le *Manifeste du surréalisme* d'André Breton en 1924. Cette année-là, Millerand, défenseur du Bloc national formé par la droite après la guerre, est contraint de démissionner après la victoire du Cartel des gauches aux législatives de 1924. Il cède sa place à Doumergue qui doit, dès 1926, face à l'effondrement du franc, faire appel à Raymond Poincaré pour rassurer le monde de la finance. En 1928, le franc Poincaré est défini. Il remplace le franc Germinal de Bonaparte dévalué de 80 %. La perte est importante pour les créanciers de l'Etat, mais les exportations et la croissance repartent.

LES GARÇONNES REVENDIQUENT L'ÉGALITÉ DES SEXES

Popularisé par le roman *La Garçonne* de Victor Margueritte, ce terme désigne, dans les années vingt, une jeune femme émancipée aux mœurs libérées qui adopte les cheveux courts, un nouveau look qui efface les formes du corps féminin – comme la petite robe noire de Coco Chanel – et des comportements jusque-là plutôt masculins, comme fumer, boire ou conduire. Cette mutation qui n'est pas sans lien avec le nouveau rôle joué par les femmes durant la Première Guerre mondiale s'accompagne de revendications égalitaires entre hommes et femmes à une époque où les sénateurs, plus que les députés, ne voient pas d'un bon œil le vote des femmes. Parmi les arguments du chef de file de cette opposition, Alexandre Bérard, on peut entendre que « plus que pour manier le bulletin de vote, les mains de femmes sont faites pour être baisées, […] Séduire et être mère, c'est pour cela qu'est faite la femme ».

L'homme qui vendit la tour Eiffel

La tour Eiffel, qui n'était au départ qu'une construction provisoire, a besoin d'être rénovée. Ces travaux qui doivent débuter en 1925, donnent une impensable idée à l'escroc Victor Lustig : vendre la tour Eiffel. Encore plus impensable est le fait qu'il ait trouvé pour la lui acheter un ferrailleur dénommé André Poisson, tellement humilié qu'il n'osa porter plainte, contrairement à sa seconde victime qui le contraint ainsi à quitter le pays. De 1925 à 1933, la tour Eiffel est ornée des lettres du nom d'André Citroën, fin publicitaire connu dans les années vingt pour la traversée du Sahara en autochenilles et pour la Croisière noire. Cet éclairage de la tour Eiffel aurait servi à l'aviateur Lindbergh à se repérer avant d'atterrir au Bourget, à l'issue de sa traversée New York-Paris à bord du *Spirit of Saint Louis* en 1927. Quinze jours plus tôt, sur le trajet inverse, *L'Oiseau Blanc* de Nungesser et Coli disparaissait mystérieusement au large de Terre-Neuve.

Aristide Briand : mettre la guerre hors la loi

Pour son action en faveur de la réconciliation franco-allemande, notamment lors des accords de Locarno, le ministre des Affaires étrangères Aristide Briand reçut le prix Nobel de la paix en 1926, conjointement avec l'Allemand Gustav Stresemann. Sa volonté de préserver la paix mondiale le conduit à se rapprocher des Etats-Unis qui ne s'investissent pas dans la Société des Nations, et plus précisément du secrétaire d'Etat Frank B. Kellogg. Réunis à Paris le 27 août 1928, ils renoncent à la guerre comme moyen de résoudre les conflits avec le pacte Briand-Kellogg auquel adhéreront près d'une soixantaine d'Etats… avant que tous ces efforts ne soient réduits à néant par la crise des années trente.

Les années trente : la France touchée par la crise

La crise économique apparue aux Etats-Unis en 1929 a touché relativement tardivement la France en 1931. Si la production industrielle baisse, le chômage augmente. Mais la crise est également politique : avec cinq partis importants à la Chambre des députés, il est difficile de dégager une majorité durable. L'instabilité ministérielle, ajoutée à divers scandales, discrédite les hommes politiques. Parmi les nombreux présidents du Conseil du début de ces années trente, figurent Daladier, le « taureau du Vaucluse », mais aussi Pierre Laval, surtout connu pour son rôle sous l'Occupation. Ce dernier, qui a d'abord été socialiste avant de rejoindre la droite parlementaire, a été désigné par le magazine américain *Time* homme de l'année 1931 ! Parmi les Français, seul le général de Gaulle a eu pareil honneur.

LA « BELLE FIN » DE DOUMER

Bien plus bref que le mandat de président de la République de son prédécesseur et quasi-homonyme Gaston Doumergue, celui de Paul Doumer n'a pas duré un an. Le 6 mai 1932, alors qu'il s'apprête à inaugurer une exposition sur les écrivains de la Grande Guerre – au cours de laquelle quatre de ses cinq fils sont morts pour la France –, Doumer est assassiné par un immigré russe dénommé Gorgulov. Les raisons qui ont motivé son acte sont demeurées floues à l'issue de son procès qui l'a envoyé à la guillotine. Quelques semaines plus tôt, le président s'était étonné des mesures d'ordre qui entouraient ses déplacements, affirmant qu'« à [son] âge, ce serait une belle fin de mourir assassiné »…

Le Ruban bleu pour le *Normandie*

C'est dans le contexte de la crise économique que l'Etat s'est associé à la Compagnie générale transatlantique pour la construction de ce qui allait devenir le plus grand – et peut-être le plus beau – paquebot au monde : le *Normandie*. La tradition de donner le nom d'une province française l'a emporté sur la proposition de baptiser ce luxueux paquebot *Président Paul Doumer*, certains arguant de la fâcheuse ressemblance avec l'anglais *doomed* (« maudit »). Malgré son nom, c'est des chantiers navals de Saint-Nazaire, réaménagés pour l'occasion, qu'il est lancé en octobre 1932 en présence du président Lebrun, mais il n'y a guère que la coque à être alors réalisée. Il faudra attendre le 29 mai 1935, pour que le *Normandie* entame, après avoir rallié Le Havre, sa première croisière transatlantique, remportant au passage le Ruban bleu, récompensant la traversée la plus rapide de l'océan Atlantique.

Suicidé d'une balle tirée à 3 m…

… Voilà ce que c'est que d'avoir le bras long ! Tel fut le titre du *Canard enchaîné* annonçant au début de l'année 1934 le décès mystérieux d'Alexandre Stavisky. Impliqué dans le scandale financier du Crédit municipal de Bayonne, la mort de cet escroc a laissé penser que des personnes haut placées pouvaient être liées à cette arnaque découverte en 1933. L'affaire Stavisky entraîna la démission du président du Conseil Camille Chautemps, beau-frère du procureur en charge du dossier qui avait fait en sorte de repousser indéfiniment le procès de Stavisky, ainsi que les émeutes des ligues d'extrême droite du 6 février 1934.

LE SUCCÈS POPULAIRE DE L'EXPOSITION COLONIALE

Les retombées de la crise de 1929 n'ont pas empêché le succès de l'Exposition coloniale internationale dirigée par le maréchal Lyautey, qui s'est tenue à Paris de mai à novembre 1931. Les nombreux pavillons aménagés à la gloire de la colonisation française ont accueilli plus de 8 millions de visiteurs aux abords du bois de Vincennes. Le rocher des singes du futur zoo de Vincennes a d'ailleurs été construit pour l'occasion, et constitue aujourd'hui une des rares traces de cette exposition qui exhibait notamment des populations kanakes et qui n'eut pas que des défenseurs, à l'image des communistes qui ont organisé une contre-exposition dans le parc des Buttes-Chaumont.

Le football se professionnalise

À l'issue de la saison 1932-1933, l'Olympique lillois remporte le premier championnat de France de football professionnel. Cette année-là, la coupe de France – qui existe depuis 1918 et dont le premier vainqueur fut l'Olympique de Paris (ex-Olympique de Pantin) – a vu s'affronter deux autres clubs du Nord et qui plus est de la même ville, l'Excelsior Athletic Club de Roubaix venu à bout du Racing Club de Roubaix sur le score de 3 buts à 1.

LE FRONT POPULAIRE : ENCHANTEMENTS ET DÉSILLUSIONS

La crise économique, l'instabilité gouvernementale et les scandales politico-financiers comme l'affaire Stavisky ont affaibli la IIIe République, faisant grossir les rangs des ligues d'extrême droite comme Action française ou les Croix-de-Feu. Réunies le 6 février 1934, les ligues en marche vers la Chambre des députés sont réprimées par les forces de l'ordre. Suite à cette manifestation qui sera perçue par la gauche comme une tentative de coup d'Etat, on dénombre une vingtaine de morts et plus de 2 000 blessés. L'idée d'une coalition des partis de gauche fait alors peu à peu son chemin. Le 14 juillet 1935, ils manifestent et font le serment de rester unis. Pour les élections législatives d'avril-mai 1936, communistes, socialistes et radicaux affichent un programme commun sous la bannière du Front populaire. Même si l'union s'est vite fissurée – les communistes souhaitant intervenir en Espagne, et les radicaux s'alliant avec la droite modérée en 1938 –, des mesures sociales importantes ont pu apporter, d'après les mots de Blum, « une embellie dans des vies difficiles ».

Les grèves joyeuses de 1936 et les accords Matignon

Au printemps 1936, les trois partis du Front populaire sortent victorieux des élections législatives. Avant même que Léon Blum ne se charge de former un nouveau gouvernement, de nombreux ouvriers – à commencer par ceux des usines Breguet du Havre – entrent spontanément en grève, les occupations d'usines revêtant souvent un caractère particulier du fait de leur ambiance festive. Le mouvement qui a rassemblé près de 2 millions de grévistes s'estompe peu à peu après la signature, début juin, des accords Matignon qui accordent notamment aux ouvriers l'abaissement de la semaine de travail à 40 heures, l'instauration de délégués du personnel, et deux semaines de congés payés. Ces derniers permettent à de nombreux Français de partir en vacances pour la première fois, notamment en train grâce aux billets à tarif réduit instaurés par Léo Lagrange. Ce nouveau gouvernement, que la droite qualifie de « ministère de la Paresse », se distingue en nommant trois femmes sous-secrétaires d'Etat alors qu'elles ne sont ni éligibles ni électrices.

« Marianne : dis donc, Daladier, tu n'entends rien ? »

Ah, les cons !

Les accords de Munich signés par Daladier pour la France reconnaissent l'annexion de la région tchèque des Sudètes par les Allemands. Craignant d'avoir encouragé Hitler dans sa politique d'expansion, Daladier est à son retour, à l'aéroport du Bourget, étonné d'être acclamé par une foule qui le voit avant tout comme le garant de la paix. Il évoque ainsi ce retour en France dans ses Mémoires : « Je m'attendais à recevoir des tomates et j'ai reçu des fleurs », mais on lui attribue aussi la formule plus laconique : « Ah, les cons ! »…

ROGER SALENGRO ABATTU PAR LA CALOMNIE

Victime d'une campagne de calomnie de la part de l'extrême droite qui l'accuse d'avoir déserté pendant le Première Guerre mondiale, le ministre de l'Intérieur Roger Salengro est si déprimé qu'il met fin à ses jours le 16 juin 1936 à Lille. Six mois plus tard, une loi sera votée pour aggraver les peines encourues par les journalistes auteurs de diffamation.

FÉLIX EBOUÉ

Nommé en Guadeloupe en 1936 par le gouvernement de Léon Blum, le Guyanais Félix Eboué est le premier Noir à devenir gouverneur des colonies. Nommé plus tard en Afrique, il rallie le Tchad à la France libre du général de Gaulle qui le fera membre du conseil de l'ordre de la Libération.

17 juin 1939 : La dernière exécution publique

Le meurtrier allemand Eugène Weidmann est la dernière personne guillotinée en public en France. Lors de son exécution à Versailles le 17 juin 1939, les forces de l'ordre se sont laissées quelque peu déborder par la foule, certains curieux ayant pu approcher le corps du supplicié de trop près. Dès le 24 juin, un décret de Daladier abolissait les exécutions capitales publiques.

De la « drôle de guerre » à la débâcle

Après l'annexion de l'Autriche, des Sudètes et de la Bohême-Moravie par l'Allemagne, l'invasion de la Pologne le 1er septembre 1939 rompt la passivité de la France et du Royaume-Uni. La guerre que les démocraties européennes voulaient éviter est déclarée. Après quelques escarmouches en Sarre et en Rhénanie, l'armée française attend derrière la ligne Maginot l'armée allemande qui ne passera à l'offensive qu'en mai 1940. Les premiers mois de la Seconde Guerre mondiale sont donc ceux de la « drôle de guerre ». A partir du 10 mai, date du début de l'invasion de la Belgique, près de 8 millions de civils fuient le nord-est de la France, un second exode pour certains après celui de la Première Guerre mondiale. S'amorce alors la « débâcle », l'armée française ne résistant que six semaines à la guerre éclair de la Wehrmacht. Le 10 juin, le gouvernement de Paul Reynaud – tout comme de nombreux Parisiens – quitte la capitale déclarée « ville ouverte » pour Tours, puis Bordeaux. Le 17 juin, le maréchal Pétain devenu président du Conseil demande aux Français de cesser le combat.

Exode sur les routes de France en mai et juin 1940.

POUR DISTRAIRE NOS SOLDATS, « MARIE-CLAIRE » VOUS PROPOSE CE JEU DONT LA RÈGLE EST TRÈS SIMPLE ET DONT LES DESSINS SONT PARLANTS

(Coll. Kharbine-Tapabor)

LA LIGNE MAGINOT

La ligne Maginot est un ensemble de fortifications établi durant l'entre-deux-guerres le long de la frontière allemande, ou dans une acceptation plus large des frontières belges aux frontières italiennes, même si l'essentiel de ses nombreux ouvrages militaires se trouve en Alsace et en Lorraine. Décédés au début des années trente, les deux ministres de la Guerre à l'origine de cette ligne de défense, André Maginot et Paul Painlevé, ne verront pas les Allemands contourner la Lorraine et passer par les « infranchissables » Ardennes, révélant ainsi l'inanité de la ligne Maginot. Le pendant allemand de la ligne Maginot est durant cette période bien connu des Français grâce à la chanson de Ray Ventura *On ira pendre notre linge sur la ligne Siegfried.*

La « drôle de guerre » en VO

De la déclaration de guerre à l'Allemagne au début du mois de septembre 1939 à la bataille de France de mai 1940, il ne se passe pas grand-chose à l'Ouest : c'est la « drôle de guerre ». Cette expression a été popularisée par le journaliste et écrivain Roland Dorgelès, connu pour être l'auteur des *Croix de bois*, un roman narrant le quotidien des soldats de la Première Guerre mondiale. Pour les Anglais, cette période est la « fausse guerre » (*phoney war*), pour les Allemands la « guerre assise » (*Sitzkrieg*), en néerlandais c'est la « guerre fantôme » (*Spookoorlog*), et pour les Polonais la *dziwna wojna* est la « guerre étrange ».

Non à la paix d'Hitler !

Le 6 octobre 1939, alors que le partage du territoire polonais avec l'URSS se profile, Hitler propose une paix sous conditions aux Français et aux Britanniques. Le président du Conseil Daladier et son homologue britannique Chamberlain n'apportent pas de crédit à cette paix factice qu'ils rejettent respectivement les 11 et 12 octobre.

LE « PARTI DES FUSILLÉS »

Profondément antifascistes, les communistes français sont quelque peu perturbés par le pacte de non-agression signé par Hitler et Staline – ou plus précisément par Ribbentrop et Molotov. Opposés à la guerre, les communistes de moins de 40 ans comme Maurice Thorez, le secrétaire du parti, doivent néanmoins rejoindre les rangs de l'armée française. Le gouvernement Daladier fait interdire la presse communiste fin août, et fin septembre le PCF est dissous. Le 8 octobre, 44 députés sont arrêtés alors que Maurice Thorez vient de choisir de déserter pour rejoindre Moscou. Sous l'Occupation, le parti communiste deviendra « le parti des fusillés ».

LA BATAILLE DES ALPES

L'armée italienne n'est pas l'armée allemande. Mal équipée et peu entraînée, elle entre en guerre le 10 juin et attend le 18 juin pour lancer les premières offensives. L'Italie souhaite alors occuper avant les Allemands des territoires tels que le pays niçois, en tablant sur une démobilisation française. Mais l'armée des Alpes commandée par le général Olry, en infériorité numérique mais en position favorable depuis ses fortifications, repousse les Italiens à Briançon et à Menton. Ces succès seront les seuls du désastreux printemps 1940, avec les deux contre-attaques menées à Montcornet et à Abbeville par les chars d'un colonel – bientôt promu général – qui avait prématurément dénoncé les mauvais choix tactiques de l'armée française : un certain Charles de Gaulle…

Evacuer Dunkerque

Acculées sur les côtes de la mer du Nord, les troupes franco-britanniques sont encerclées à la fin du mois de mai 1940 dans la poche de Dunkerque. Il leur reste tout de même la mer pour éviter de donner d'innombrables prisonniers à l'ennemi. Pour emmener au plus vite un maximum de soldats en Angleterre, les bâtiments de la Royal Navy sont relayés par de petites embarcations de toutes sortes réquisitionnées pour faire le va-et-vient, sous le feu des bombardiers allemands, entre les plages et ces immenses navires contraints de rester au large ; 215 000 Anglais et 120 000 Français regagnent les côtes anglaises en neuf jours. Le 4 juin, l'armée allemande entre dans Dunkerque et récupère l'important matériel de guerre britannique qui n'a pu être évacué et fait 80 000 prisonniers surtout parmi les Français, qui ont héroïquement contenu la Wehrmacht dans les faubourgs de la ville.

L'improbable union franco-britannique

Les situations de crise donnent parfois naissance à de surprenantes intentions. Ainsi, au cœur de la débâcle de 1940, la France a sérieusement envisagé de s'unir au Royaume-Uni. Après diverses hésitations, cette proposition, élaborée par Jean Monnet, est acceptée par Winston Churchill. Pour lui comme pour de Gaulle, le but n'est pas de lier les deux nations à long terme, mais d'encourager la France à poursuivre son combat. Paul Reynaud, président du Conseil, est favorable au projet, mais les ministres, dont Pétain, ne le suivent pas. Au lieu d'aller à Concarneau pour valider avec Churchill la naissance de l'union, Reynaud démissionne le 16 juin. Le maréchal Pétain le remplace, et son cabinet choisit de signer l'armistice avec l'Allemagne nazie.

LES DERNIÈRES NOUVELLES DE PARIS
ORGANE DE LA REPRISE ÉCONOMIQUE

LA GUERRE EST TERMINÉE
Les signatures ont été échangées hier soir à 19 h. 35
le CESSEZ LE FEU fut sonné ce matin à 1 h. 35

Le Quartier Général du Führer communique à 21 h. : « Aujourd'hui, Lundi 24 Juin, à 19 h.35, l'entente a été conclue entre la France

La remise des conditions d'armistice

Un autre exemple...

LE WAGON DE L'ARMISTICE

Après avoir été exposé à Paris dans la cour des Invalides, le wagon où fut signé l'armistice du 11 novembre 1918 a été replacé dans la forêt de Compiègne, non loin de Rethondes, en 1927. Quand Hitler exigea que l'armistice de juin 1940 soit signé dans ce même wagon, exactement au même endroit, il fallut encore lui faire faire un court déplacement. Le Führer tient sa revanche, celle pour laquelle il a toujours fait campagne après le diktat du traité de Versailles. Rapporté à Berlin, le wagon est finalement brûlé par les SS en 1945. Aujourd'hui, la clairière de Rethondes abrite un autre wagon, près du musée rasé par Hitler en 1940 et « réinauguré » en 1950.

L'ÉPISODE DU *MASSILIA*

Réquisitionné par le gouvernement Reynaud, le paquebot *Massilia* devait permettre la poursuite de la lutte depuis les départements français d'Afrique du Nord. Vingt-sept parlementaires, dont Mandel, Daladier, Zay et Mendès France, embarquent le 21 juin 1940 du port du Verdon près de Bordeaux et arrivent trois jours plus tard à Casablanca. Le gouvernement Pétain, à la tête de l'Etat depuis le 16 juin, n'a pas empêché le départ mais donne ordre de consigner les arrivants dans un hôtel. Considérés comme des traîtres et des déserteurs, certains seront jugés et emprisonnés ; ceux qui échappent à ces sanctions rentrent en France le 18 juillet, peu après le vote des pleins pouvoirs au maréchal Pétain, n'ayant pu faire entendre leur voix.

La France à l'heure allemande

Le régime de Vichy, ou « Etat français », met fin à la IIIe République en juillet 1940. Dès octobre, la collaboration symbolisée par la poignée de main entre Pétain et Hitler à Montoire, se manifeste par le statut des Juifs, interdisant l'accès à certaines professions et à certains lieux publics. Les Juifs étrangers, puis français, sont menacés d'être déportés. La police française est à l'origine de la rafle du Vél d'Hiv des 16 et 17 juillet 1942, tandis que le camp de Drancy accueille de nombreux Juifs en partance pour Auschwitz. La Milice de Darnand créée en 1943 collabore en ce sens avec la Gestapo et traque également les résistants réfractaires au Service du travail obligatoire. Au cours de ces quatre années, Pétain a mené la « Révolution nationale », une politique réactionnaire qui s'appuie sur une intense propagande et sur les chantiers de jeunesse.

MARÉCHAL, NOUS VOILÀ ! SUR UNE MUSIQUE D'UN COMPOSITEUR JUIF…

Le culte de la personnalité de Pétain a été largement entretenu par la chanson *Maréchal, nous voilà !*, l'hymne du régime qui tend à remplacer *La Marseillaise*, sans que cette dernière soit officiellement détrônée. La musique de *Maréchal, nous voilà !* n'est pas sans rappeler *La Fleur au guidon* qui fut choisie par les organisateurs du Tour de France en 1937, mai aussi, comme le remarqua la SACEM, *La Margoton du bataillon* de Casimir Oberfeld, compositeur juif qui mourut en 1945, à Auschwitz…

Les malgré-nous victimes du redécoupage de la France

A l'été 1940, deux France se retrouvent séparées par la ligne de démarcation : au nord la zone occupée, au sud la zone libre. Cette dernière est cependant occupée en novembre 1942 suite aux débarquements alliés en Amérique du Nord, l'Italie s'octroyant la région alpine. Le Nord et le Pas-de-Calais sont placés sous la même administration militaire que la Belgique, tandis que la Moselle et l'Alsace sont annexées au Reich en octobre 1940, mais c'est seulement à partir de 1942 que les Mosellans et les Alsaciens ont été enrôlés de force dans l'armée allemande. Généralement envoyés sur le front de l'Est, ces « malgré-nous » ont été nombreux à connaître les camps de prisonniers soviétiques. Collaborant avec l'occupant, des autonomistes bretons ont quant à eux espéré tirer profit de la situation pour voir l'indépendance accordée à la Bretagne.

La flotte se saborde à Toulon

Malgré la collaboration menée avec l'occupant, l'armistice de juin 1940 prévoyait que l'armée française devait rester neutre. Cette clause n'empêcha pas certains volontaires collaborationnistes de former la LVF (Légion volontaire française) et de combattre sur le front de l'Est dans la division SS Charlemagne, mais comme Hitler voulut faire main basse sur la flotte française, 90 % de cette dernière fut sabordée le 27 novembre 1942. Consignés dans le port de Toulon, près de 90 bâtiments français sont alors coulés. Cet épisode marque non seulement le refus de collaborer militairement avec l'Allemagne, mais aussi celui de continuer la lutte avec les Alliés, la flotte française ayant éventuellement pu rejoindre l'Afrique du Nord.

L'HEURE ALLEMANDE

DANS LES TERRITOIRES OCCUPÉS, LES ALLEMANDS ONT INSTAURÉ L'HEURE DE BERLIN. C'EST AINSI QU'IL Y AVAIT, JUSQU'EN 1942, UNE HEURE D'AVANCE ENTRE PARIS ET VICHY. ON RETROUVE L'EXPRESSION DANS LE TITRE DU ROMAN DE JEAN-LOUIS BORY, *MON VILLAGE À L'HEURE ALLEMANDE*, PRIX GONCOURT 1945.

La Résistance

L'appel du général de Gaulle émis sur la BBC le 18 juin 1940 symbolise la naissance de la Résistance, même si des groupes de résistants se sont formés spontanément suite à la signature de l'armistice. L'occupation allemande et l'hostilité au régime de Vichy, et notamment au STO, n'ont cessé de faire gonfler les effectifs de la Résistance, peu à peu unifiée au sein du CNR par Jean Moulin. Ceux qui ont quitté le pays ont formé les FFL (Forces françaises libres) et ont participé à la Libération, tout comme les FFI (Forces françaises de l'intérieur) regroupées dans les maquis et particulièrement actives le 6 juin 1944, pour ralentir les renforts allemands vers la Normandie. Outre les sabotages, les résistants pouvaient mener des actions de renseignement, receler des armes, ou bien encore cacher des Juifs, avec le risque d'être arrêtés par la Gestapo ou la Milice.

(Coll. Kharbine-Tapabor)

BARRICADE DE PARIS

MODÈLE DÉPOSÉ

NOTE

Renforcer le plan N° 1. qui sert de fond; à cet effet, le coller sur un carton assez fort.

• •

La disposition indiquée n'est pas absolue, on peut à son gré disposer les divers éléments de la barricade, mais respecter les plans indiqués par les personnages qui donnent la perspective désirée.

EDITIONS E. A. F.
10, Rue du Faubourg-Montmartre
PARIS-IXe

Autorisation N° 116 du 15 Novembre 1944

(Coll. Kharbine-Tapabor)

SEIN, LE QUART DE LA FRANCE

L'APPEL DU 18 JUIN 1940 A ÉTÉ RELATIVEMENT PEU ENTENDU COMPARATIVEMENT AUX MESSAGES ULTÉRIEURS DU GÉNÉRAL DE GAULLE. CE MESSAGE, ET SURTOUT SA REDIFFUSION DU 22 JUIN, A EN TOUT CAS BIEN ÉTÉ ÉCOUTÉ SUR LA PETITE ÎLE BRETONNE DE SEIN. DANS LES JOURS QUI ONT SUIVI, LES RÉSISTANTS DE LA PREMIÈRE HEURE À LONDRES ÉTAIENT POUR LE QUART D'ENTRE EUX DES PÊCHEURS DE L'ÎLE DE SEIN. TOUT COMME LES COMMUNES DE NANTES, PARIS, GRENOBLE ET VASSIEUX-EN-VERCORS, L'ÎLE DE SEIN A ÉTÉ FAITE COMPAGNON DE LA LIBÉRATION.

Guy Môquet et les 47 autres

Les résistants s'en prenaient rarement directement aux Allemands, ces derniers n'hésitant pas à exécuter des otages en représailles. Le jeune communiste Guy Môquet, connu pour la lettre qu'il a laissée à ses parents avant de mourir, a ainsi été exécuté suite à l'assassinat d'un officier allemand à Nantes, où le cours des 50-Otages rappelle ce douloureux événement. Il n'y eut finalement « que » 48 fusillés, à Châteaubriant, Nantes et Paris. Quasiment au même moment, les Allemands agissaient pareillement à Bordeaux, suite à l'assassinat d'un des leurs.

ENTRE ICI JEAN MOULIN

Plus jeune préfet de France à 38 ans, Jean Moulin s'est opposé aux exigences allemandes dès juin 1940 à Chartres. Arrêté et maltraité, il tenta de se suicider en se tranchant la gorge avec un bout de verre et portait ainsi une écharpe pour cacher une cicatrice. En 1943, il est arrêté par la Gestapo à Caluire près de Lyon, et torturé par Klaus Barbie, avant de décéder sans avoir parlé dans le train qui l'emmenait en Allemagne. Lors du transfert de ses (supposées) cendres du Père-Lachaise au Panthéon, André Malraux, ministre de la Culture et ancien résistant, prononça un vibrant discours en l'honneur de celui qui avait Max pour nom de résistant.

Peugeot fait de la résistance

Pendant l'Occupation, les constructeurs automobiles français n'ont pas fait les mêmes choix. Pour éviter la réquisition des machines et l'envoi au STO des salariés, une coopération est inévitable ; mais il est possible d'agir pour la rendre inefficace, et c'est là le choix fait dans l'usine sochalienne Peugeot. En utilisant des outils inappropriés, les salariés font chuter la productivité et, par le choix de mauvais matériaux, ils dégradent la qualité des équipements livrés aux Allemands. Impliqués dans la fabrication des fusées V1, ils transmettent des informations cruciales aux renseignements britanniques. Malgré ces efforts, Sochaux reste une cible pour les bombardements alliés : la famille Peugeot autorise alors les résistants à réaliser des sabotages au sein de l'usine. En mars 1944, alors qu'un bombardement est prévu, les lignes à haute tension alimentant l'usine sont coupées. Au final, l'usine Peugeot et ses employés auront été ménagés tout en ayant contribué à freiner la réalisation des desseins allemands. Plusieurs directeurs furent néanmoins déportés. Le stade Bonal où évolue le FC Sochaux porte d'ailleurs le nom de l'un d'entre eux abattu par des officiers allemands en 1945.

La Libération

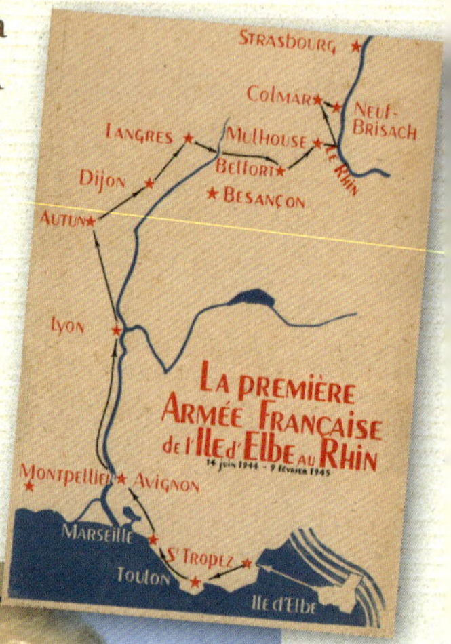

Après la libération de l'Algérie par les Alliés en 1942, on assiste à celle de la Corse à l'automne 1943. Le 6 juin 1944 est le « jour J » du débarquement de Normandie. A partir des plages du Calvados et de la Manche, les Alliés américains, canadiens, britanniques et les FFL parviennent à former un nouveau front à l'Ouest qui mènera à la libération du territoire français, conjointement avec les offensives menées dans le Sud à partir du débarquement de Provence d'août 1944. En septembre, une très grande partie du territoire est libérée, mais des poches de résistance allemandes subsisteront jusqu'au terme de cette guerre, et même quelques heures encore après la signature de l'armistice le 8 mai 1945, autour de points stratégiques comme les ports de Lorient et Saint-Nazaire, libérés comme de nombreuses villes normandes après avoir été massivement bombardés.

LE SERMENT DE KOUFRA

Le 2 mars 1941 au sud de la Libye, le colonel Leclerc prend aux Italiens l'oasis de Koufra. Avec ses hommes, qui ont rejoint comme lui le général de Gaulle après l'invasion de la France par la Wehrmacht, il fait alors le serment de combattre jusqu'à ce que le drapeau français flotte sur Strasbourg. Après avoir libéré Paris avec la 2e DB, ses troupes libèrent la capitale alsacienne en novembre 1944, et achèvent leur périple en mai 1945 au « nid d'aigle » d'Hitler, à Berchtesgaden, dans les Alpes bavaroises.

Les Canadiens débarquent à Dieppe

Début 1942, les Alliés s'accordent pour mener une attaque sur les côtes françaises, notamment sous la pression de l'URSS qui souhaite l'ouverture d'un front à l'ouest. L'opération Jubilee vise ainsi à prendre le port de Dieppe. Le 19 août, à partir de 5 heures du matin, les troupes, en grande majorité canadiennes, débarquent sur des plages proches du port. Mais les Allemands, vraisemblablement informés de cette offensive, attendent en position de force, et l'opération tourne au désastre. Sur les 6 000 hommes ayant débarqué, plus de 3 000 seront tués, blessés ou capturés. Néanmoins, ce débarquement ne fut pas totalement vain : en établissant l'inefficacité de certaines options stratégiques, il permit de mieux préparer les débarquements ultérieurs. Le 17 août, le nom de Dieppe était apparu dans une grille de mots croisés du *Daily Telegraph*, ce qui n'a pas toujours été perçu comme une coïncidence…

Opération Fortitude pour dérouter l'ennemi

L'assaut mené sur les côtes normandes le 6 juin 1944 est connu sous le nom d'opération Neptune, première phase de l'opération Overlord qui vise plus largement la libération de la Normandie, chose faite le 21 août avec la fermeture de la poche de Falaise. Mais, en marge du débarquement de Normandie, de nombreuses manœuvres ont été menées dans le cadre de l'opération Fortitude pour dérouter les Allemands, en leur faisant croire que le débarquement se ferait dans le Pas-de-Calais. Quasi détruite par les bombardements en septembre 1943, la commune du Portel près de Boulogne-sur-Mer en fit les frais. Même après le 6 juin, les Allemands continuèrent à penser que les événements de Normandie n'étaient qu'une diversion !

LA MÉSAVENTURE DE JOHN STEELE

Bien que le nom de John Steele ne soit pas des plus célèbres, nombreux sont ceux qui connaissent sa mésaventure, survenue le 6 juin 1944, notamment grâce au film *Le jour le plus long*. John Steele est en effet le parachutiste américain qui resta plusieurs heures suspendu au-dessus des combats, accroché au clocher de Sainte-Mère-Eglise, où l'on peut voir aujourd'hui un faux parachutiste. Finalement capturé, il s'évada et participa à la libération de la France, Sainte-Mère-Eglise constituant le kilomètre zéro de la voie de la Liberté.

ORADOUR ET AUTRES REPRÉSAILLES ALLEMANDES

Les jours qui suivirent le débarquement de Normandie furent marqués par d'importantes représailles allemandes sur les civils, spécialement de la part de la IIe division SS Das Reich. Le 9 juin 1944 à Tulle, 99 personnes sont pendues et 149 déportées. Le lendemain les Waffen-SS sont à Oradour-sur-Glane, près de Limoges. Sous le prétexte d'un contrôle d'identité, la population est réunie sur la place du village. Femmes et enfants sont conduits dans l'église et les hommes enfermés dans des granges. Bientôt l'église est incendiée et les hommes fusillés. Une trentaine d'habitants survivra à ce massacre qui fit au total 642 victimes. Les raisons du choix d'Oradour demeurent mystérieuses, l'hypothèse d'une confusion avec Oradour-sur-Vayres, commune du même département connue pour son maquis, étant parfois avancée. Toujours est-il qu'en 1953, l'annonce des lois d'amnistie y a été fort mal accueillie dans la commune qui s'est reconstruite à l'écart du « village martyr ». D'autres communes comme Maillé en Touraine ou celles de la vallée de la Saulx dans la Meuse avaient également subi des représailles allemandes durant le mois d'août 1944.

Paris libéré !

Alors que les résistants parisiens dirigés par Rol-Tanguy ont déjà libéré une grande partie de la ville, Paris est libéré par la 2e DB du général Leclerc le 25 août 1944, jour où le général de Gaulle prononce ces mots passés à la postérité : « Paris outragé ! Paris brisé ! Paris martyrisé ! mais Paris libéré ! » Le lendemain, il descend triomphalement les Champs-Elysées, avant de garder son calme devant Notre-Dame, au milieu d'une foule paniquée par la présence éventuelle de tireurs embusqués. Le gouverneur allemand de la capitale von Choltitz, arrêté par le lieutenant Karcher, est souvent abusivement considéré comme le sauveur de Paris, pour ne pas avoir respecté l'ordre d'Hitler de détruire la capitale, ce dont il aurait voulu s'assurer, d'après la légende, en lui demandant « *Brennt Paris* ? » (Paris brûle-t-il ?).

Royan sous le napalm

Verrou de la Gironde, la cité balnéaire de Royan a été particulièrement occupée depuis 1940, par des Allemands qui se retrouvent à l'été 1944 encerclés par les FFI du colonel Adeline. Les civils de la poche de Royan peuvent alors quitter la zone, mais une partie refuse et va connaître les bombardements alliés du 5 janvier 1945, puis ceux du 14 avril 1945, quelques semaines seulement avant la fin de la guerre, quand les bombardiers américains ont déversé plus de 700 000 litres de napalm sur la ville, lors de la première utilisation d'envergure de cette nouvelle arme terriblement destructrice.

DE REIMS À SÉTIF

L'armée allemande a signé sa reddition le 7 mai à Reims, mais c'est le 8 mai qui deviendra jour férié en 1953. Huit ans plus tôt à Berlin, peu après le suicide d'Hitler, l'armistice mettant fin à la Seconde Guerre mondiale en Europe était signé. Le 8 mai 1945 est aussi le jour des massacres de Sétif en Algérie. Profitant de la liesse liée à la fin de la guerre, des nationalistes algériens défilent pacifiquement pour faire entendre le droit des peuples à disposer d'eux-mêmes. La répression de cette manifestation qui a tourné à l'émeute fait autour d'une dizaine de milliers de morts, à peine relatés dans la presse française, *L'Humanité* évoquant que les émeutiers étaient des sympathisants nazis…

1914 1920 1930 1940 1950 1960 1970 1980 1990 2000 (2012)

Le rétablissement de la République

De 1944 à 1946, la France est gouvernée par le GPRF (Gouvernement provisoire de la République française), présidé, dès le 3 juin 1944, par le général de Gaulle qui a su faire reconnaître sa légitimité aux yeux des Alliés. Pour le chef de la France libre, le régime de Vichy étant illégitime, il ne convient pas de rétablir la république par une proclamation officielle. Félix Gouin et Georges Bidault lui ont succédé – Léon Blum assurant la transition avant l'élection du premier président de la IVe République – à la tête de ce gouvernement provisoire qui n'a toutefois pas attendu la mise en place de la nouvelle république pour prendre des mesures économiques et sociales déjà présentes dans le programme du CNR (nationalisations comme celles des usines Renault pour cause de collaboration, création de la Sécurité sociale…). En octobre 1944, le droit de vote est officialisé pour les femmes qui peuvent remplir leur nouveau devoir de citoyennes dès l'année suivante.

L'épuration

Après les milliers de morts causés par les règlements de comptes de « l'épuration sauvage », symbolisée par les femmes tondues accusées d'avoir couché avec l'occupant (« la collaboration horizontale »), vient le temps de juger les collaborateurs lors de l'épuration légale, de plus en plus clémente au fil des ans jusqu'aux lois d'amnistie des années cinquante. La Haute Cour de justice prononce 18 peines de mort. Seuls Pierre Darnand (chef de la Milice), Pierre Laval (chef du gouvernement sous Vichy), et Fernand de Brinon sont exécutés, certains ayant vu leur peine commuée quand d'autres ont fui en Espagne. D'autres cours prononcèrent plus de 6 000 condamnations à mort et plus de 20 000 peines de prison, notamment pour Louis-Ferdinand Céline. D'autres personnalités furent un temps inquiétées, comme Sacha Guitry, Henri-Georges Clouzot dont le film *Le Corbeau* fut accusé de servir la propagande nazie, ou encore Arletty qui, pour une relation avec un officier allemand, aurait affirmé : « Si mon cœur est français, mon cul, lui, est international ! »

DE SIGMARINGEN À L'ÎLE D'YEU

Celui qui est devenu le chef d'Etat français le plus âgé (84 ans en 1940), est contraint par les Allemands de quitter la France en 1944. De septembre 1944 à avril 1945, le maréchal Pétain réside à Sigmaringen, la plupart du temps cloîtré dans sa chambre. A son retour en France, il est jugé pour intelligence avec l'ennemi et haute trahison. Condamné à mort, sa peine est commuée en réclusion à perpétuité par le général de Gaulle. Démis de sa dignité de maréchal, Philippe Pétain séjourne au fort pyrénéen du Portalet – où Blum fut transféré en 1943 avant d'aller à Buchenwald – rejoignant ensuite le fort de Pierre-Levée sur l'île d'Yeu, où il a été inhumé en 1951. Ayant entamé sa 96e année, ce personnage controversé de l'histoire de France était considéré comme le plus vieux détenu au monde.

La veuve qui clôt

Prostituée, aviatrice, espionne, résistante : démêler le vrai du faux dans la légende que Marthe Richard s'est forgée ne relève pas de l'évidence, mais certains faits s'imposent. Ainsi, après avoir été pensionnaire de maisons closes dans sa jeunesse, Marthe Richard propose, en décembre 1945, alors qu'elle est conseillère municipale à Paris, la fermeture de ces maisons. D'abord appliquée dans le département de la Seine, la mesure est étendue en 1946 à la France entière. Marthe Richard, à qui il arrivera par la suite de s'exprimer en faveur de leur réouverture, y gagnera le surnom de « Veuve qui clôt ».

La France de la IVe République

La IVe République garde l'image d'un régime instable. Vingt-deux gouvernements se sont succédé en douze ans, avec parmi les nombreux présidents du Conseil – équivalents des Premiers ministres actuels – Pierre Mendès France, Antoine Pinay associé plus tard au nouveau franc, ou Robert Schuman, un des pères de la CEE fondée en 1957. Porté au pouvoir par les événements d'Algérie, de Gaulle mettra un terme en 1958 à ce régime trop parlementaire à son goût et dont l'expérience a montré les limites. D'abord marquée par la reconstruction favorisée par le plan Marshall, cette période de croissance économique, mais aussi démographique grâce au baby-boom, correspond à la première partie des Trente Glorieuses. Les femmes ont davantage accès à l'emploi, l'exode rural s'intensifie, et de nouveaux biens de consommation comme la télévision gagnent les foyers français.

LES PRÉSIDENTS DISCRETS DE LA IVE RÉPUBLIQUE

La Constitution de 1946 n'a donné qu'une influence limitée au président de la République. Le premier, Vincent Auriol, entre en fonction en 1947, après avoir présidé l'Assemblée. Sept ans plus tard, René Coty (ci-dessous) lui succède, mais son accès à la fonction présidentielle est plus délicat. Tout d'abord, le 10 juillet 1940, il a voté – comme une large majorité de parlementaires, mais contrairement à Vincent Auriol – les pleins pouvoirs à Pétain, ce qui lui vaudra d'être temporairement déclaré inéligible, avant d'être réhabilité en 1945 par un jury d'honneur pour ses actions en faveur de la Libération. D'autre part, alors qu'Auriol a été élu au premier tour par le Parlement, René Coty n'est lui pas même candidat lors du premier tour de l'élection de 1954. Après divers désistements, il est finalement élu après treize tours de scrutin !

Sortez les sortants !

En 1963, la société Carrefour ouvre le premier hypermarché français à Sainte-Geneviève-des-Bois (Essonne). La même année, Pierre Poujade fonde l'Union de défense des commerçants et artisans, et devient bientôt le porte-parole des victimes de la restructuration industrielle et de la concentration de la distribution. Ce défenseur des « petits » a connu son apogée le 12 janvier 1956, quand une cinquantaine de députés poujadistes font leur entrée à l'Assemblée au cri de : « Sortez les sortants ! » Si cette agitation n'a pas survécu à la chute de la Ve République, le terme poujadisme est resté pour faire référence à des idées corporatistes et populistes teintées de nationalisme.

DIÊN BIÊN PHU

En 1920, Nguyên Ai Quôc fait partie des fondateurs du parti communiste français né lors du congrès de Tours. Sous le nom d'Hô Chi Minh (« celui qui éclaire »), il dirige le Viêt-minh au cours de la guerre d'Indochine, de 1946 et son appel à la guérilla, jusqu'au 7 mai 1954 et la reddition de l'armée française à Diên Biên Phu. Après deux mois de résistance dans cette plaine du nord du Viêt-Nam, une marche de près de 1000 km et une « rééducation » aux idées marxistes attend les nombreux prisonniers. Ceux qui ne seront pas morts dans ces camps ou perdus dans la jungle après s'être évadés, seront livrés à la Croix-Rouge au moment de la signature des accords de Genève qui mettent fin à la « décolonisation ratée » de l'Indochine.

La crise de Suez révélatrice d'un nouveau contexte

L'Egypte de Nasser, soupçonnée d'aider le FLN en Algérie, nationalise le canal de Suez en 1956. La France décide alors d'intervenir aux côtés du Royaume-Uni et d'Israël. Mais leur retrait est rapide face aux menaces d'intervention de l'URSS et à la condamnation des Etats-Unis. La crise de Suez illustre l'affaiblissement des puissances d'Europe occidentale et la domination des « deux grands » dans le contexte de la guerre froide.

1914 1920 1930 1940 1950 1960 1970 1980 1990 2000 (2012)

La guerre d'Algérie

Si la France a accordé l'indépendance en 1956 à la Tunisie et au Maroc, le cas de l'Algérie est différent. Il s'agit d'une colonie de peuplement où cohabitent Européens et Algériens, et pour beaucoup « l'Algérie c'est la France ». Les attentats de la Toussaint rouge (1er novembre 1954), perpétrés par le FLN, marquent le début de ce conflit dans lequel la France a d'abord adopté une politique de la main tendue avant de réagir plus fermement après les massacres de Philippeville, allant jusqu'à l'usage de la torture contre les indépendantistes, notamment lors de la bataille d'Alger en 1957. Contribuant à la chute de la IVe République et au retour du général de Gaulle, ces « événements d'Algérie », reconnus comme une véritable guerre par l'Assemblée nationale qu'en 1999, s'achèvent en mars 1962 par les accords d'Evian qui prévoient, outre l'indépendance algérienne, l'exploitation des terres pétrolifères sahariennes pour six ans.

1956 : La journée des tomates

Président du Conseil de février 1956 à juin 1957, Guy Mollet a été au cœur de la « journée des tomates » à Alger, au tout début de son mandat, le 6 février 1956. Favorable à la paix et enclin à accorder l'indépendance algérienne, le président du Conseil a reçu un accueil plus qu'hostile de la part des défenseurs de l'Algérie française, se manifestant notamment par des jets de légumes.

1958 : « Je vous ai compris »

C'est en tant que président du Conseil de la IVe République que de Gaulle prononce, le 4 juin 1958 au balcon du Gouvernement général à Alger, cette célèbre phrase quelques jours après que le président Coty a fait appel au « plus illustre des Français ». Malgré ce qui apparaît comme un soutien aux Français d'Algérie, le général proposera dès 1959 un référendum pour l'autodétermination après l'échec de la « paix des braves ».

« Un quarteron de généraux en retraite »

C'est en ces termes que le général de Gaulle a désigné les auteurs du putsch des généraux en 1961. Les généraux Challe, Jouhaud, Salan et Zeller ont tenté de soulever les partisans de l'Algérie française à partir du 21 avril 1961. Quelques jours plus tard, l'entreprise se solde par un échec. Entre-temps, le général de Gaulle avait utilisé l'article 16 de la Constitution pour prendre les pleins pouvoirs. Jouhaud et Salan rejoindront ensuite l'OAS (Organisation armée secrète), mouvement clandestin anti-indépendantiste à l'origine de nombreux attentats en Algérie, et aussi en métropole où les domiciles de Sartre, Mitterrand ou Malraux ont été visés. A Pont-sur-Seine en 1961 et au Petit-Clamart en 1962, de Gaulle est pris pour cible. Une manifestation organisée à Paris le 8 février 1962 pour dénoncer les agissements de l'OAS s'achève par la mort de neuf personnes, étouffées dans la station de métro Charonne.

LES ÉVÉNEMENTS OUBLIÉS DU 17 OCTOBRE 1961

Le 17 octobre 1961, alors que Michel Debré a mis en place un couvre-feu pour les Algériens habitant la métropole où des attentats ont été perpétrés par le FLN, une manifestation des Algériens des bidonvilles de Nanterre s'achève par de nombreuses arrestations, mais surtout par la mort de plusieurs dizaines de manifestants, certains d'entre eux ayant été jetés dans la Seine. La lumière sur ces événements longtemps restés dans l'oubli peine encore à être faite.

LE DRAME DES HARKIS

Si 800 000 pieds-noirs ont été contraints de rejoindre la métropole, choisissant « entre la valise ou le cercueil », seule une minorité de harkis a pu en faire de même. Dans le sud-est de la France, certains de ces musulmans algériens engagés dans l'armée française entre 1957 et 1962 ont pu vivre dans des « hameaux de forestage » et être employés pour des travaux forestiers. Considérés comme des traîtres, ceux qui sont restés en Algérie ont subi de violentes représailles.

La République du général de Gaulle

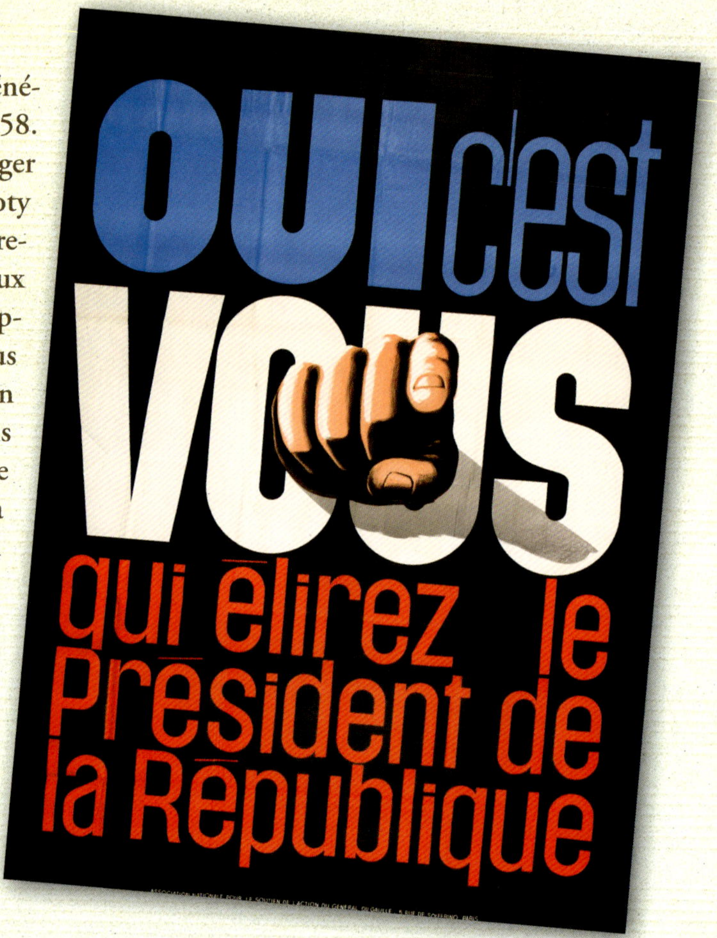

L'inextricable question algérienne fait sortir le général de Gaulle de sa traversée du désert en mai 1958. Soutenu par le Comité de salut public présidé à Alger par le général Massu, il est sollicité par le président Coty puis élu président du Conseil par l'Assemblée. Reprenant les idées défendues dans son discours de Bayeux en 1946, il fait naître une nouvelle Constitution adoptée par référendum en septembre 1958, donnant plus de poids au président de la République. Elu par un collège électoral en décembre, il prend ses fonctions en janvier 1959. Après la décolonisation pacifique de l'Afrique noire, et le règlement plus difficile de la guerre d'Algérie, de Gaulle est élu en 1965 pour la première fois au suffrage universel avec 55 % des voix contre Mitterrand. Il poursuit sa politique de grandeur et d'indépendance nationale en dotant la France de l'arme nucléaire et en la retirant de l'OTAN.

MARCEL BARBU, UN CANDIDAT UTOPISTE

La première élection présidentielle au suffrage universel direct a lieu en 1965. Parmi les candidats, un personnage atypique : Marcel Barbu. Né dans un bidonville de Nanterre, ce fervent croyant, qui sera père de seize enfants, se lance dans la fabrication de boîtiers de montres. Voulant être l'égal de ses salariés, il les implique autant que possible dans ses entreprises. Après son retour de Buchenwald, il a notamment évité le STO à ses employés, il rejoint l'Assemblée nationale, où il propose trois lois sur les communautés de travail, et où il demande à siéger sur un tabouret. Sensible au problème du logement, c'est pour cette cause qu'il brigue la présidence de la République. Celui qui se définit comme « le candidat des chiens battus » peine à être pris au sérieux et recueille 1 % des voix.

« Pour faire le blocus de Monaco, il suffit de deux panneaux de sens interdit »

Si le général de Gaulle n'a pas mis cette menace à exécution, il a en revanche imposé en 1962 des contrôles douaniers à la frontière, et surtout supprimé les avantages fiscaux des Français résidant à Monaco. A l'origine de cette décision, une tentative du prince Rainier III de rendre son indépendance à la radio et à la télévision monégasques ; mal accepté par l'Etat français, ce projet provoque une crise diplomatique qui sera résolue quelques mois plus tard avec l'adoption, notamment, de nouvelles règles fiscales.

Le paquebot France inauguré en 1960 avec pour marraine Yvonne de Gaulle.

QUAND CHIRAC BATTAIT MITTERRAND

François Mitterrand et Jacques Chirac se sont affrontés à deux reprises lors des élections présidentielles, et c'est toujours le socialiste qui l'a emporté. Néanmoins, lors des législatives de 1967, c'est Chirac qui l'emporte face à Mitterrand dans la circonscription d'Ussel, en Corrèze. Précision d'importance : l'adversaire du futur maire de Paris n'était pas François Mitterrand mais son frère, Robert.

Vive le Québec libre !

En juillet 1967, de Gaulle est acclamé par les Québécois tout au long de sa visite officielle au Canada. S'apercevant que les micros n'ont pas été débranchés, il entame au balcon de l'hôtel de ville de Montréal un discours qu'il conclut par : « Vive Montréal ! Vive le Québec ! Vive le Québec libre ! Vive le Canada français et vive la France ! » S'il ne s'agit pas d'un soutien aux indépendantistes québécois, il a ainsi appelé les Québécois à conserver leur identité française, au risque de tendre les relations avec le Canada.

Mai 1968

La contestation de mai 1968 est partie de Nanterre, où des étudiants menés par Daniel Cohn-Bendit occupent l'université à partir du 22 mars, avant de venir tenir leur meeting à la Sorbonne où, début mai, l'évacuation par la police des manifestants est suivie des premiers affrontements, et des premières barricades dans les rues du Quartier latin. La crise prend rapidement une tournure sociale, avec 8 millions de grévistes dans toute la France qui retourneront peu à peu au travail après les accords de Grenelle du 27 mai. La dernière phase de la crise est politique. Même si les événements de mai 1968 n'ont pas directement entraîné la chute du général, ils révèlent l'usure du pouvoir gaulliste. Combattu dans les urnes, le mouvement aura toutefois un impact majeur dans les contestations futures de la jeunesse « soixante-huitarde ».

Les garçons de Nanterre vont chez les filles...

Baby-boom oblige, les étudiants se font beaucoup plus nombreux à la fin des années soixante. Pour désengorger la Sorbonne, l'université de Nanterre est créée. Ouverte à la hâte en périphérie de la capitale, près d'un bidonville et mal desservie, elle constitue un terreau propice à la contestation estudiantine. Le 21 mars 1967, des étudiants viennent occuper la cité universitaire réservée aux filles, avant de se faire prestement expulser par les forces de l'ordre. Au-delà de la rigueur du système éducatif, ces étudiants veulent contester les pesanteurs de la société.

LA CHIENLIT, NON !

« Il est interdit d'interdire » ; « Sous les pavés la plage » ; « Elections, pièges à cons » ; « Prenez vos rêves pour la réalité » ; « CRS-SS »... De nombreux slogans de mai 1968 sont passés à la postérité. De son côté, le général de Gaulle a donné une nouvelle vie au terme chienlit, déformation de « chie-en-lit » désignant autrefois un personnage grotesque du carnaval de Paris. Avec le sens de « désordre », de Gaulle évoque ce terme le 19 mai devant les responsables des forces de l'ordre en affirmant : « La réforme, oui. La chienlit, non ! »

De Gaulle disparaît à Baden-Baden pour mieux revenir...

Alors que ses opposants le poussent à démissionner, le président de la République « disparaît » le 29 mai. Même son Premier ministre Georges Pompidou ne sait pas que de Gaulle est parti à Baden-Baden en RFA prendre conseil auprès du général Massu. Dès le lendemain, il annonce la dissolution de l'Assemblée nationale lors d'une allocution radiodiffusée suivie par une manifestation de soutien de plus de 500 000 personnes. Les législatives de juin confirment le revirement d'une partie de l'opinion en rendant les députés gaullistes majoritaires.

LE RÉFÉRENDUM DU 27 AVRIL 1969 ET LA RETRAITE À COLOMBEY

En soumettant les Français à un référendum sur des réformes visant notamment à donner plus de pouvoirs aux Régions, de Gaulle les prévient qu'il démissionnera si le non l'emporte. Dès le lendemain midi, il tient sa promesse en cessant d'exercer ses fonctions de président de la République. Président du Sénat de 1968 à 1992, Alain Poher assurera l'intérim. En juin 1970, les époux de Gaulle ont rendu visite au général Franco, lors d'un voyage en Espagne quelque peu controversé. Retiré à Colombey-les-Deux-Eglises en Haute-Marne, où une croix de Lorraine monumentale a été érigée en 1972 grâce à une souscription nationale, « le grand Charles » y décède au milieu d'une partie de patience, le 9 novembre 1970 à l'âge de 80 ans. Pompidou déclarera que « la France est veuve ». Le journal satirique *Hara-Kiri* fut quant à lui interdit pour avoir titré – en référence au récent incendie d'une boîte de nuit – « Bal tragique à Colombey : 1 mort ».

La France des années soixante-dix

C'est un gaulliste qui succède à Charles de Gaulle à la présidence de la République, en la personne de son ancien Premier ministre : Georges Pompidou. Décédé de la maladie de Waldenström en cours de mandat, celui qui a poursuivi la politique de modernité de la France et la construction européenne est un fils d'instituteurs né à Montboudif dans le Cantal, dont l'image tranche quelque peu avec celle de son successeur Valéry Giscard d'Estaing, polytechnicien né en 1926 dans une famille bourgeoise. Tentant de se rapprocher des Français avec un air d'accordéon ou en s'invitant chez eux, « VGE » n'a pas laissé le « monopole du cœur » à François Mitterrand, son adversaire battu d'un fil au second tour des élections présidentielles de 1974. Sous sa présidence, le défilé militaire du 14 Juillet change plusieurs fois de site au sein de la capitale, dont Jacques Chirac est, en 1977, le premier maire depuis Jules Ferry.

Chocs pétroliers et heure d'été

Les années soixante-dix sont marquées par un ralentissement de la croissance qui sonne le glas des Trente Glorieuses. En 1973, sous l'action de l'OPEP, les prix du pétrole ont été multipliés par quatre avant de connaître une nouvelle hausse majeure en 1979. C'est dans un contexte de rigueur incarnée par Raymond Barre que fut adoptée en 1976 l'heure d'été, dans le but d'économiser l'énergie en profitant de la lumière solaire en soirée.

Dix ans de luttes sur le Larzac

Le Larzac, plateau du sud du Massif central, a fait parler de lui tout au long des années soixante-dix. En 1971, le ministre de la Défense Michel Debré souhaite y agrandir un camp militaire en expropriant quelques dizaines de familles d'agriculteurs. Obtenant rapidement des soutiens dans toute la France, les agriculteurs du Larzac multiplièrent les manifestations : brebis sur le Champ-de-Mars, montée à Paris en tracteurs, puis à pied… Leur combat fut marqué par le rassemblement de près de 100 000 personnes sur le plateau en août 1973 et en août 1974. Venu apporter son soutien lors du second rassemblement, François Mitterrand a été pris à partie par des militants d'extrême gauche mais aussi par des policiers en civil. Sept ans plus tard, c'est son élection à la présidence de la République qui enterrera le projet d'extension au terme d'une lutte non violente de dix années.

LA LOI VEIL À L'ESSAI

Avec l'abaissement de la majorité de 21 à 18 ans, l'autre mesure phare du septennat de Valéry Giscard d'Estaing est la légalisation de l'interruption volontaire de grossesse. Alors que 300 000 femmes avortent illégalement en France chaque année, Simone Veil, ministre de la Santé, doit alors convaincre une Assemblée où siègent seulement neuf femmes. Subissant de vives critiques au sein même de sa majorité et de la part de l'extrême droite, celle qui a connu les camps de la mort a vu son immeuble tagué de croix gammées… Dans la nuit du 28 novembre 1974, après trois jours et deux nuits de débats enragés, la loi est finalement votée – grâce aux voix de l'opposition et de seulement un tiers de la droite – mais seulement pour cinq ans. En 1979, elle est reconduite définitivement.

Jean Bertin, l'inventeur malheureux

Période de grands progrès scientifiques, les Trente Glorieuses donnent l'occasion aux ingénieurs talentueux de concevoir des technologies audacieuses. C'est ainsi que Jean Bertin décide en 1955 de créer une entreprise spécialisée dans l'innovation. L'un de ses ingénieurs, Louis Duthion, dépose un brevet sur le coussin d'air, et c'est sur ce principe que sont développés plusieurs véhicules : le Terraplane (véhicule militaire amphibie), le Naviplane (un aéroglisseur), et surtout l'Aérotrain, qui atteint la vitesse record de 430,2 km/h en 1974. L'Aérotrain est technologiquement en avance sur son temps, mais cette avance ne lui suffit pas : un revirement du gouvernement enterre le projet d'une ligne Cergy-La Défense, et affecte son inventeur qui décède l'année suivante. Ayant mis les acteurs traditionnels du rail en danger, il aura indirectement contribué au lancement d'un autre chantier majeur : le TGV.

L'Aérotrain dessiné par Alain Grée.

LA FRANCE DEPUIS 1981 :
ALTERNANCE ET COHABITATION

La gauche revient au pouvoir le 10 mai 1981, jour de l'élection de François Mitterrand. De véritables mesures de gauche sont aussitôt menées, mais la politique de relance de la consommation atteint rapidement ses limites. Lors de chacun des deux septennats de Mitterrand, qui constituent le plus long mandat pour un président français, la France connaît la cohabitation avec les Premiers ministres Chirac (1986-1988) et Balladur (1993-1995). Par un référendum, Jacques Chirac abaisse le mandat présidentiel à cinq ans, et connaît, après un septennat marqué par cinq ans de cohabitation avec Lionel Jospin, un quinquennat pour lequel il est élu avec plus de 82 % des voix à un second tour où s'est hissé Jean-Marie Le Pen. En 2009, suite à une révision de la Constitution, Nicolas Sarkozy s'exprime devant le Parlement réuni à Versailles, une première depuis Louis-Napoléon Bonaparte.

Affiche pour l'élection présidentielle de 1981.

10 mai 1981 : les chars russes sur les Champs-Elysées...

SI L'ÉLECTION DE FRANÇOIS MITTERRAND, PREMIER PRÉSIDENT SOCIALISTE DE LA Ve RÉPUBLIQUE, SUSCITA CHEZ DE NOMBREUX FRANÇAIS L'ESPOIR D'UNE FRANCE PLUS JUSTE, ELLE VIT AUSSI S'ENTROUVRIR LA PORTE D'UNE INVASION « ROUGE ». L'ALLIANCE PROMISE AVEC LE PARTI COMMUNISTE FIT NAÎTRE EN EFFET CHEZ CERTAINS LA PEUR DE VOIR DÉFILER LES CHARS RUSSES SUR PARIS ! DANS UN CONTEXTE DE GUERRE FROIDE DÉTERMINANT ENCORE LES RELATIONS MONDIALES, CETTE PEUR QUI POURRAIT FAIRE SOURIRE AUJOURD'HUI ÉTAIT D'AUTANT PLUS CRÉDIBLE QU'ELLE ÉTAIT ALIMENTÉE PAR LES OPPOSANTS À MITTERRAND, GISCARD ET CHIRAC.

CLAP DE FIN POUR LA GUILLOTINE

En 1791, Le Peletier de Saint-Fargeau avait en son temps demandé l'abolition de la peine de mort. Près de deux siècles plus tard, au début des années soixante-dix, Roger Bontems est reconnu complice de Claude Buffet, auteur du crime d'une infirmière et d'un gardien de la prison de Clairvaux (Aube). Condamné à mort alors qu'il n'a pas tué, Pompidou refuse de gracier Bontems. Cet épisode va marquer profondément son avocat, Robert Badinter (ci-dessus), déterminé à se battre contre la guillotine. Nommé en 1981 garde des Sceaux par Mitterrand, qui avait fait de l'abolition de la peine de mort une promesse de campagne malgré l'hostilité de l'opinion publique, Badinter fut chargé de préparer le projet de la loi. Entre l'affaire Bontems-Buffet et l'abolition de 1981, quatre personnes ont été exécutées, parmi lesquelles Hamida Djandoubi, dernière personne au monde exécutée au moyen d'une guillotine, et auparavant Christian Ranucci qui continuait de clamer son innocence dans sa cellule…

Fête sur les Champs-Elysées pour la victoire de l'équipe de France de football lors de la Coupe du monde de 1998.

Arlette, Edith et Ségolène

Arlette Laguiller avait été en 1974 la première candidate à se présenter aux élections présidentielles. Edith Cresson est devenue en 1991 la première femme à occuper le poste de Premier ministre. En 2007, Ségolène Royal est quant à elle la première femme à atteindre le second tour de la course à l'Elysée. Encore relativement peu nombreuses à l'Assemblée et dans les gouvernements, les femmes profitent désormais des lois sur la parité votées sous le gouvernement Jospin.

Le 1er janvier 2002, l'euro remplace définitivement le franc.

LAZARE REJOINT TOUS LES AUTRES

Lazare Ponticelli est né à la fin de l'année 1897 dans une famille très pauvre du nord de l'Italie. A 2 ans, il est trop jeune pour suivre sa famille en quête de travail en région parisienne, mais les rejoint, seul, à seulement 9 ans. A 16 ans, il triche sur son âge pour s'engager dans le premier conflit mondial au sein de l'armée française. Avec l'entrée en guerre de l'Italie aux côtés de la France en 1915, il est contraint de rejoindre un bataillon de chasseurs alpins italiens connu pour avoir fraternisé avec les Autrichiens, avant d'être sérieusement blessé au visage. Après avoir fondé une société de fumisterie avec ses frères au début des années vingt, il s'engage dans la Résistance pendant la Seconde Guerre mondiale. A l'issue d'une vie qui s'est étalée sur trois siècles différents, son décès en 2008 à l'âge de 110 ans constitue la disparition du dernier poilu français – et italien – de la Première Guerre mondiale. Deux ans plus tard, l'Allemagne achevait le remboursement de ses dernières dettes de la Première Guerre mondiale…

Et maintenant, à vous de jouer !

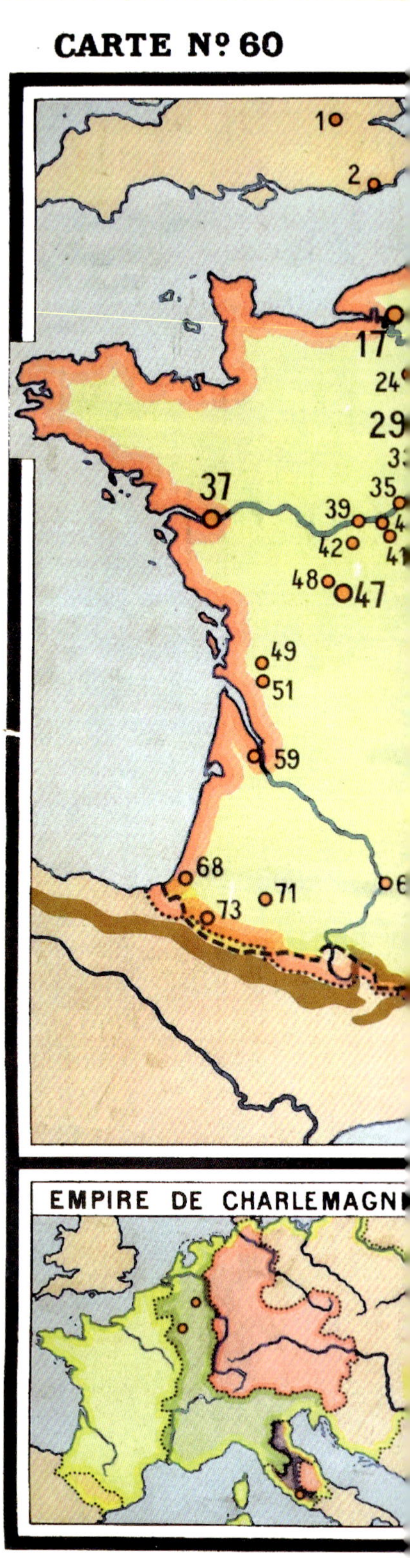

Le temps est venu de tester vos connaissances. Sur la carte ci-jointe, prenez quelques minutes (ou un peu plus…) pour mémoriser les principales dates et les lieux des grandes batailles, des traités ou des accessions au trône des grands souverains.

De la Gaule conquise par César au territoire français laissé par Henri IV à sa mort en 1610, les nombreux soubresauts de l'histoire ont été jalonnés de traités plus ou moins avantageux. L'histoire de France enseignée depuis deux siècles a retenu principalement certains de ces événements dont il vous faudra retrouver les dates, tout en localisant les lieux concernés.

En récompense, de magnifiques bons points attendent les plus méritants d'entre vous !

LA FRANCE DES ORIGINES À 1610
PAR P. BRIARD INSPECTE PRIMAIRE
ÉCHELLE:
200 Kilomètres
Limites de la GAULE
La FRANCE en 1610
Autres PAYS en 1610
DONNER LES DATES DE :
Gaule conquise par J.César
Invasions des Barbares
Défaite des Huns
Avènement de Clovis
Bataille de Poitiers (Arabes)
Charlemagne Empereur
Traité de Verdun
Avènement de Hugues Capet
Conquête de l'Angleterre (Normands)
1ère Croisade
Bataille de Bouvines
Mort de Saint Louis
1ers États Généraux
Bataille de Crécy
Siège de Calais
Bataille de Poitiers
Traité de Brétigny
Bataille d'Azincourt
Traité de Troyes
Délivrance d'Orléans
Mort de Jeanne d'Arc
Invention de l'Imprimerie
Fin de la guerre de Cent ans
Mort de Chles le Téméraire
Découverte de l'Amérique
Bataille de Marignan
Bataille de Pavie
Traité de Madrid
Conquête des 3 Évêchés
Traité de Cateau-Cambrésis
Massacre de la St Barthélemy
Édit de Nantes
Mort de Henri IV
PREMIÈRE CROISADE
EMPIRE DE CHARLES-QUINT

LISTE CHRONOLOGIQUE DES SOUVERAINS ET CHEFS D'ÉTAT DE LA FRANCE

MÉROVINGIENS

Chlodion (ou Clodion) (V. 428-v. 447)
Mérovée (v. 447-v. 457)
Childéric Ier (v. 457-481 ou 482)
Clovis (481 ou 482-511)

Premier partage (511)

AUSTRASIE

Thierry Ier (511-v. 534)
Théodebert Ier ou Thibert (534-547/548)
Théodebald ou Thibaud (547/548-555)

ORLÉANS

Clodomir (511-524)

PARIS

Childebert Ier (511-558)

NEUSTRIE

Clotaire 1er (seul roi de 558 à 561) (511-561)

Deuxième partage (561)

PARIS

Caribert(561-567)

ORLÉANS ET BOURGOGNE

Gontran (561-592)

NEUSTRIE

Chilpéric Ier (561-584)
Clotaire II (seul roi de 613 à 629) (584-629)
Dagobert Ier (seul roi de 629 à 634) 629-v. 638

AUSTRASIE

Sigebert Ier (561-575)
Childebert II (575-595)
Thibert ou Théodebert II (595-612)
Sigebert II (613)

BOURGOGNE

Thierry II (595/596-613)

AUSTRASIE

Sigebert III (634-656)
Childéric II (662-675)
Dagobert II (676-679)

NEUSTRIE ET BOURGOGNE

Clovis II (639-657)
Clotaire III (657-673)
Thierry III (673-690 ou 691)
Clovis III (675)
Clovis IV (691-695)
Childebert III (695-711)
Dagobert III (711-715)
Chilpéric II, désigné par les Neustriens (715-721)
Clotaire IV, désigné par Charles Martel (718-719)
Thierry IV (721-737)
Interrègne (737-743)
Childéric III (743-751)

CAROLINGIENS

Pépin le Bref (751-768)
Charlemagne (avec Carloman jusqu'en 771) (768-814)
Louis Ier le Pieux ou le Débonnaire (814-840)
Charles II le Chauve (843-877)
Louis II le Bègue (877-879)
Louis III et Carloman (879-882)
Carloman seul (882-884)
Charles le Gros (884-887)
Eudes (famille capétienne) (888-898)
Charles III le Simple (il partagea le trône avec Eudes de 893 à 898) (893-923)
Robert Ier (famille capétienne) : opposé à Charles le Simple (922-923)
Raoul (923-936)
Louis IV d'Outremer (936-954)
Lothaire (954-986)
Louis V (986-987)

CAPÉTIENS DIRECTS

Hugues Capet (987-996)
Robert II le Pieux (996-1031)
Henri Ier (1031-1060)
Philippe Ier (1060-1108)
Louis VI le Gros (1108-1137)
Louis VII le Jeune (1137-1180)
Philippe II Auguste (1180-1223)
Louis VIII (1223-1226)
Louis IX (Saint Louis) (1226-1270)
Philippe III le Hardi (1270-1285)

Philippe IV le Bel (1285-1314)
Louis X le Hutin (1314-1316)
Jean 1er (posthume) (1316)
Philippe V le Long (1316-1322)
Charles IV le Bel (1322-1328)

VALOIS

Valois directs
(issus de Charles de Valois, frère de Philippe le Bel)
Philippe VI de Valois (1328-1350)
Jean II le Bon (1350-1364)
Charles V le Sage (1364-1380)
Charles VI (1380-1422)
Charles VII (1422-1461)
Louis XI (1461-1483)
Charles VIII (1483-1498)
Valois-Orléans
(Issus du 1er fils de Louis d'Orléans, frère de Charles VI)
Louis XII (1498-1515)
Valois-Angoulême
(issus du 3e fils de Louis d'Orléans)
François Ier (1515-1547)
Henri II (1547-1559)
François II (1559-1560)
Charles IX (1560-1574)
Henri III (1574-1589)

BOURBONS

(issus de Robert, comte de Clermont, 6e fils de Saint Louis)
Henri IV (1589-1610)
Louis XIII (1610-1643)
Louis XIV (1643-1715)
Louis XV (1715-1774)
Louis XVI (1774-1792)

Ire RÉPUBLIQUE

Convention (1792-1795)
Directoire (1795-1799)
Consulat (1799-1804)

PREMIER EMPIRE

Napoléon Ier, empereur (1804-1814)
Les Cent-Jours (1815)

RESTAURATION

(Bourbons)
Louis XVIII (1814 ; 1815-1824)
Charles X (1824-1830)

MONARCHIE DE JUILLET

(Bourbons-Orléans)
Louis-Philippe Ier (1830-1848)

IIe RÉPUBLIQUE

Louis-Napoléon Bonaparte (1848-1852)

SECOND EMPIRE

Napoléon III, empereur (1852-1870)

IIIe RÉPUBLIQUE

Adolphe Thiers (1871-1873)
Mac-Mahon (1873-1879)
Jules Grévy (1879-1887)
Sadi-Carnot (1887-1894)
Casimir-Perier (1894-1895)
Félix Faure (1895-1899)
Émile Loubet (1899-1906)
Armand Fallières (1906-1913)
Raymond Poincaré (1913-1920)
Paul Deschanel (févr. sept. 1920)
Alexandre Millerand (1920-1924)
Gaston Doumergue (1924-1931)
Paul Doumer (1931-1932)
Albert Lebrun (1932-1940)

ÉTAT FRANÇAIS

Philippe Pétain (1940-1944)

GOUVERNEMENT PROVISOIRE DE LA RÉPUBLIQUE

Charles de Gaulle (1944-1946)
Félix Gouin, Georges Bidault, Léon Blum (1946-1947)

IVe RÉPUBLIQUE

Vincent Auriol (1947-1954)
René Coty (1954-1959)

Ve RÉPUBLIQUE

Charles de Gaulle (1959-1969)
Georges Pompidou (1969-1974)
Valéry Giscard d'Estaing (1974-1981)
François Mitterrand (1981-1995)
Jacques Chirac (1995-2007)
Nicolas Sarkozy (2007-2012)
François Hollande (2012-…)

Crédits iconographiques

Christian Le Corre

Pages 12 (hg), 14 (bg), 15 (hd), 18, 19 (bd), 20 (hg), 21, 22, 24 (hd), 26 (bg), 28, 29 (h), 33, 34 (hg), 37, 38, 39, 40 (bd), 41, 42 (g), 44, 45 (hg), 46, 48 (h), 50 (h), 52, 53 (hd), 54, 55, 56 (h), 57, 58, 59, 60, 62, 63, 64, 66 (hd), 67, 68, 69, 70 (d), 71, 73, 74, 75, 76 (bd), 78 (bd), 79, 80, 81 (hd), 82 (d), 84, 86, 87, 90, 91 (d), 92 (h), 93, 94, 95, 96, 98 (d), 100, 101 (bd), 102 (bg), 103, 106, 109, 110, 112 (g), 113 (bg), 114 (bg), 115 (bg), 116, 117 (bd), 120 (hg), 121 (hg), 122, 123, 126, 127 (hd), 128, 129 (b), 131, 132, 133 (hd), 134, 135 (b), 136 (hd), 137, 138, 140, 141, 142, 143 (hd), 144 (bg), 145 (bd), 146, 147 (b), 148 (bg), 150, 151, 152 (hd), 153 (hd), 156, 157, 158 (bd), 159, 161, 162 (hg), 163, 165 (hg), 169 (hg), 170, 174 (hg), 175 (h), 176, 177, 180 (h), 181 (hd), 182, 183 (hd, bd), 187 (bg), 188 (hd), 189 (bd), 192 (bd), 193, 197 (bd), 198, 199, 201 (hd), 205 (bd), 207 (bd), 209, 210 (d), 213 (hd), 214, 215, 219, 221 (h), 232/233, 237, 240.

Collection Rossignol/Le Corre

Couverture et pages 6 (b), 24 (bg), 25 (hd), 32 (hd), 40 (hg), 45 (bd), 53 (bg), 77, 83, 92 (b), 97 (b), 101 (hg), 104 (hd), 107, 111 (bg), 113 (hd), 124, 130 (bg), 139, 160, 171 (hd), 181 (bg), 194, 195 (bd), 206, 212.

Tableaux muraux historiques, Jean Anscombre (années 60) © Editions MDI

Tableau N° 1 : Napoléon au pont d'Arcole : page 12 (hg)
Tableau N° 9 : Le château est attaqué : page 52
Tableau N° 12 : La vie des paysans au Moyen Âge : page 55 (bg)
Tableau N° 13 : La vie des bourgeois au Moyen Âge : page 58 (bd),
Tableau N° 14 : Le peuple construit sa cathédrale : page 60
Tableau N° 10 : Le départ pour la croisade : page 64 (hd)
Tableau N° 15 : Saint Louis soigne les lépreux : page 68 (bg)
Tableau N° 2 : Le couronnement de Napoléon : page 146 (g)
Tableau N° 20 : Le débarquement allié (1944) : page 214 (b)

Collection Kharbine-Tapabor

Couverture et pages 7 (hg), 29 (bd), 43 (hg), 48 (b), 50 (bg), 61, 66 (bd), 76 (h), 91 (g), 99, 105, 114 (hg, d), 115 (hd), 118, 119 (hd), 144 (d), 147 (hd), 152 (bd), 164 (b), 165 (bd), 167 (hd), 172 (bg), 179 (hd, bg), 183 (bg), 186 (hd, bg), 197 (hd), 200 (hd, bg), 201 (bd), 203 (hd), 205 (hg), 217, 218 (bg).

Collection Grob/Kharbine-Tapabor

Pages 7 (hd), 70 (g), 78 (hd), 85 (hd), 102 (d), 135 (hd).

Collection BHVP-Grob/Kharbine-Tapabor

Page 164 (h).

Collection IM/Kharbine-Tapabor

Pages 12 (hd), 14 (hd), 15 (bd), 26 (hd), 27 (g), 56 (bg), 85 (bg), 98 (hg), 127 (bg), 143 (bg), 162 (bd), 174 (bd), 175 (b), 188 (bg), 192 (hg), 195 (bg), 197 (hg), 203 (bg), 208, 216, 218 (d), 222, 223.

Collection Jonas/Kharbine-Tapabor
Pages 23, 36, 51, 81 (bd), 104 (g), 108, 111 (hd), 112 (bd), 117 (hg), 120 (bd), 129 (hd), 145 (hd), 148 (d).

Collection Cheuva/ Kharbine-Tapabor
Page 65.

Collection Perrin/ Kharbine-Tapabor
Pages 119 (bg), 169 (bd), 185 (bd).

Collection S. Kakou/ Kharbine-Tapabor
Page 149 (bg).

Collection Lou/Kharbine-Tapabor
Page 153 (hg).

Collection Jean Vigne/ Kharbine-Tapabor
Pages 154, 178.

Collection MX/Kharbine-Tapabor
Page 172 (hd).

Collection Dixmier/ Kharbine-Tapabor
Pages 180 (bd), 221 (bg), 224, 226 (hd), 227 (g), 228 (hd, bg), 229 (hd), 230 (bg).

Collection Rossignol/ Kharbine-Tapabor
Page 220 (b).

Akg-images
Pages 190, 226 (bg).

Akg-images/ Erich Lessing
Page 166.

Michel BARET/RAPHO
Page 231 (hg).

Pool DEVILLE/ DUCLOS/GAMMA
Page 231 (d).

Alain Grée
Page 229 (b).

Collection Michel Launay
Pages 9, 10 (bg), 11, 13.

Collection Abbaye d'Aiguebelle
Pages 10, 32 (bg), 34 (hd), 35, 42 (d), 47.

Musée de l'École de Bothoa, Saint-Nicolas-du-Pélem (22)
Pages 6 (hg), 7 (bd).

Les Éditions OUEST-FRANCE remercient tout particulièrement : Christian Le Corre pour sa recherche iconographique, Michel et Nicole Sohier, Michel Launay et Béatrice Rousseau pour leur prêt de documents.

Table des matières

CAFÉ EN GRAINS
LE COQ
BRAVOURE

LE ROI CHARENT
B.16
SPÉCIALITÉ AU LAIT PAST
50% MATIÈRE GRASSE

CHEMINS DE FER DU MIDI
VIADUC DU VIAUR

Editions OUEST-FRANCE
Aix-en-Provence - Lille - Rennes

Éditeur Anne Cauquetoux
Coordination éditoriale Isabelle Rousseau
Conception et mise en page Studio des Éditions Ouest-France
Photogravure graph&ti, Cesson-Sévigné (35)
Impression Pollina, Luçon (85)

ISBN 978-2-7373-5781-7 • N° d'éditeur 6885.01.30.10.12
Dépôt légal : octobre 2012
Imprimé en Chine
www.editionsouestfrance.fr

Jeu de 6 familles

LES CAROLINGIENS

Pépin d'Héristal (v. 640-714)
Charles Martel (717-741)
Pépin le Bref (751-768)
Charlemagne (768-814)
Louis Ier le Débonnaire
ou le Pieux(814-840)
Charles II le Chauve (840-877)

LES CAPÉTIENS

Eudes (888-898)
Hugues Capet (987-996)
Louis VI le Gros (1108-1137)
Philippe Auguste (1180-1223)
Louis IX (1226-1270)
Philippe IV le Bel (1285-1314)

LES VALOIS

Philippe VI de Valois (1328-1350)
Charles V (1364-1380)
Charles VII (1422-1461)
Louis XI (1461-1483)
François Ier (1515-1547)
Henri II (1547-1559)

LES BOURBONS

Henri IV (1589-1610)
Louis XIII (1610-1643)
Louis XIV (1643-1715)
Louis XV (1715-1774)
Louis XVI (1774-1792)
Louis XVIII (1814-1824)

LA REVOLUTION

Bailly (1736-1793)
Mirabeau (1749-1791)
La Fayette (1757-1834)
Danton (1759-1794)
Hoche (1768-1797)
Kléber (1753-1800)

L'EMPIRE

Napoléon Ier (1769-1821)
Lannes (1769-1809)
Masséna (1758-1817)
Davout (1770-1815)
Murat (1767-1815)
Ney (1769-1815)

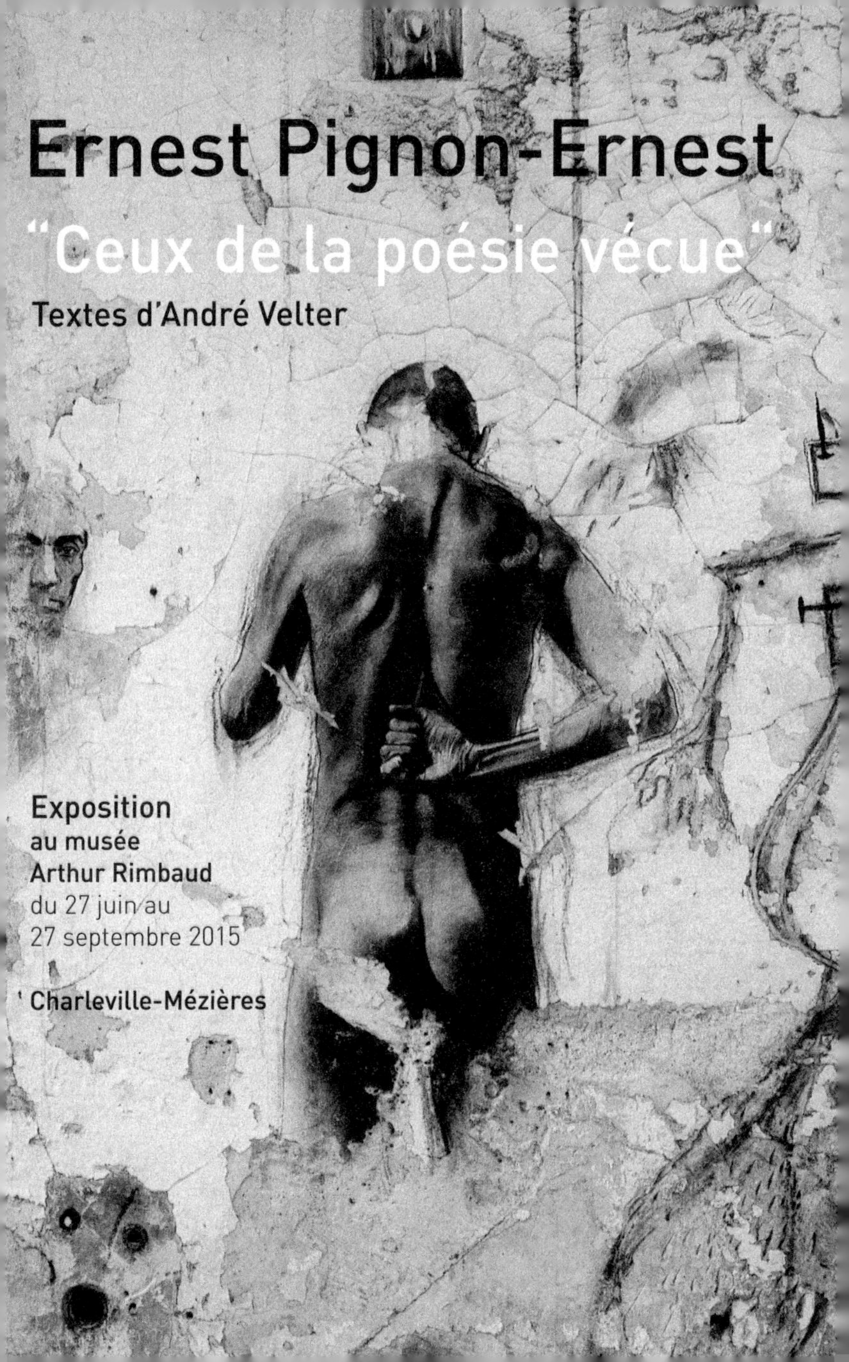
Ernest Pignon-Ernest
"Ceux de la poésie vécue"
Textes d'André Velter
Exposition
au musée
Arthur Rimbaud
du 27 juin au
27 septembre 2015
Charleville-Mézières

“Ceux de la poésie vécue“

Textes d’**André Velter**

Pour ceux qu’exaspère l’ordre meurtrier du monde, la poésie est affaire d’engagement existentiel. Quand elle refuse d’être un ornement ou une collection d’afféteries formelles, elle garde trace des expériences vécues et des risques pris. Elle dit le réel, mais en le révélant plus vaste, et d’une prodigieuse intensité. Elle conjugue visible et invisible, sursauts intimes et songes partagés. Elle s’impose comme le chant profond des vivants qui ne renoncent pas aux effractions, aux abîmes, aux combats, ni aux enchantements inouïs de la vraie vie.

Il était en quelque sorte fatal qu’un artiste comme Ernest Pignon-Ernest multiplie les interventions par les rues et sur les murs des villes en compagnie de poètes irréductibles, capteurs de signes, porteurs de paroles, de révoltes, d’utopies.

De Rimbaud à Antonin Artaud, de Nerval à Robert Desnos, de Verlaine à Pier Paolo Pasolini, de Federico García Lorca à René Char, sans oublier Baudelaire, Apollinaire, Cendrars, Maïakovski, Éluard, Aragon, Michaux, Hikmet, Neruda, Genet, Mahmoud Darwich, il n'a cessé de fixer avec eux des rendez-vous complices et d'affirmer qu'envers et contre tout il est possible, ici et maintenant, de tenir parole, de ne jamais baisser la garde, de ne pas être indigne de soi, de ses engagements, ni de ses désirs.

Gérard de **Nerval**

(1808 – 1855)

Doté de tous les dons (il donne à 19 ans une version miraculeuse du Faust de Goethe), Gérard de Nerval s'adonne à tous les genres littéraires, excellant dans l'art du récit initiatique et dans les sonnets de pure magie qui composent **Les Chimères**.

Crayon et encre sur papier

Charles **Baudelaire**

(1821 – 1867)

Condamné pour **Les Fleurs du Mal** par la justice de son temps, Charles Baudelaire sait le ridicule d'un tel jugement. Avec ce mélange d'orgueil légitime et d'ironie exacerbée qui le caractérise, il proclame : «J'ai pris de la boue et j'en ai fait de l'or.» Entreprise ténébreuse, sa poésie est en effet un inestimable trésor.

Encre et pierre noire sur papier

Paul **Verlaine**

(1844 – 1896)

Paul Verlaine est celui qui a fait vibrer « toute la lyre », aucun espace ni aucune voix de la poésie ne lui étant étranger. Avec sa prodigieuse grâce mélodique, il a porté le poème au seuil de l'indicible, là où le sens devient chant, là où le chant libère un autre sens.

Encre sur papier

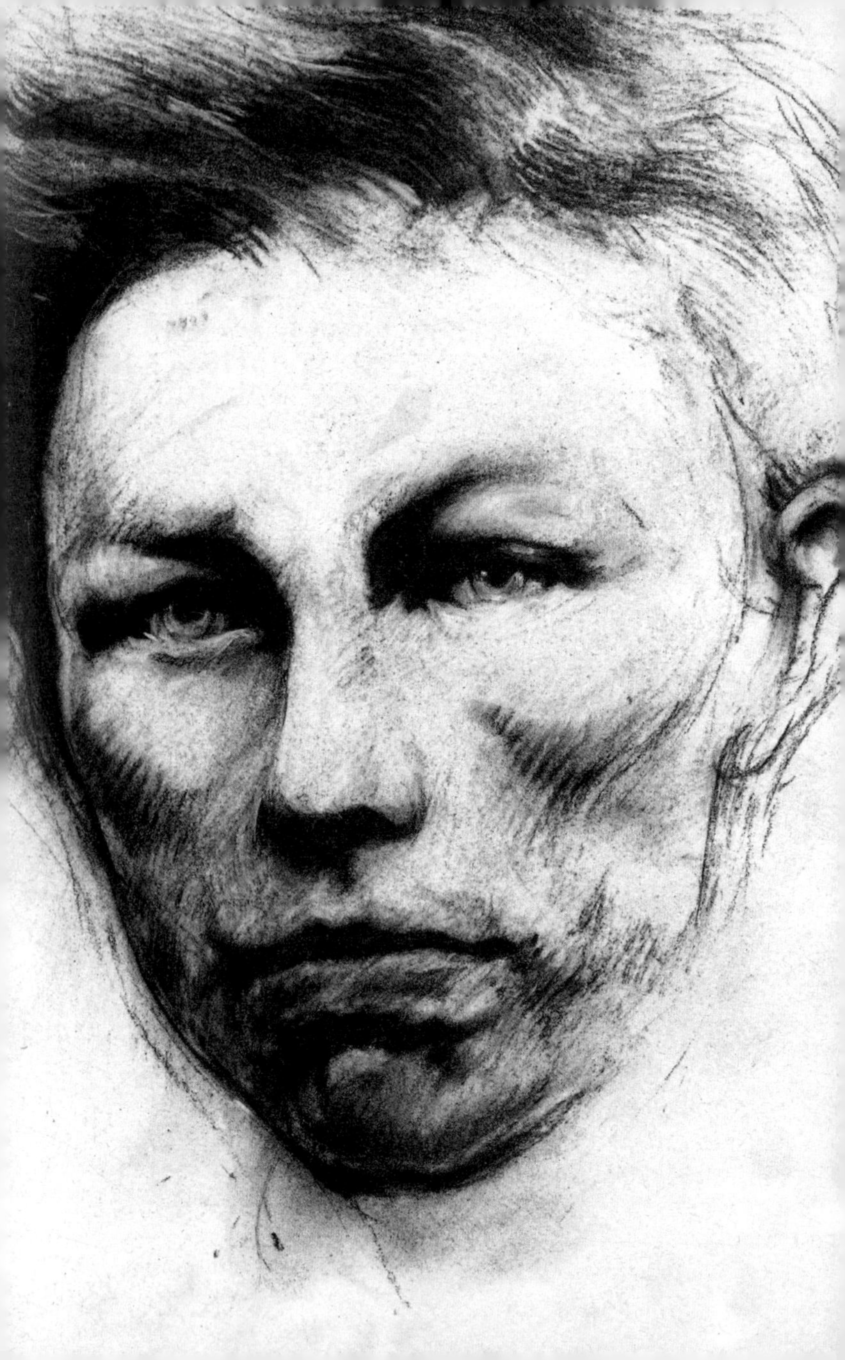

Arthur **Rimbaud**

(1854 – 1891)

Météore décisif, figure universelle du génie adolescent : après Arthur Rimbaud rien n'est plus comme avant. Ni la poésie, qu'il a traversée en alchimiste impatient, ni la vie, qu'il s'est épuisé à changer, pour s'en aller, encore et toujours, « trafiquer dans l'inconnu ».

Étude

Pierre noire sur papier

Guillaume **Apollinaire**
(1880-1918)

Fervent de la modernité technique autant qu'artistique, il est de toutes les expériences d'avant-garde et revendique la liberté totale du créateur. Aussi est-il en toutes circonstances digne de la devise qu'il s'est choisie : « J'émerveille ».

Étude
Encre et pastel sur papier

Blaise Cendrars
(1887-1961)

Il est celui qui se tient sur le fil le plus aventureux, celui qui veut passer de surprise en surprise, de stupeur en éblouissement, et ne se vêtir que de temporalités intenses comme s'il n'y avait pour tisser son destin que des heures de danger ou de révélation.

Pierre noire sur papier

Vladimir Maïakovski
(1893-1930)

Une scansion ferroviaire, une frappe tout autant verbale que révolutionnaire, un homme-ouragan, un poète torrentiel. Maïakovski met tout en jeu : sa vie, ses partis pris, ses amours, ses tourments. Son suicide demeure une question sans réponse pour ceux qui veulent transformer le monde sans passer par profits et pertes ce qui les singularise.

Étude, Avignon 1972
Technique mixte sur papier

Paul Éluard
(1895-1952)

Une voix identifiable entre toutes, une voix qui restitue la charge des mystères enfouis, des désirs sans entrave, des stupeurs aimantées : une voix de rêveur éveillé.

Fusain sur papier

Antonin **Artaud**
(1896-1948)

Grand foudroyé de la société, à qui la vie était une écharde, homme du cri écorché, de la prophétie en forme d'implacable blasphème, Artaud est l'électro-choc qui vaticine, qui agresse et secoue, et n'entend pas guérir.

Artaud (Hôpital d'Ivry)
Pierre noire sur papier

Louis **Aragon**

(1897-1982)

Comme celle de Hugo au siècle précédent, une œuvre immense, diverse, drainant avec elle les utopies, les splendeurs et les fourvoiements de l'époque.
Une poésie virtuose, séduisante, amoureuse, et par éclairs d'une cruelle lucidité.

Technique mixte sur papier

Federico Garcia Lorca
(1898-1936)

La lumière la plus vive pour les fêtes, les désirs, les destins meurtris : fatalité changée en mélodie. Mais aussi une perception instinctive du réel qui fait de Garcia Lorca, avec la même intensité à fleur de peau, la voix profonde de l'Andalousie et celle, visionnaire, angoissée, de New York.

Étude
Encre et pierre noire sur papier

Henri **Michaux**

(1899-1984)

S'est-il jamais senti de ce monde ? A-t-il jamais perçu une appartenance, une parenté, une filiation ? Il est le poète de l'affrontement, de l'expérimentation, de l'exorcisme, de la connaissance par les gouffres intérieurs, et n'est jamais en repos.

Étude

Encre et pierre noire sur papier

Robert **Desnos**

(1900-1945)

Il est le mouvement même, l'invention, la liberté en rêve, en parole, en acte, en amour. « Éros c'est la vie », proclame-t-il. Sa mort au sortir des camps en fait un homme à l'image des utopies du siècle : inventives, éblouissantes, joyeuses ou sanglantes.

◂ **Étude**
Encre sur papier

Louise Lame, Paris 2013 ▸

Nâzim **Hikmet**

(1902-1963)

Révolte, passions, combats et poésie indissolublement liés : un verbe lesté de souffrance et de fraternité qui s'adressait à tous. Aux paysans d'Anatolie, aux dockers d'Istanbul, aux érudits et à ceux qui ne savaient ni lire ni écrire. Hikmet donnait à l'épopée le goût du pain et aux chansons d'amour des accents d'incendie.

Étude

Technique mixte sur papier

Pablo Neruda
(1904-1973)

S'il est une haute parole, et la plus populaire, c'est bien celle qu'inventa Neruda en devenant le chroniqueur inspiré, le mémorialiste, mais aussi la conscience révolutionnaire du Chili et, au delà, de toute l'Amérique latine. Preuve qu'il est une poésie engagée qui peut, certes douloureusement, changer l'ordre de l'histoire et des choses.

Santiago, Chili 1981

René **Char**
(1907-1988)

Une œuvre composée d'éclairs et d'offenses, de résistance et d'intuition extatique, portée par un colosse irréductible, réfractaire, intraitable, au cœur constamment alarmé, et qui veut qu'en toutes circonstances, même les plus atroces, toute la place soit pour la beauté.

D'après Georges de La Tour,
Job raillé par sa femme
Encre sur papier

ANTHONY

Jean **Genet**

(1910-1986)

Voleur qui revendique ses larcins, voyou qui use des séductions de la langue des puissants pour mieux pervertir et corrompre leurs valeurs et leurs lois, Genet s'est voulu un irrécupérable superbe, et il fut un dévoyé fascinant, finalement accueilli dans le concert des anges.

Docks de Brest 2006

Pier Paolo **Pasolini**
(1922-1975)

Par delà l'empreinte de sa fin tragique, c'est le parcours tumultueux, insatisfait, déchiré d'un enfant du siècle qui perdure dans une terrible lumière : entre maléfice et malédiction, innocence et sauvagerie. Cinéaste, romancier, pamphlétaire, poète, Pasolini est l'incarnation sous toutes ces formes du scandale de se vouloir absolument libre.

Certaldo, Toscane 1980

FROM PARIS LOVE
HELL

Musée Arthur Rimbaud carnet d'un itinéraire

Charleville-Mézières

Avant propos

Les Ardennes et la Ville de Charleville-Mézières attendaient depuis longtemps qu'un nouveau musée Arthur Rimbaud sache enfin répondre à une légitime attente, celle d'un public soucieux de mieux connaître Arthur Rimbaud, non seulement sa vie et son œuvre, mais aussi tout ce que le vingtième siècle lui doit. Il relève de la mission d'un nouveau musée Rimbaud de montrer à quel point Charleville et Mézières ont beaucoup compté pour le poète. S'il a eu parfois des mots durs pour sa ville natale, force est de constater que Charleville et les Ardennes ont représenté pour Arthur Rimbaud son véritable « port d'attache » et qu'après les départs, il y eut aussi les retours. Cet ancrage à Charleville-Mézières se devait d'être conforté, c'est maintenant chose faite, la Ville peut désormais présenter toute la richesse de son « Fonds Rimbaud », qui, bien souvent, a été montré dans de grandes expositions internationales sans pouvoir bénéficier des mêmes attentions dans notre ville, faute d'un musée suffisamment adapté.

Il fallait pour cela passer par un grand projet permettant de reconsidérer l'ensemble, tant au niveau des bâtiments que de la collection. Ce sont donc plusieurs années d'efforts qui ont été nécessaires pour mettre en œuvre un programme ambitieux qui se concrétise aujourd'hui grâce à un projet développé par de talentueux architectes sélectionnés après un concours international. Le soutien des collectivités tout comme celui du mécénat aura été indispensable, tout comme il l'a également été pour l'enrichissement du Fonds Rimbaud. C'est à cette renaissance que la Ville peut aujourd'hui convier non seulement les connaisseurs du poète mais aussi un très large public, chacun étant impatient de pouvoir venir à la rencontre de cet enfant de Charleville dont l'œuvre a été traduite en une quarantaine de langues. Il est important de souligner que le nouveau musée va permettre un renouvellement permanent des présentations, conférant ainsi à l'établissement une dynamique qui ne demandera qu'à être confortée par les actions envisagées pour faire encore mieux vivre la poésie dans notre ville.

Boris Ravignon,
Maire de Charleville-Mézières
Président de la Communauté d'Agglomération
Charleville-Mézières / Sedan

Un musée pour Arthur Rimbaud

« Le lieu… »

C'est en 1954 que Charleville a ouvert une première salle Rimbaud au sein de son ancien musée municipal ; en 1969, cet espace a pris une plus grande importance et a rejoint le second étage du Vieux-Moulin. Puis, en 1984, la Ville de Charleville-Mézières consacrait tout le rez-de-chaussée du même bâtiment à l'évocation du poète mais ce n'est qu'en 1991 que le Moulin lui a été entièrement dévolu. Malgré le charme des lieux, il était toutefois difficile de faire en sorte que l'enfant de Charleville y trouve la juste reconnaissance de la dimension qui est désormais devenue la sienne.

Inaugurée en 2004 à deux pas du musée, la maison d'Arthur Rimbaud (maison des Ailleurs), où le poète a vécu entre 1869 et 1875, donnait le coup d'envoi d'un vaste programme qui s'achève en 2015 avec des espaces totalement repensés qui permettent d'établir toute la complémentarité entre la vie et l'œuvre du poète, cela en résonance avec la considérable dimension artistique qui s'est progressivement développée autour de son image.

« …et la formule »

C'était bien là que résidait la difficulté de l'entreprise, le nouveau musée Arthur Rimbaud tente d'y répondre avec un projet ambitieux, projet architectural et muséographique mené en totale concertation avec les architectes Edouard Ropars et Julien Abinal, accompagnés dans cette aventure par l'artiste Claude Lévêque, l'écrivain Stéphane Bouquet et le graphiste et éditeur Xavier Barral.

Ainsi, le musée Arthur Rimbaud prend vie avec des espaces tels que le « grenier » dévolu à l'écoute des textes, avec les salles « rêveries » ou « révolutions », qui renvoient aux périodes d'intensité ; de leurs côtés, les « voyages » prennent une part importante et conduisent les visiteurs au-delà des mers, tout cela sur un bras de la Meuse où tournaient autrefois les roues du moulin. C'est ce souffle et cette intensité que nous souhaitons faire ressentir dans les murs qui abritent désormais quelques-uns des plus beaux manuscrits du poète ainsi que des œuvres d'artistes qui contribuent à mieux aller à la rencontre d'Arthur Rimbaud et à ouvrir avec lui de nouveaux horizons.

Alain Tourneux,
Conservateur du musée Arthur Rimbaud

Moi qui me suis dit mage ou ange… je suis rendu au sol avec… la réalité rugueuse à étreindre.

Cette phrase de Rimbaud, tirée d'un de ses tout derniers poèmes, « Adieu », écrit à l'âge de 19 ans, offre l'ossature du nouveau musée, qui commence dans les hauteurs du grenier, habitation des anges, et descend lentement vers la terre que Rimbaud a sillonné sans fin après avoir quitté la poésie.

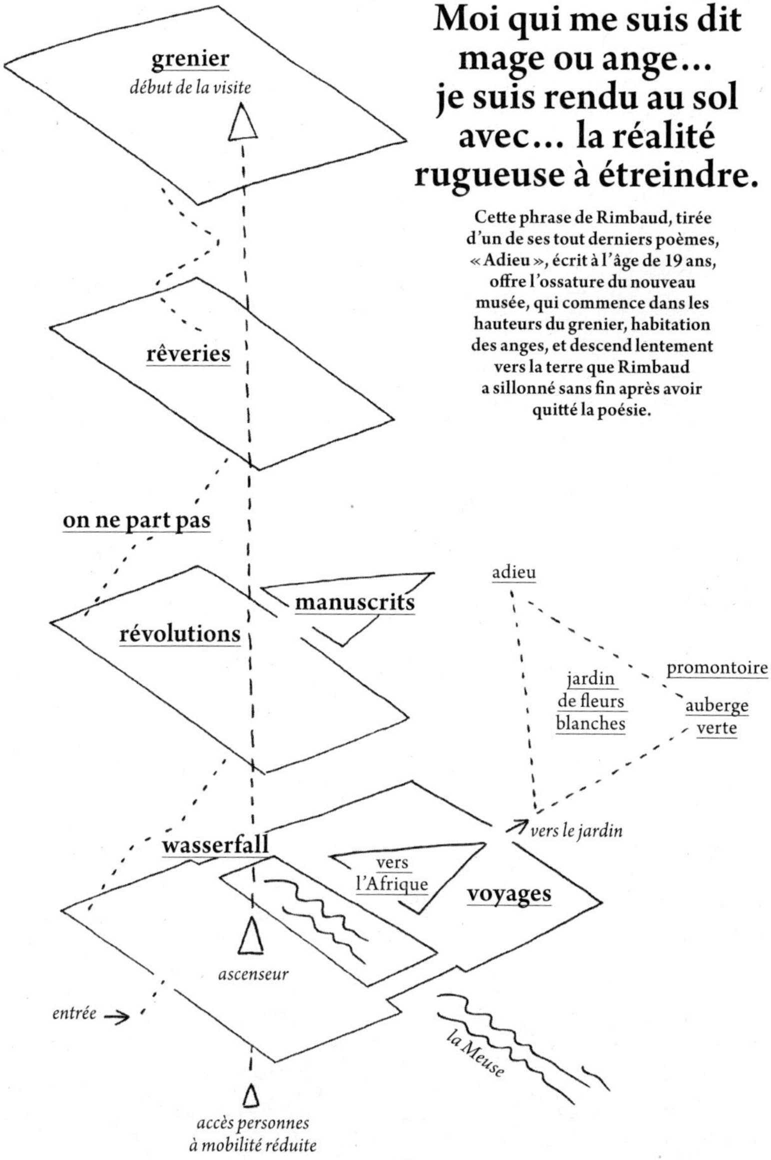

La place Ducale à Charleville, fin XIXe siècle.

JEROME
LIBRAIRIE CLASSIQUE
PHARMACIE A. HARLAY

Dans un grenier où je fus enfermé à douze ans j'ai connu le monde.

Extrait du poème « Vies »,
Les Illuminations,
1873-1875.

grenier

On imagine le jeune Arthur puni, enfermé au grenier par sa mère et découvrant par les fenêtres à quel point l'aube est belle, le monde est grand, à quel point il sera possible, plus tard, de s'évader.

C'est peut-être ce grenier des douze ans qui a donné à Rimbaud le goût des hauteurs, de l'élan, de l'envol. Ses poèmes résonnent souvent d'un puissant désir d'altitude. Les paysages préférés de Rimbaud contiennent terrasses, gradins d'or, sommets, chalets, beffrois, passerelles, plates-formes, escaliers, ponts, villes suspendues dans les airs par des poulies. Monter c'est ce qu'il faut faire, monter pour se libérer. Aller au grenier pour être seul et heureux dans un espace sans limites.

Arthur Rimbaud en classe de 6e
à l'Institut Rossat, Charleville
(Au 1er rang, 3e en partant de la gauche).

Le collège de Rimbaud,
Place du Sépulcre, Charleville.

grenier

Premier portrait
photographique d'Arthur
Rimbaud, Etienne Carjat, 1871.

Le ciel est une liberté, la terre un danger. Sur terre menacent tous ces « affalements », « accroupissements », « agenouillages », « affaissements », « assoiements », « écroulements » dont le poète aime à faire la liste, quitte à inventer des mots. Sur terre, on risque toujours de retomber piteusement, ce qui ne peut que détruire le bonheur et empêcher la fuite.
Bien sûr, plus tard, Rimbaud aimera marcher sans fin sur la terre. Il aura cessé de croire que bondir comme un lièvre est un gage de liberté. Il aura appris à aimer le sol. Mais quand il écrit, il croit encore aux hauteurs, il aime toujours les greniers.
En 1873, à dix-neuf ans, après que Verlaine lui a tiré dessus, Rimbaud retourne à la ferme familiale de Roche. Il s'enferme au grenier – son lieu merveilleux – et travaille, comme un forcené, à *Une Saison en enfer*, et peut-être à une partie des *Illuminations*.

J'ai tendu des cordes de clocher à clocher ; des guirlandes de fenêtre à fenêtre ; des chaînes d'or d'étoile à étoile, et je danse.

Extrait du poème « Phrases »,
Les Illuminations,
1873-1875.

Rimbaud et son frère Frédéric, debout à ses côtés, en premiers communiants, 1865.

Cette célèbre photo de Rimbaud est souvent publiée en effaçant la présence de son frère. Il est vrai que Jean Nicolas Frédéric semble avoir eu peu de place dans la vie de Jean Nicolas Arthur. Sa sœur Vitalie eut bien plus d'impact sur son imaginaire. Elle aussi écrivait des poèmes dont un, « La Fleur », semble annoncer la brièveté de sa vie.

À Charleville, le jeune Arthur Rimbaud s'ennuyait. Il devait faire face à la dureté de sa mère, Vitalie Cuif. Cette femme a eu la réputation d'être si dure que les mauvaises langues prétendaient qu'elle avait fait fuir son mari. N'écoutons pas forcément les rumeurs, mais ce qui est sûr c'est que les poèmes de Rimbaud disent souvent la nostalgie d'une tendresse maternelle qui serait comme un « tiède tapis » ou « un nid cotonneux ». Malheureusement, sa mère avait d'autres soucis en tête : faire vivre, décemment, ses quatre enfants. Plutôt que prodiguer son amour, elle tenait « le livre du devoir » dit Rimbaud : elle y faisait le compte impitoyable des bonnes et des mauvaises actions. Charleville, pour Rimbaud, c'était aussi l'église obligatoire, la sévérité du régime de Napoléon III qui brimait la liberté d'expression, les couloirs sombres du collège, les terribles bourgeois en costumes noirs, « assis » et ventripotents. Bref, comme le jeune homme l'écrit dans une lettre du 2 novembre 1870 à son professeur Izambard :

Portrait d'Isabelle Rimbaud, Paterne Berrichon, 1908.

Plus jeune des sœurs, Isabelle Rimbaud adoptera sans broncher la morale de sa mère et se chargera de la mémoire familiale quitte à transformer son frère en « un juste, un saint, un martyr, un élu ».

Je suis rentré à Charleville… Je meurs, je me décompose dans la platitude, dans la mauvaiseté, dans la grisaille.

Vue intérieure de la maison d'adolescence de Rimbaud, chez Mme Rigaux,
photographie de Thierry Girard, 1992.

À sept ans, il faisait des romans, sur la vie
Du grand désert, où luit la Liberté ravie,
Forêts, soleils, rives, savanes ! – Il s'aidait
De journaux illustrés où, rouge, il regardait
Des Espagnoles rire et des Italiennes.
Quand venait, l'œil brun, folle, en robes d'indiennes
À Huit ans, – la fille des ouvriers d'à côté,
La petite brutale, et qu'elle avait sauté,
Dans un coin, sur son dos, en secouant ses tresses,
Et qu'il était sous elle, il lui mordait les fesses.

Extrait de
« Les poètes de sept ans »

La poésie fut sa solution, son échappatoire, son évasion. Élève brillant, il excelle dans les vers latins avant même de briller dans la prosodie française. Ses poèmes qu'il écrit en courant les champs et les sentiers autour de Charleville lui offrent tout ce qui lui manquait : la douceur des sensations, la fraîcheur de l'eau, les mille teintes de la nature, la caresse du vent. Ils mettent en scène un monde merveilleux, sonore, floral, chatoyant, rempli de senteurs, de couleurs et d'imaginations délirantes. À tout ce qui est gris, il oppose la consolation d'une langue riche d'adjectifs, parfois très rares, riche de sensations dans laquelle il aime à se vautrer, riche d'arcs-en-ciel. « Le noyé » du *Bateau ivre* qui est « ravi » de se noyer, c'est lui qui se noie avec joie dans les plaisirs de la langue et les saveurs des choses. Dans ses poèmes d'alors, Rimbaud invente un monde où le bonheur et l'amour sont quand même possibles.

Propriété de la mère de Rimbaud, la ferme de Roche fournissait l'essentiel des revenus de la famille. En 1873, Rimbaud s'y enferme pour écrire *Une saison en enfer*. La ferme fut détruite pendant la première Guerre mondiale.

Le mur de la maison à Roche, photographie de Jacqueline Salmon, 2004.

Roc-la-Tour, paysage aux environs de Charleville-Mézières,
photographie de Bernard Plossu, 2011.

Par les soirs bleus d'été, j'irai dans les sentiers.

Extrait du poème
« Sensation », 1870.

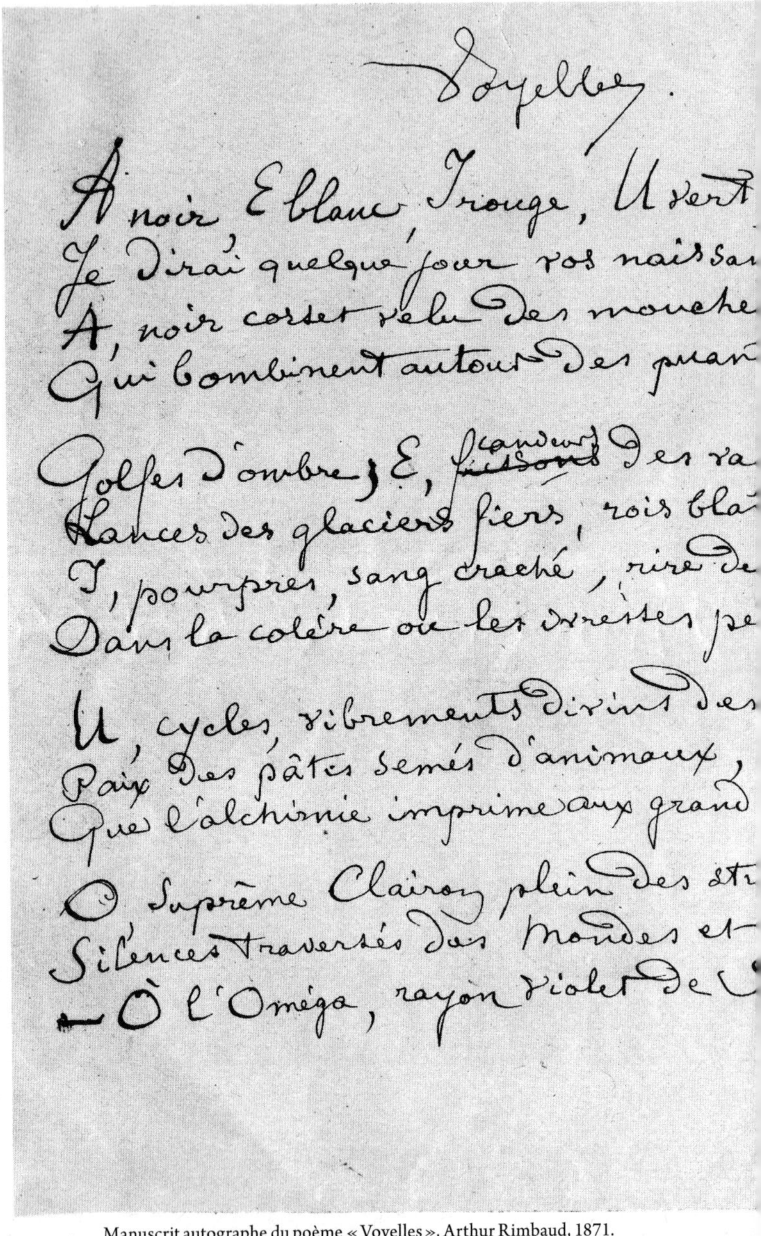

Voyelles.

A noir, E blanc, I rouge, U vert
Je dirai quelque jour vos naissa
A, noir corset velu des mouche
Qui bombinent autour des puan

Golfes d'ombre; E, ~~frissons~~ candeurs des va
Lances des glaciers fiers, rois bla
I, pourpres, sang craché, rire de
Dans la colère ou les ivresses pe

U, cycles, vibrements divins des
Paix des pâtis semés d'animaux,
Que l'alchimie imprime aux grand

O Suprême Clairon plein des str
Silences traversés des Mondes et
— O l'Oméga, rayon violet de

Manuscrit autographe du poème « Voyelles », Arthur Rimbaud, 1871.
Ce manuscrit a appartenu à Emile Blémont à qui Rimbaud l'aurait offert.

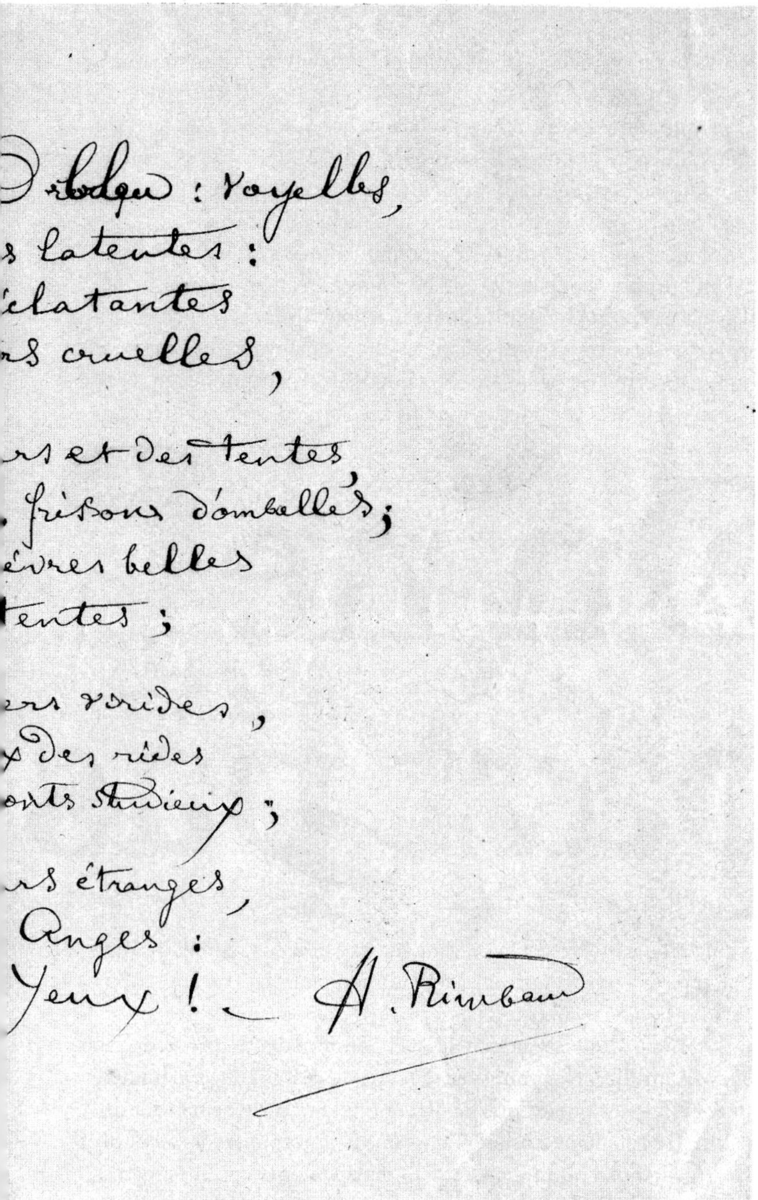

[illegible] : voyelles,
s latentes :
éclatantes
ns cruelles,

rs et des tentes
frissons d'ombelles ;
èvres belles
tentes ;

ers virides,
x des rides
onts studieux ;

rs étranges,
Anges :
Yeux ! — A. Rimbaud

Blémont le donna à la Maison de Poésie qu'il avait lui-même créée.
Mis en vente en novembre 1982, il fut alors acheté par la Ville de Charleville-Mézières.

Rimbaud n'a jamais cessé de quitter Charleville. Il n'a aussi jamais cessé d'y revenir.
C'est que sa mère continuait de vivre au bord de la Meuse. Bien sûr, Rimbaud aime parfois se déclarer orphelin. Mais, en vérité, sa mère est toujours là et, dès qu'il est en difficulté, il accourt vers elle et vers cette famille qu'il décrit comme « une nichée de chiens ».
De sa mère, qu'il détestait avec amour ou aimait avec haine, Rimbaud a d'ailleurs beaucoup hérité : un bon sens paysan non dénué d'avarice et, étrangement, le goût du devoir. Si, dans *Les Poètes de sept ans*, il montre sa mère tenant le « livre du devoir », lui-même dit dans *Adieu*, qui est peut-être son salut définitif à la poésie, qu'il reste là, sans plus de rêves poétiques mais avec un « devoir à chercher ».
Telle mère, tel fils.

On ne part pas

Extrait du poème « Mauvais Sang », *Une Saison en enfer*, 1873.

dit-il ailleurs lucidement. On est peut-être loin de Charleville, mais dans sa tête, on est condamné à toujours reprendre les « chemins d'ici ».
Pendant les onze ans qu'il passera à errer entre Aden et la Corne de l'Afrique, il entretiendra d'ailleurs une abondante correspondance avec sa famille, et surtout avec sa mère, ne cessant de lui demander des services, ce qui est une façon comme une autre de maintenir le lien. Il écrit même à celle-ci, alors que le cancer le dévore, et qu'il est trop tard, qu'il comptait justement rentrer au pays pour se marier.
Il rentrera en France pour mourir.

Rimbaud place Ducale,
collage et photographie
d'Ernest Pignon-Ernest, 1986.

Fugueur maladif, Arthur Rimbaud ne fut pas le seul homme de sa génération à s'adonner à la fugue. Des dizaines de gens souffraient autour des années 1880 de la maladie alors appelée « fugue pathologique ». Les « malades » étaient incapables de résister à l'appel de l'ailleurs et pouvaient parcourir des milliers de kilomètres à pieds pour fuir une trop intense pression sociale. Cette « bougite » maladive, dixit son ami Delahaye, était-elle le symptôme d'une époque trop répressive ?

Je m'en allais, les poings dans mes poches crevées ;
Mon paletot aussi devenait idéal ;
J'allais sous le ciel, Muse !
et j'étais ton féal ;
Oh ! là ! là ! que d'amours splendides j'ai rêvées !
Mon unique culotte avait un large trou.
– Petit-Poucet rêveur, j'égrenais dans ma course
Des rimes. Mon auberge était à la Grande-Ourse.
– Mes étoiles au ciel avaient un doux frou-frou

Rimbaud's road, Roche, France,
photographie
de Patti Smith, 2004.

La chanteuse Patti Smith ne fut pas la seule à faire le pèlerinage de Charleville. Le grand poète *beat* américain, Allen Ginsberg s'arrangea même pour loger une nuit dans la chambre de Rimbaud. L'histoire ne dit pas si l'esprit d'Arthur vint le visiter.

Extrait du poème
« Ma bohème », 1870.

Et je les écoutais, assis au bord des routes,
Ces bons soirs de septembre où je sentais des gouttes
De rosée à mon front, comme un vin de vigueur ;

Gare de Charleville, fin XIXe siècle.

Dans le poème « À la musique », les bourgeois de Charleville vont écouter en chœur un concert place de la gare. Drôle d'endroit pour un concert, même s'il n'y avait pas beaucoup de trains à l'époque. Mais le vacarme plaisait à Rimbaud. À Londres, par exemple, il aimait se noyer dans les bruits industriels, promesse de temps nouveaux.

Dès seize ans, Rimbaud fugue. Il veut aller à Paris. Est arrêté à la gare, ramené de force chez lui. Ce n'est pas grave. Il réessaie autant de fois qu'il faut pour atteindre enfin la capitale. Qu'est-ce qui l'attire si fort là-bas ? La vie bien sûr. C'est là-bas que sont tous les poètes. C'est là-bas aussi que sont les communards qui tentent d'inventer une autre société, une société pleine de « douceurs » barbares que Rimbaud cherche partout. Les poèmes qu'il écrit alors, logiquement, se politisent : ils bouillonnent de rêves démocratiques et de cris révolutionnaires. Poète en sympathie avec les communards, Rimbaud truffe ses textes de slogans poétiques qui en appellent à demain et à un monde meilleur.

Un coin de table,
Henri Fantin-Latour, 1872.
Reproduction du tableau, l'original est au musée d'Orsay.

Les Vilains Bonshommes **était un cercle de poètes parnassiens qui accueillirent Rimbaud parmi eux, épatés par « Le Bateau ivre ». Mais comme le montre le regard lointain d'Arthur, le jeune homme, lui, n'était pas du tout impressionné. Après avoir crié « merde » à chaque strophe que récitait l'un d'eux, il se fit chasser sans égard hors de la salle, entraînant Verlaine à sa suite.**

Bien sûr, Paris décevra Rimbaud. Il faudra aller ailleurs, encore ailleurs : Bruxelles, Londres. Il faudra faire sans arrêt ce « saut dans l'inconnu » qui, selon Rimbaud, est le devoir de tout poète digne de ce nom. Mais en même temps, Paris l'aura libéré. À Paris, il envoie valser toutes les règles. Celles de la bienséance d'abord. Le jeune homme se comporte tellement mal, met le feu aux rideaux, se promène nu sur les toits, que ses nouveaux amis des milieux littéraires sont bientôt excédés et le fuient. En se comportant mal, Rimbaud ne fait qu'appliquer son programme poético-politique : faire tout sauter, dérégler tous les sens, se « cultiver des verrues sur le visage ». Peu importe que les autres vous détestent.

Rimbaud à la pipe,
dessin de Paul Verlaine, 1872.

Aux Parnassiens, Rimbaud préférait le cercle zutique, poètes spécialistes en irrévérence parodique et scabreuse. Imitant la poésie à sujet sérieux, Verlaine et Rimbaud s'associèrent pour écrire un assez fameux « Sonnet du trou du cul ». Jeune homme aux cheveux longs et peu soignés, Arthur adorait alors se mal conduire.

Venez, chère grande âme, on vous appelle, on vous attend.

Extrait d'une lettre de
Verlaine à Rimbaud, 1871.

Portrait d'Arthur Rimbaud par Valentine Hugo et portrait de Paul Verlaine, anonyme.

Qu'est-ce pour nous, Mon Cœur, que les nappes de sang

Extrait du poème « Qu'est-ce que pour nous mon cœur », 1872.

La relation de Verlaine et de Rimbaud ne fut pas de tout repos, s'achevant sur un fameux coup de pistolet. Rimbaud décrit leur « drôle de ménage », en termes à peine voilés, dans *Une Saison en enfer*. Il s'y moque avec violence de la lâcheté de Verlaine, mais c'est peut-être en amoureux déçu. Car les lettres qu'il envoie à Verlaine, au moment de la dernière rupture, sont un grand cri d'affection vibrante.

C'est donc « révolutions à tous les étages », y compris sexuelle. Car Rimbaud n'est plus seul. En rencontrant Verlaine, il a trouvé celui auprès de qui vivre ce qu'il appelle son « vice qui a poussé ses racines de souffrance à mon côté ».
Auprès de Verlaine, Rimbaud gagne aussi en courage poétique. Il fait valser sans complexe les dernières règles poétiques, abandonne le vers pour la prose, n'hésite pas à écrire quelques poèmes scatologiques. Ne recule plus devant les obscurités : puisque la poésie doit plonger « dans l'inconnu pour ramener du nouveau », il est logique que certaines phrases soient mystérieuses, si belles d'être si mystérieuses.

« Voici le temps des assassins », illustration pour *Les Illuminations*, Fernand Léger, 1948.

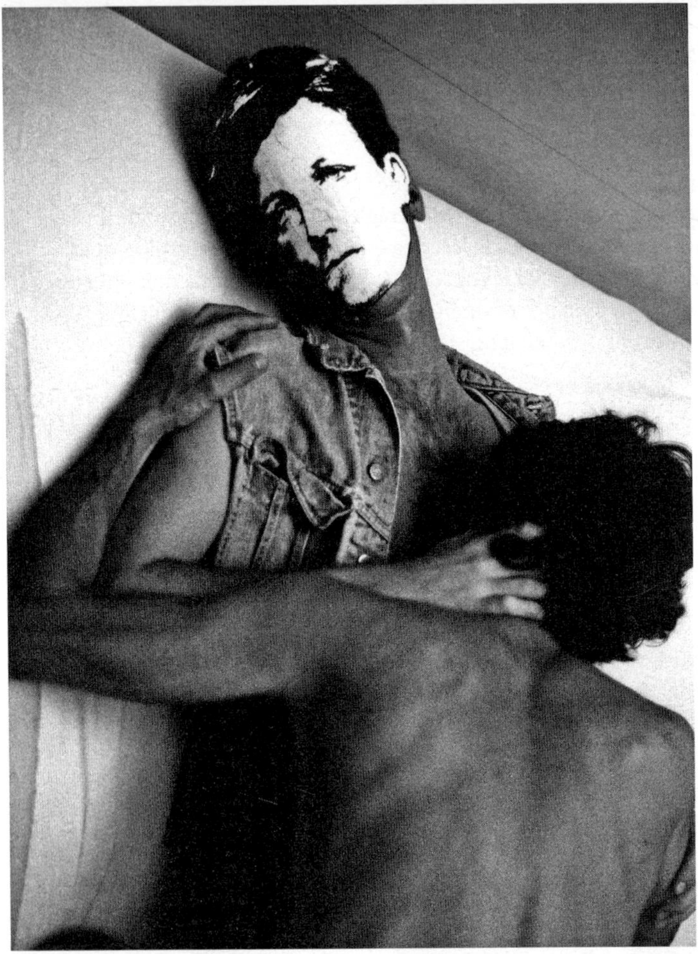

Arthur à New-York, Kissing, photographie de David Wojnarowicz, 1978-1979.

Photographie extraite de *A season in hell,* Robert Mapplethorpe, 1986.

Pendant la Commune, Rimbaud rêvait d'approcher Paris, cité de la liberté des corps et des idées. On ne sait pas s'il eut l'occasion de vivre le Paris de la révolte mais le poème sur la page opposée, si on remplace le mot « cœur » par le plus cru « cul », relate une expérience « militaire » qui ne fut peut-être pas heureuse. Mauvais goût ? Oui, mais Rimbaud se revendiqua toujours « mauvais goût ».

Mon triste cœur bave à la poupe,
Mon cœur couvert de caporal :
Ils y lancent des jets de soupe
Mon triste cœur bave à la poupe :
Sous les quolibets de la troupe
Qui pousse un rire général,
Mon triste cœur bave à la poupe,
Mon cœur couvert de caporal.

Extrait du poème
« Le cœur volé », 1871.

Ithyphalliques et pioupiesques
Leurs quolibets l'ont dépravé.
Au gouvernail, on voit des fresques
Ithyphalliques et pioupiesques.
Ô flots abracadabrantesques
Prenez mon cœur, qu'il soit lavé.
Ithyphalliques et pioupiesques
Leurs quolibets l'ont dépravé !

Rimbaud est un poète qui a laissé bien peu de traces. Contrairement à d'autres, il n'a pas classé ses manuscrits ni les différentes versions de ses poèmes. Il a très peu cherché à les faire publier. Une seule exception : en 1873, il confie à un imprimeur de Bruxelles l'édition à compte d'auteur d'un petit livre de 54 pages : *Une Saison en enfer.* Comme il n'a pas les moyens de payer le fournisseur, il abandonne les 500 exemplaires dans les mains de celui-ci et n'en garde qu'une dizaine qu'il offrira à ses amis. Il oublie ensuite le stock et ne le rachètera jamais. Ce n'est qu'en 1901 qu'on le retrouve par hasard.

Bourgeois en redingote,
dessin d'ArthurRimbaud.

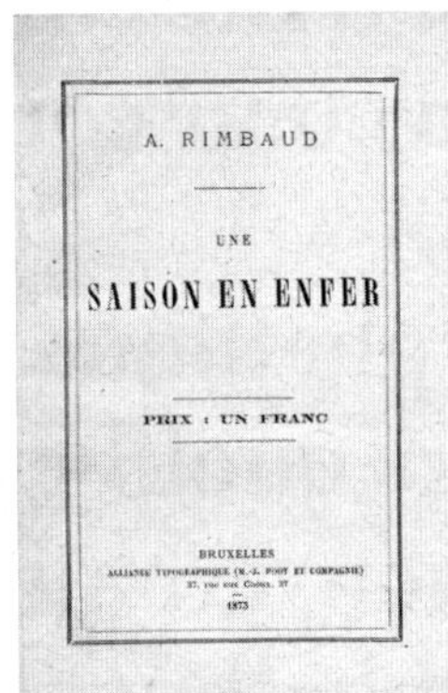

A. RIMBAUD

UNE

SAISON EN ENFER

PRIX : UN FRANC

BRUXELLES

Une saison en enfer,
Arthur Rimbaud, 1873.

De même, nombre de ses poèmes ne nous sont parvenus que parce que Paul Verlaine et Germain Nouveau notamment, tous deux poètes et compagnons de Rimbaud, les ont soigneusement recopiés. Sans Paul Verlaine, il y a de fortes chances que nous n'ayons jamais connu le si célèbre *Bateau ivre*. Sans l'engagement de quelques-uns, l'œuvre de Rimbaud serait presque entièrement perdue. Verlaine parle d'ailleurs d'un poème que Rimbaud a composé suite à la semaine sanglante de 1871, terrible semaine de mai où les troupes gouvernementales ont abattu par milliers les communards : le poème s'appelait *Les Veilleurs.*

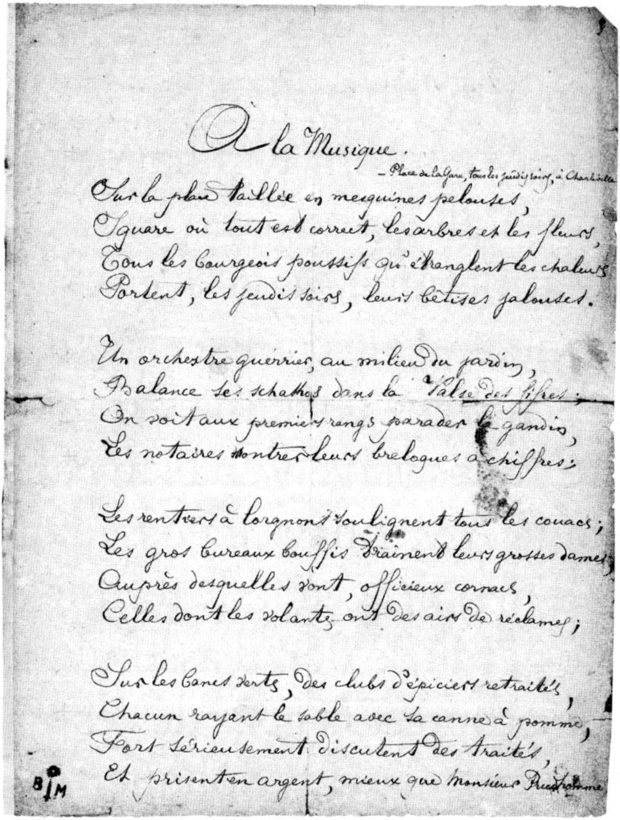

À la Musique.

– Place de la Gare, tous les jeudis soirs, à Charleville

Sur la place taillée en mesquines pelouses,
Square où tout est correct, les arbres et les fleurs,
Tous les bourgeois poussifs qu'étranglent les chaleurs
Portent, les jeudis soirs, leurs bêtises jalouses.

Un orchestre guerrier, au milieu du jardin,
Balance ses schakos dans la Valse des fifres:
On voit aux premiers rangs parader le gandin,
Les notaires montrer leurs breloques à chiffres;

Les rentiers à lorgnons soulignent tous les couacs;
Les gros bureaux bouffis traînent leurs grosses dames,
Auprès desquelles vont, officieux cornacs,
Celles dont les volants ont des airs de réclames;

Sur les bancs verts, des clubs d'épiciers retraités,
Chacun rayant le sable avec sa canne à pomme,
Fort sérieusement discutent des traités,
Et prisent en argent, mieux que Monsieur Prudhomme.

BM

Manuscrit autographe du poème
« À la musique », 1868-1870.

D'après Verlaine, c'était le plus beau poème de Rimbaud. Il faut bien le croire puisque, quant à nous, on ne saura jamais.
De même, il nous reste seulement sept portraits photographiques de l'homme Rimbaud. Etienne Carjat est l'auteur du plus célèbre. Mais Carjat a malheureusement détruit les plaques originelles pour se venger d'un affront public – une attaque à la canne-épée – que lui avait fait subir le jeune poète. Le moins qu'on puisse dire est que Rimbaud se fichait de sa postérité poétique. Il n'écrivait pas des poèmes pour devenir célèbre mais parce que la poésie lui sembla, un temps, une solution pour une vie meilleure.

Témoignage
de Paul Verlaine sur Rimbaud
(*Les Poètes maudits*), 1884.

Nous avons eu l'honneur de connaître M. Arthur Rimbaud. [...] L'homme était grand, bien bâti, presque athlétique, au visage parfaitement ovale d'ange en exil, avec des cheveux châtain clair mal en ordre et des yeux d'un bleu pâle inquiétant. Ardennais, il possédait, en plus d'un joli accent de terroir trop vite perdu, le don d'assimilation prompte propre aux gens de ces pays-là, – ce qui peut expliquer le rapide dessèchement, sous le soleil blagueur de Paris, de sa veine, pour parler comme nos pères dont le langage direct et correct n'avait pas toujours tort, en fin de compte !

Témoignage
de Stéphane Mallarmé sur Rimbaud
(*Divagations*), 1897.

Avec je ne sais quoi fièrement poussé, ou mauvaisement, de fille du peuple, j'ajoute, de son état blanchisseuse, à cause de vastes mains, par les transitions du chaud au froid rougies d'engelures.

« **Eau claire** », « eau verte », « eau fine » : Rimbaud a souvent rêvé aux eaux tourbillonnantes ou calmes. On pourrait y ajouter les fleuves impassibles, le wasserfall blond, les bouillons limpides, les clapotements furieux des marées, les violettes humides, les bois flottants, la rivière de cassis et celle qui chante dans le val, près du célèbre dormeur, etc. Est-ce d'avoir grandi au bord de la Meuse, dans les paysages souvent détrempés des Ardennes ? Ou est-ce la quête d'une fraîcheur plus intime ? Une fraîcheur qui s'opposerait à la sécheresse de sa mère ?

Gardons-nous de faire la psychanalyse du poète. Mais notons ce mouvement étrange : au fur et à mesure l'eau s'efface du paysage pour laisser place au soleil, à ce grand soleil africain qui finira par le dévorer. Il existe un poème où le monde semble atteindre un point de perfection entre lumière et eau. Ce poème et ce monde s'appellent logiquement *l'Éternité.*

Elle est retrouvée.
Quoi ?
– L'Éternité.
C'est la mer allée
Avec le soleil.

Extrait du poème « L'Éternité », 1872.

La tempête a béni mes éveils maritimes.
Plus léger qu'un bouchon j'ai dansé sur les flots
Qu'on appelle rouleurs éternels de victimes,
Dix nuits, sans regretter l'œil niais des falots !

Plus douce qu'aux enfants la chair des pommes sûres,
L'eau verte pénétra ma coque de sapin
Et des taches de vins bleus et des vomissures
Me lava, dispersant gouvernail et grappin.

Et dès lors, je me suis baigné dans le Poème
De la Mer, infusé d'astres, et lactescent,
Dévorant les azurs verts ; où, flottaison blême
Et ravie, un noyé pensif parfois descend ;

Extrait du poème
« Le Bateau ivre »,
1871.

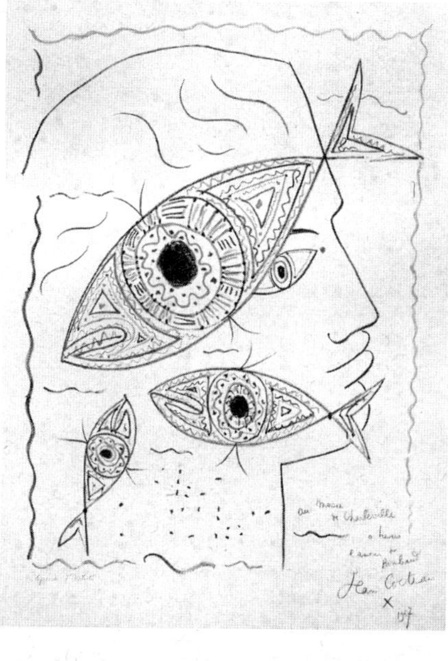

« Le Bateau ivre », sans doute l'un des plus célèbres poèmes de Rimbaud, n'est pas seulement le récit d'une fugue rêvée. C'est surtout une recette littéraire : pour écrire un (bon) poème rimbaldien, il faut libérer ses perceptions de tout ce qui les attache et les relie au monde réel et se laisser activement noyer dans le délire des sensations.

Dessin de Jean Cocteau pour
le musée Rimbaud, 1957.

Mais pas une main amie ! et où puiser le secours ?

Extrait du poème « Adieu », 1873.

Ci-contre : Rimbaud sur un éboulis de pierres, photographie par lui-même, Harar, 1883.

Une drôle de peur saisissait Rimbaud à chaque fois qu'il s'approchait de la France. N'étant pas tout à fait en règle avec ses obligations militaires, il craignait que l'armée le retrouve et le jette en prison. Même terriblement malade, en 1891, il préfère s'enregistrer sous un autre prénom à l'hôpital de Marseille, au cas où l'armée veillerait encore.

Berbera, côte somalienne, photographie, fin XIXe siècle.

En 1875, Rimbaud part à Stuttgart apprendre l'allemand. Il confie ses derniers poèmes à Verlaine qui passe lui rendre visite. Et puis « basta » la poésie ! Désormais place aux voyages : ce sera la Suisse, l'Italie, la Hollande, Java, Chypre, Aden, Harar. On ne saura jamais pourquoi Rimbaud a cessé d'écrire puisqu'il ne l'a jamais dit. Ce mystère explique largement que le jeune homme soit devenu un mythe littéraire. Il est si rare de voir quelqu'un renoncer absolument à son talent. Une hypothèse crédible pourrait être : Rimbaud cherchait quelque chose dans la poésie. Peu à peu, il a compris qu'il ne le trouverait pas.

« Mais pas une main amie ! et où puiser le secours ? » dit l'un de ses derniers poèmes. Souvent il réclamait « le nouvel amour » qui devait fonder « la nouvelle harmonie » : mais c'était un rêve, une utopie. Plutôt que d'écrire des poèmes pour écrire des poèmes, sans plus d'espoir que la poésie puisse construire quoi que ce soit, Rimbaud aurait donc préféré aller voir ailleurs.

Environs d'Aden – Avant le déjeuner à Scheik Othman, photographie attribuée à Georges Revoil, vers 1880. Arthur Rimbaud est debout, à gauche.

Après avoir abandonné la poésie, Rimbaud s'inventa de nouvelles passions. Il ne cessait de demander à sa mère de lui envoyer instruments et livres techniques avec une prédilection pour les chemins de fer : *Manuel du conducteur de locomotives, Manuel pratique des poseurs de voies de chemin de fer.* Peut-être rêvait-il d'être associé à cette grande aventure ?

Ci-contre : Fabricant de daboulas à l'heure du kât, photographie d'Arthur Rimbaud, 1883.

Le siège à Aden de la Firme Mazeran, Viannay, Bardey et Cie pour laquelle travailla Rimbaud, photographie anonyme extraite de l'album Bardey, vers 1882.

Mariam, compagne abyssine d'Arthur Rimbaud, portrait extrait de l'album de photographies constitué par Pierre et Alfred Bardey.

Rimbaud, en fait, n'a jamais vraiment cessé d'écrire. Simplement il s'est mis à écrire autre chose. Alors que ses amis écrivains le croient perdu – « il est parti vers des Égyptes » aurait dit Verlaine – il publie un rapport dans les Comptes-rendus de la Société de Géographie et participe à une meilleure connaissance de la Corne de l'Afrique. Mais géographes et littérateurs ne se fréquentent pas. Surtout, quand il quitte Harar pour rentrer se faire soigner à Marseille, il abandonne dans ses malles une volumineuse *Histoire de l'Afrique orientale* sur laquelle il travaillait. On ne la retrouvera jamais.

Ailleurs, c'est surtout la Corne de l'Afrique où il est employé par la maison Bardey. Il se fait successivement gérant de comptoir commercial, explorateur, géographe et livreur d'armes pour le roi d'Abyssinie Ménélik, allié des Français dans les grandes entreprises coloniales du temps. Somme toute, il est devenu un aventurier européen comme un autre.

Pourquoi l'Afrique, on ne sait pas non plus. Dans un de ses tout premiers poèmes, il écrit que le soleil lui semble un « foyer de tendresse et de vie ». Peut-être est-il parti à la recherche de cette tendresse lumineuse. Peut-être a-t-il voulu se rapprocher symboliquement de son père qui avait aussi élu l'Afrique comme territoire de prédilection.
D'un certain point de vue, les entreprises de Rimbaud sont un succès puisqu'il amasse de l'argent dont il tient le compte précis comme le ferait sa mère, en bonne paysanne des Ardennes. Mais, d'un autre côté, l'Afrique ne lui offre sans doute pas ce qu'il cherchait.

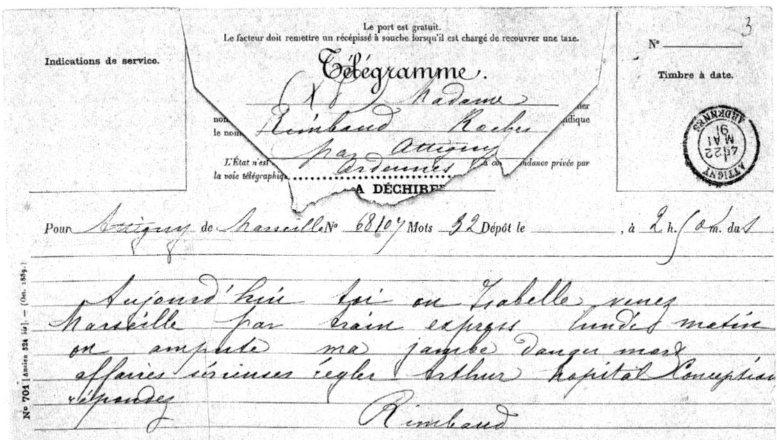

Le port est gratuit.
Le facteur doit remettre un récépissé à souche lorsqu'il est chargé de recouvrer une taxe.

Indications de service. — N° — Timbre à date.

Télégramme.

Madame Rimbaud Roches par Attigny Ardennes

A DÉCHIRER

Pour Attigny de Marseille N° 6810 Mots 32 Dépôt le , à 2 h. 50 m. du s

Aujourd'hui toi ou Isabelle venez Marseille par train express lundi matin on ampute ma jambe danger mort affaires sérieuses régler Arthur hopital Conception répondez

Rimbaud

N° 701

Télégramme adressé le 22 mai 1891
par Rimbaud à sa mère :
« Aujourd'hui toi ou Isabelle venez
Marseille par train express lundi matin
on ampute ma jambe danger mort
affaires sérieuses régler Arthur hopital Conception
répondez Rimbaud »

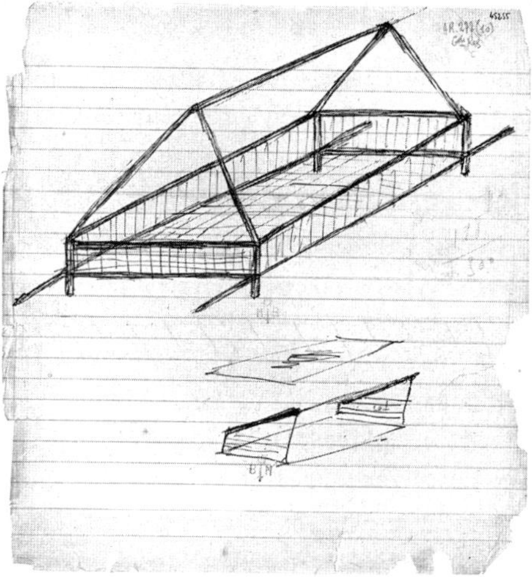

Sur cette civière, recouverte d'une toile, Rimbaud a passé onze jours à traverser le désert, porté par seize hommes qu'il paya pour le transporter jusqu'à la mer. « Adieu mariage, adieu famille, adieu avenir ! Ma vie est passée, je ne suis qu'un tronçon immobile » écrit-il à sa sœur. Immobile fut sans doute l'un des mots que Rimbaud détesta toujours le plus.

Croquis de la civière que Rimbaud fit construire pour se faire transporter de Harar à Zeilah, dessin à la plume de Rimbaud, 1891.

Sänftentransport nach Aden, Lithographie de Johannes Grützke extraite de « Aus dem Leben Arthur Rimbaud ».

Je m'ennuie beaucoup toujours ; je n'ai même jamais connu personne qui s'ennuyât autant que moi

répète-t-il volontiers. Il est probable que rien, jamais, n'aurait pu guérir cet ennui existentiel. Ni la poésie, ni rien.

jardin de fleurs blanches

Nous sommes en 1869. Rimbaud a quinze ans. Dans *Les Étrennes des orphelins*, celui qui n'est encore qu'un apprenti poète décrit le paradis des enfants abandonnés comme une somme de sensations douces :

C'est le nid cotonneux où les enfants tapis,
Comme de beaux oiseaux que balancent les branches,
Dorment leur doux sommeil plein de visions blanches !

Blanc pour lui est, bizarrement, la couleur du repos gagné, du paradis trouvé. Et cela le restera tout le temps : « Blanches nations en joie. » Blanche est la consolation. Blanc est ce qu'il espère qu'on lui offrira pour plus tard, pour toujours : « Qu'on me loue enfin ce tombeau, blanchi à la chaux... »
Même si Rimbaud aimait colorier les paysages avec des couleurs vives – roses et bleus et violets et vert-chou et roux sanglant – son rêve le plus intime restait le calme du blanc apaisant.

auberge verte

Les auberges et les cabarets que Rimbaud croise sur sa route sont souvent verts, mais pas seulement. Il y fait tiède, ça sent le vin chaud et le jambon cuit. Ce sont des lieux apaisants, des paradis miniatures. Comme le petit val qui « mousse de rayons » ou le « petit wagon rose avec ses coussins bleus » qui se transforme en un « nid de baisers fous » terriblement mœlleux. Où, dit Rimbaud, « nous serons bien ». On tient là, sans doute, un des objectifs majeurs de la poésie de Rimbaud : inventer des lieux où vivre mieux, mieux que dans la vraie vie et son « nid de sanglots ». Inventer des paysages de la consolation et de la tranquillité. Malheureusement, il a dû se dire qu'il n'avait pas réussi. Et qu'il était temps de passer à autre chose.

J'ai de mes ancêtres gaulois l'œil bleu blanc, la cervelle étroite, et la maladresse dans la lutte

Rimbaud a beaucoup quitté : Charleville, la France, la poésie. C'est qu'il avait l'air de préférer un futur inconnu et encore plein d'espoirs au trop triste passé. Un de ses tout premiers poèmes annonçait déjà la couleur : *Sensation* est entièrement écrit au futur.

**Je ne parlerai pas,
je ne penserai rien :
Mais l'amour infini me montera
dans l'âme.**

Rimbaud a l'air de croire que quelque chose va venir, quelque chose ou quelqu'un peut-être : l'amour ou la démocratie ou, ce serait mieux, les deux ensemble. C'est pour cela qu'il faut toujours partir et c'est pour cela que le futur (un futur prophétique) est un temps de la grammaire qui plaît autant au poète. Le futur est le temps de l'horizon qui est devant.

**Ce n'est rien !
j'y suis !
j'y suis
toujours.**

Extrait du poème « Qu'est-ce que pour nous mon cœur », 1872.

Rimbaud mourant,
dessin d'Isabelle Rimbaud, 1891.
Reproduction photographique de l'original, localisation inconnue.

Portrait d'Arthur Rimbaud,
Pablo Picasso, 1960.

biographie

1853

8 février – Mariage du capitaine Frédéric Rimbaud et de Vitalie Cuif, issue d'une famille paysanne aisée.

1854

20 octobre – Naissance de Jean Nicolas Arthur Rimbaud, second fils de la famille.

1860

Juin – Naissance d'Isabelle Rimbaud, plus jeune sœur d'Arthur. Le père quitte Charleville pour ne plus y revenir. Le goût du père d'Arthur pour le monde arabe (il écrit une grammaire de la langue arabe et traduit le Coran) influencera sans doute les voyages ultérieurs de son fils.

À partir de 1861

Madame Rimbaud se déclare veuve même si son mari n'est pas mort.

1869

Élève au collège de Charleville, il remporte le premier prix de vers latins au concours académique.

1869

Son professeur de rhétorique, George Izambard, lui prête quelques livres dont ceux de Victor Hugo où Arthur puisera beaucoup de son inspiration et notamment son idée que le poète est un « voyant ».

1870

Janvier – Écriture des premiers vers. « Les Étrennes des Orphelins » paraissent dans *La Revue pour tous*. Rimbaud passe des heures à se promener dans la campagne avec son ami Ernest Delahaye. **29 août** – Siège de Sedan. Première fugue et séjour en prison. Le régime de Napoléon III que Rimbaud déteste n'a plus que quelques jours à vivre. **22 septembre** – Mézières bombardée et détruite. Les locaux du journal où Rimbaud rêvait de travailler sont détruits. **Automne** – Nouvelle fugue vers Paris. On ne sait pas si Rimbaud a assisté de près ou de loin à la Commune mais il fait la connaissance d'un certain nombre de communards.

1871

Début de la correspondance avec Verlaine. Rimbaud écrit quelques-uns de ses plus célèbres poèmes en vers : *le Bateau ivre, Voyelles.*
15 mai 1871 – Dans une lettre à Paul Demeny, Rimbaud énonce son programme poétique : « se faire voyant » à partir « d'un dérèglement de tous les sens ». **Vers le 15 septembre 1871** – Rimbaud arrive à Paris. Verlaine l'attend à la gare et le loge chez lui. Mathilde, l'épouse de Verlaine, ne supporte pas le jeune Arthur et le chasse. Il va loger chez les uns puis les autres.

1872

Mars – Rimbaud blesse le photographe Carjat d'un coup de canne-épée. Pour se venger, Carjat détruit les plaques de son célèbre portrait de Rimbaud. Détesté et rejeté par le milieu littéraire, Arthur retourne à Charleville. **7 juillet** – Rimbaud et Verlaine quittent Paris. Ensemble, ils vivront des amours tumultueuses à Londres et Bruxelles. La proximité de Verlaine influence la poésie de Rimbaud qui devient plus chantante et mélodique.

1873

Juillet – Les relations entre Rimbaud et Verlaine sont au plus bas. Verlaine ne cesse d'hésiter entre sa femme et Arthur. Lors d'une dernière dispute, Verlaine quitte Londres pour Bruxelles. Rimbaud l'y rejoint. Verlaine, alcoolisé, lui tire dessus à deux reprises. Verlaine finit en prison et Rimbaud rejoint la ferme familiale. Isolé à Roche, enfermé dans le grenier de la ferme, il écrit comme un damné *Une Saison en enfer,* sorte d'autobiographie spirituelle et de règlements de compte avec Verlaine, lui-même et la poésie.

1874

Mars – Rimbaud retourne à Londres avec le poète Germain Nouveau. Les poèmes en prose des *Illuminations* qu'il écrit depuis deux ans portent la trace de ses séjours dans cette immense ville industrielle, pleine de bruit, de fureur et de brouillard.

1875

13 février – Départ pour Stuttgart. Verlaine vient lui rendre visite. Rimbaud lui remet le manuscrit des *Illuminations.*
Fin mars – Rimbaud part pour l'Italie. Il ne s'y arrêtera pas longtemps.

Automne 1875 – Verlaine demande à Delahaye des nouvelles et des vers de Rimbaud. Delahaye répond : « Des vers de Lui ? Il y a beau temps que sa verve est à plat. Je crois même qu'il ne se souvient plus du tout d'en avoir fait. »

1876

Mars – Expulsé d'Autriche pour vagabondage, à en croire son ami Delahaye, Rimbaud revient en France. **18 mai** – Il s'engage pour six ans dans l'armée hollandaise. **Juillet** – Rimbaud déserte. **6 décembre** – Il est de retour à Charleville.

1880

Août – Après un long arrêt à Chypre, Rimbaud atteint Aden pour la première fois. Le 15 août, il est embauché par la compagnie Bardey comme surveillant du tri du café. **Novembre** – Bardey lui propose de devenir son agent à Harar.

1883

Octobre – Rimbaud écrit une description de sa découverte de la région de l'Ogadine qui sera publiée l'année suivante par la Société de Géographie.

1885

Automne – Rimbaud livre des armes à Ménélik, roi du Choa.

1888

Rimbaud vit entre Harar et Aden, il écrit à sa famille : « Je m'ennuie beaucoup, toujours. » À Alfred Bardey qui l'interroge sur ses poèmes dans ces années-là, Rimbaud déclare : « des rinçures, ce n'étaient que des rinçures. » À un autre, il aurait déclaré être content d'avoir arrêté d'écrire « parce que c'était mal. »

1891

20 février – Arthur demande un bas à varices à sa mère car il a mal à la jambe droite. Son état empire très vite. **7 avril** – Il quitte Harar pour se faire soigner en France. **22 mai** – Rimbaud est amputé à l'hôpital de la Conception de Marseille. Il retourne à Roche (Ardennes) pour sa convalescence. **23 août** – Il repart pour Marseille, espérant embarquer pour Aden. Il ira directement à l'hôpital, son cancer s'étant généralisé. **10 novembre** – Mort d'Arthur Rimbaud.

Remerciements

À toutes celles et ceux qui ont contribué à faire qu'un Musée Arthur Rimbaud existe à Charleville-Mézières depuis plus de six décennies avec une attention particulière pour Stéphane Taute qui en fut le premier conservateur et pour les grands donateurs comme Henri Matarasso et la famille de Pierre Bardey, tous nos remerciements vont également à Mme Jean-Paul Vaillant, à Mme Morel-Izambard, à M. et Mme Rougier et à la Fondation André Gide.

Que soient également remerciés celles et ceux qui dans un second temps ont permis la création du nouveau musée Rimbaud et qui se sont investis dans la réflexion permettant de rénover le concept du musée littéraire et particulièrement François Fressoz et Alessia Bonannini de la Société Café-Programmation.

Ce nouveau musée n'aurait pas vu le jour sans la volonté des élus qui ont cru à ce projet dès son origine. De la même façon, cette réalisation n'aurait pu aboutir sans l'engagement des collectivités et fondations qui l'ont financièrement accompagnée et qui ont cru dans le projet porté par l'agence d'architecture Abinal & Ropars avec l'artiste Claude Lévêque, l'écrivain Stéphane Bouquet et le graphiste et éditeur Xavier Barral.

Au sein de l'équipe des musées un remerciement particulier à celles et ceux qui ont beaucoup œuvré par le passé : Ginette Langlois, Maryse Dohan, Patricia Doé, Daniel Robinet et Gérard Charlier. Sont également associés à ces remerciements Laetitia Dehoul et David Nicolas qui ont beaucoup travaillé sur le Fonds Rimbaud et sur le projet muséographique.

Textes : Stéphane Bouquet

Photo de couverture : Le Vieux-Moulin,
vue depuis le quai, à Charleville, fin XIXe siècle.
Dos de couverture : Portrait photographique
d'Arthur Rimbaud, Etienne Carjat, 1871.

Les œuvres et documents figurant dans ce carnet appartiennent au Fonds Rimbaud de la Ville de Charleville-Mézières.

Conception graphique : atalante-paris
Impression : YakaPrint, Charleville-Mézières

ISBN : 2.90566.39.0
Prix de vente : 1 €

2,00 €

ISBN 2.905666382

Remerciements

Exposition réalisée avec la Galerie Lelong, Paris.

Accrochage effectué par André Siégel.

Crédits photographiques :
Courtesy Galerie Lelong / photo Fabrice Gilbert.

L'ouvrage « Ceux de la poésie vécue » paraîtra aux Éditions Actes Sud à la fin de l'année 2015. (Ernest Pignon-Ernest / André Velter)

Remerciements à l'équipe des musées municipaux de Charleville-Mézières : Gérard Charlier, Jean-Marc Dumay, Youcef Mezrara, Francesco Terracina, Laurence Lémant et Patricia Pérotin.

Afin de réaliser cette exposition, la Ville de Charleville-Mézières a reçu le soutien de l'État (Ministère de la Culture - DRAC Champagne-Ardenne) et de la Région Champagne-Ardenne.

RÉGION CHAMPAGNE ARDENNE   Ville de Charleville Mézières   musée Rimbaud Charleville-Mézières

Postface

En 1986 Ernest Pignon-Ernest avait accepté le principe d'une "intervention-collage" à Charleville-Mézières pour placer en situation l'image du jeune poète marchant dans sa ville natale.
A l'époque ce travail avait déjà quelques années et c'est bien parce qu' il s'agissait de conclure le cycle engagé dix ans plus tôt que le principe en avait été accepté .
Aujourd'hui Ernest Pignon-Ernest a bien voulu participer au "lancement" du nouveau musée en associant l'image d'Arthur Rimbaud à celles de dix-huit poètes qui ont intensément vécu leur engagement.

Nous sommes conviés à aller à leur rencontre et à tenter de mieux comprendre ces personnalités hors du commun, Ernest Pignon-Ernest nous y aide dans la mesure où son trait sait en saisir la force intérieure, parallèlement les textes d'André Velter nous guident et permettent de mieux explorer les chemins empruntés par "ceux de la poésie vécue", qu'ils en soient ici remerciés.

Alain Tourneux
Conservateur du musée Arthur Rimbaud

Mahmoud **Darwich**

(1941-2008)

Celui dont on peut dire qu'il fut la voix universelle de la Palestine, tant il trouve sa chambre d'échos chez tous les peuples dépossédés et sur les champs d'exil, alors qu'au terme de ses combats, de ses épreuves et de ses errances, il souhaitait mourir, en poète, hors du monde.

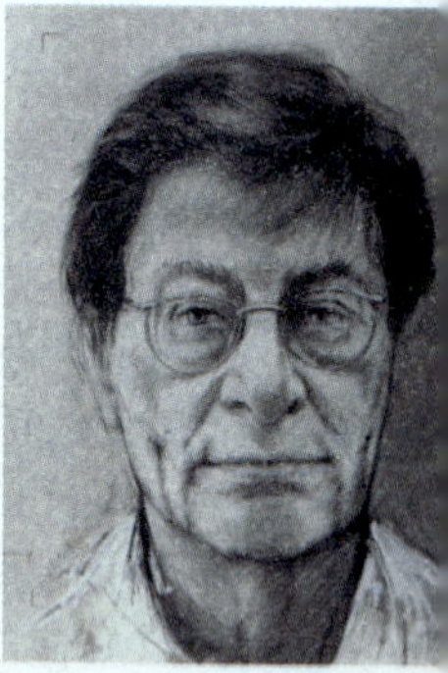

Check Point, Qalandia 2009